Claus-Peter Levermann
So war es früher

WOLLVerlag

Claus-Peter Levermann

So war es früher | Band 6

Mendener Geschichten

Titelabbildung:
(In Uhrzeigerrichtung ab oben links)
1) Nach 147 Jahren aufopferungsvollen Wirkens nehmen die letzten drei Barmherzigen Schwestern des Hl. Vincenz von Paul Abschied von Menden.
2) Keine Putten mehr auf dem Dach von Sinn-Leffers (vormals Reifenberg). Die beliebten Engelsfiguren wurden vom Dach gehievt wegen angeblicher Standunsicherheit und „geschreddert".
3) Stefan Schulte ist für Menden der bisher einzige Abgeordnete im Deutschen Bundestag. Hier 1983 im Wahlkampf für die Grünen.
4) Den Traditionsverein Alemannia Menden gibt es nicht mehr, aber das Alemannen-Lied ist gerettet.
5) Bürgermeister Eisenberg wird Ehren-Konditormeister, weil er für Bäume in der Stadt in 4 m Höhe Baumkuchen angeschnitten hat.

Viele der in diesem Buch abgedruckten Fotografien und Dokumente stammen aus Privatarchiven. Oft handelt es sich um seltenes historisches Material, auf das wir trotz eventueller Qualitätsverluste im Druck nicht verzichten möchten.

1. Auflage November 2019

Satz und Gestaltung:
Björn Bremerich
GLADE - Medienmacher seit 1886, Schmallenberg

Umschlaggestaltung:
Sonja Heller, Menden

Druck und Bindung:
CPI Print

ISBN 978-3-948496-03-6
Alle Rechte vorbehalten

© WOLL-Verlag, Hermann-J. Hoffe
Kückelheim 11, 57392 Schmallenberg

Inhalt

Vorwort 9

MTV „Jahn", Arminia und Alemannia Menden
Sogar Papst Pius X. applaudierte beim Schauturnen im Vatikan
Turner in St. Vincenz-Vereinen waren die Vorläufer der Alemannia 11

Pfarrer Heinrich Kalthoff schuf die Basis
Kräfte gebündelt: 1931 großer Festakt auf der Wilhelmshöhe
zur Gründung der „DJK TuS Alemannia Menden 01" 15

Zuschauer sogar auf den Bunker-Anlagen
Überragend: Alemannen spielten oft vor 1000 Zuschauern
Vorfahrt bei Spielen: Feuerwehr „entmachtet" den Handball-Schiri 18

Schon damals wurden Spieler abgeworben
Handballer stellten 1968 den Spielbetrieb
ein, aber das Alemannen-Lied hat überlebt 22

Gaststätte mit Charakter
Frikadellen und Handball prägten das Leben in der „Sportler-Klause"
Wirtepaar Irmgard und Günter Faust war 30 Jahre als Pächter tätig 25

China-Missionar und Mendener Ehrenbürger
120 Briefe von Bischof Augustin Henninghaus aufgetaucht
Verwandte Marianne Fürch hält einen Schatz in ihren Händen 30

Bischof Henninghaus auch von den Gegnern bewundert
Insel des Friedens im Meer der chinesischen Bürgerkriege 35

Schutzpatron mit Hut

Menden seit 1685 verbunden mit dem „Klüngeltünnes"
Der hl. Antonius von Padua ist heute sogar ein Internet-Star 40

Er wurde 105 Jahre alt
Antonius Einsiedler ist Kauken-Tünnes und zugleich Fickel-Tünnes
Halinger Kirchenpatron oft verwechselt mit dem „Klüngeltünnes" 47

365 000 Nadeln am Baum
Manches Weihnachtsbrauchtum in Menden ist noch jung
Statt Weihnachtsmarkt gab es früher Adventsfasten 51

90 Nationalitäten in Menden und ihre Bräuche
Der Osterhase belohnte das Kranz-Flechten auf dem Friedhof
Farbiger Wunsch nach Erleuchtung – Das Gelbe vom Ei 54

Von Lehrern und Schulen in Menden
„Erziehung der Kinder ist die heiligste Pflicht der Eltern"
Aus einem Zeugnis von 1899 und was daraus geworden ist 59

Schule und Kirche unter einem Dach
Aufstrebendes Lendringsen von der Schulraumnot eingeholt
Katholische Schule Lürbke war 1938 ein Stachel im Nazi-Fleisch 62

Stadt Menden gab keine Zuschüsse
Jüdische Gemeinde unterhielt die erste private Elementarschule
Teile der neuen Wilhelmschule im Hungerwinter 1917 Rübenlager................. 67

Schule in Halingen: Nazis machten Druck
Im Krieg herrschte Pantoffel-Zwang in der Fritz-Wiemann-Schule
Särge der Möhne-Toten waren vor dem Schulbrunnen aufgebahrt 73

Eine nicht gebrauchte Urkunde
Nach dem Aufstand der Eltern gab es Unterricht in der „Bellevue"
Intrigen-Drama der Nazis um die „Josef-Wagner-Schule" in Schwitten 77

Die Mendener Krankenhäuser
Der Henker kannte die Anatomie des Menschen besser als Ärzte
Die Wanderheiler und Kräuterfrauen versorgten die Armen 83

Die drei Innenstadt-Krankenhäuser vor 1911 lagen im Tal
Das erste Christliche Hospital befand sich an der Bergstraße 87

Krankenhaus am Hang des Rodenberg
Standortfrage mit Warnung vor Vincenz-Glocken und -Orgel
Schon 1860 gab es Diskussionen um den Blick auf den Friedhof 92

Ein Kraftakt: Ab 1973 Zug um Zug zwischen Abrissbirne und Neubau
Nur der Kapellen-Turm überlebte den Komplettaustausch............................... 97

Bemerkenswertes „Revolutionsjahr"
Als Menden 1986 rebellierte, bebten die Politiker im Kreishaus
Kampf gegen Iserlohn ums Krankenhaus und Abschied der Schwestern......... 102

Stefan Schulte einziger MdB aus und für Menden
1983 überraschend ins „Hochhaus Tulpenfeld" nach Bonn gezogen
Mit 26 Jahren gelang der Sprung vom Obsthof an den Rhein 106

Stefan Schulte: Die Grüne Seele blieb – aber der Bart ist ab 110

Menden ließ sich nicht bevormunden
Luftwaffenausstellung zwingt Bürgermeister zum Spagat
Grüne, SPD und UWG wollten 1990 die Bundeswehr ausladen 113

Politischer Eklat war die beste Werbung:
23 512 Besucher eine schallende Ohrfeige 118

Frustrierte „Liste" boykottiert die neue Rats-Abstimmung
Gemütslage in der Politik ließ noch keinen Frieden zu 122

Vor 160 Jahren aus Beckum und Menden aufgebrochen
Als päpstliche Zuaven für den Kirchenstaat in die Schlacht um Rom gezogen
Zwei junge Männer kämpften in christlicher Fremdenlegion
für Papst Pius IX 126

Franzosen verließen den Kirchenstaat
Ohne Napoleons Schutzmacht kapitulierte Papst Pius IX.:
Er wollte ein Blutbad unter seinen 10 000 Zuaven verhindern 130

Von Menkenwacht bis Obriste Porte
„Menden um 1620" war das Menden der Hexenverfolgung
Rickert-Zeichnung schafft es sogar auf Pralinenschachteln 135

Der Trunk am „Unteren Tor"
1842 großartige Geste von König Friedrich Wilhelm IV.
Ehren-Jungfrauen kredenzten Wein in der Schützenkanne 139

„Heil Dir im Siegerkranz"
Die ganze Stadt feierte den 100. Geburtstag des toten Kaisers
„Wilhelm I. der Große" und das Hotel „Zum Fürsten Bismarck" 144

Aus dem „Fürsten Bismarck" wurde später Cafe Ries
„Seine Durchlaucht" war gnädig und wurde zum Namensgeber
Aus Wein- und Bierwirtschaft entstand ein führendes Hotel 148

Ehepaar Bauer flüchtete vor den Nazis
Das mächtige Reifenberg-Haus prägte ab 1915 die Hauptstraße
Geschreddert: Die Sinn-Engel schwebten 2003 endgültig zu Boden 151

Größter Baumkuchen Deutschlands
Cafe Ries und WP sorgten für Bäume in der Steinwüste Neumarkt
BM Eisenberg „opferte" sich für mehr Grün in der Innenstadt 154

Vergessene Gaststätte Albert/Krekeler
Gerühmt für den eigenen Turm mit ungestörter Aussicht
Drama um die vier Burschen aus dem Maurerdorf an der Weser 158

Vor den Nazis nachts ins Ausland geflohen
Ab 1908 Messer, Gabeln und Löffel als Besteck aus
Mendener Produktion „Klamme" Fa. Pollmann, Singerhoff & Co.
zahlte aber auch in „Naturalien" 163

Und bist Du nicht willig...
Üble Tierquälerei im Mendener Schlachthof
und nackte Leiche in der Hönne-Mündung 168

Am Ende der Menschenkette
Wassereimer kam am Brandherd oft schon leer an
Feuerwehr Bösperde guter „Nährboden" für Bischöfe 171

In Lendringsen: „Ohne Mampf, kein Kampf"
Rabiate Zivilisten zerschneiden Feuerwehr-Schlauch
Aus zwei Werkfeuerwehren wurde eine Freiwillige Feuerwehr 176

Bei Brand per Pferd wie ein Erl-König durchs Dorf
Oesbern schnitzte dem Sankt Florian ein 4,30 m hohes Denkmal
Patron der Feuerwehr starb mit Mühlstein um den Hals in der Enns 181

R&G öffnete das Archiv
Die Schmöle-Firmen gaben vielen Arbeit und Schutz
durch ihre eigenen Werkfeuerwehren 188

Die „Leiden" der Kirmes-Anlieger
Mit „Gegenmusik" gegen die wummernden Bässe
Wilde Fahrten – Warum kreischen Mädchen immer so laut? 192

Hochgenuss auf Battenfeldwiese und Alemannen-Platz
Erfinder Hugo Haase war der „Vater der Achterbahn"
und baute sie auch auf der Pfingstkirmes auf 195

Von den Kanzeln in Menden
„Speckpater" fasste die Mendener durch seine Predigten bei
ihrem Gewissen und beim Geldbeutel 196

Kindheits-Erinnerungen
Heimlich als Kind auf der Toilette geraucht
und den Muckefuck-Geschmack noch im Mund...198

Unbeschwert aufgewachsen
„Bandenkrieg" in den Wäldern rund ums Huckenohl-Stadion
Häkeln unter dem Holunderbusch und Spiele um Murmeln 200

Heute im Museum
In der Freizeit: Schülerinnen knüpften 1953
einen Wandteppich mit Kreuztracht-Motiven 202

In die Keller gekrochen
Warnung: „Mittelalterlicher Mörtel, zittere vor dem Rentner"
Heimatforscher Heinz Hammerschmidt und sein Bild von der Rodenburg.....204

Rettung durch Heinz Hammerschmidt
Ein letztes Stück der alten Mendener Stadtmauer..208

Weltweit ausgeschrieben
„Die Dame und der König" in Gold und Silber eingetaucht
Schach: Heinrich Gantenbrink rief Künstler-Wettbewerb aus 211

Goldene 70er im Schachverein Menden 24
Plötzlich in die Bundesliga aufgestiegen in den Kreis der ganz Großen
Dem Abonnementsmeister Solingen getrotzt, aber von Brief überrascht........ 216

„Prager Frühling" drückte in Menden die Stimmung
Zur Eröffnung der Deutschen Schach-Meisterschaft 1974 auf
der „Wilhelmshöhe" grollte der Himmel und tobte der Präsident...................221

Glossar 232

Vorwort

Fröhlich singend im Wald. „So war ich mit 51 Jahren", Claus-Peter Levermann mit runderem Kopf, aber noch Haaren hinter schon hoher Stirn.

So, Band 6 liegt vor. Der letzte dieser Buchreihe. Das wars mit meiner Stocherei in der Mendener Geschichte. Längst nicht alles habe ich auf meinen „Tisch der Erkenntnis" legen können, zu viel an Schätzen ist noch nicht gehoben. Aber daran können sich jetzt andere versuchen. Ich versichere: Es lohnt sich, es macht Freude.

Was ich in sechs Jahren Recherche in uralten vergilbten Zeitungen, in Akten und Interviews habe finden dürfen, war zumindest für mich eine Bereicherung, und hoffentlich auch für meine Leser eine Freude.

Die „Mendener Geschichten" sind keine Märchen. Daten, Personen und Geschehnisse sind belegbar. Es ist alles so passiert. Genauso, wie auch jetzt wieder das Autoren-Honorar von Band 6 der Aktion „Mendener in Not" zufließt.

Ohne Norbert Klauke und Dietmar Treese vom Stadtarchiv und ohne den unermüdlichen Klaus Kimna mit seinen Archiv-Schätzen und seiner Bereitschaft, alte Bilder zu bearbeiten, wären meine „Menden- Erzählungen" nur Stückwerk geblieben, und ohne die vielen Menschen, die aus ihren Schränken und Alben ein Stück Vergangenheit gekramt haben, erst recht. Dank an alle und besonders an meine Frau Helga, die mich und mein Arbeitszimmer in diesen „staubigen" Jahren geduldig ertragen hat.

Um dem Leser einen Überblick über die vielen Geschichten in den sechs Bänden zu erleichtern, soll ein Glossar am Schluss dieses Buches die Suche erleichtern. Wo finde ich was. Etwas Ordnung muss schließlich sein.

Claus-Peter Levermann

MTV „Jahn", Arminia und Alemannia Menden
Sogar Papst Pius X. applaudierte beim Schauturnen im Vatikan
Turner in St. Vincenz-Vereinen waren die Vorläufer der Alemannia

Sie konnten begeistern, sie zogen die Massen an. Selbst der Papst kam nicht umhin, freundlich zu applaudieren. Als Turner von Gruppen und Abteilungen der Katholischen Jugend aus mehreren Ländern 1908 im Vatikan in Rom beim Schauturnen ihre Kunststücke zeigten, brandete der Beifall von Pius X. und den vielen anderen Zuschauern auf. Mendener Turner waren damals noch nicht dabei, es gab auch noch keinen Verein mit Namen Alemannia, noch keine Deutsche Jugendkraft (DJK), aber auch in der Hönnestadt war etwas in der Mache, das Turnen, Leichtathletik und Handball unter einem Dach vereinen sollte und später auch den Fußball erfasste.

Heinz Mertens (Jahrg. 1936) von der Joachim-Ringelnatz-Straße hat nach einer akribischen Wühlarbeit in der Sportgeschichte Entstehung und Werdegang eines Mendener Sportvereins aufgebröselt, der vielen Mendenern lieb gewesen ist. Nicht nur, weil Alemannia Menden in den Erlebnissen der Alemannen-Hütte bzw. Mendener Hütte in Oberkirchen unvergessen geblieben ist („Mendener Geschichten" Band II). Heinz Mertens hatte eine weitere Triebfeder: Die Erinnerung an seinen Vater Heinrich Mertens (1908-1945), gefallen in Russland, ein begeisterter Turner.

Turnabteilung 1901 im Gesellenverein
Um 1880 und in den darauffolgenden Jahrzehnten schossen Jünglings- und Jung-

Die siegreiche Rheinstaffel von Arminia Menden, die 1928 in Düsseldorf gewann. Im Bild von rechts im Trikot mit dem „A" Hufnagel, Albert Plaßmann, Niggemeyer, Fabry, Lohmann, Krabbe, Gerhold, Brinkmann, Menke, Brechmann und Sportwart Gockel. Fotos (5): Archiv Mertens

Zuschauerandrang beim Schauturnen 1933 an der Badeanstalt unweit des Gymnasium-Platzes. In Aktion Heinrich Mertens (1908-1945). Rechts neben dem Sportgerät die Turner Fabry und Holstein.

frauenvereine aus dem Boden. Auch in Menden. Sie entstanden sowohl bei den Protestanten als Teil der evangelischen Erweckungsbewegung als auch bei den Katholiken in den Gesellenvereinen, die heute meist als Kolpingvereine geführt werden. Nicht zu vergessen ist, dass diese Gesellenvereine wie der von St. Vincenz in Menden, sowohl der beruflichen Weiterbildung als auch der religiös-sittlichen Betreuung von Handwerksgesellen dienten. Um 1900 bildeten sich in den katholischen Gruppen Abteilungen, die gemeinsam turnten, spielten und wanderten. Auch der Schachverein Menden 24 begann als eine der Sportabteilungen des Gesellenvereins St. Vincenz.

1901 war ein bedeutendes Jahr für Menden und seinen Gesellenverein St. Vincenz: Die Gründung einer eigenen Turnabteilung mit gleich 50 Mitgliedern. Erster Turnwart war Ernst Messy (1882-1962), Großvater von Heinz Mertens. Vorsitzender wurde Gustav Törnig. Anfangs konnte nur innerhalb der Abteilung geturnt werden. Das änderte sich drei Jahre später, 1904, mit der Gründung des Bezirks der katholischen Vereine mit Neheim, Arnsberg, Menden, Iserlohn und Hohenlimburg. Von da an gab es innerhalb der genannten Vereine jährlich ein Turnfest.

1907 übernahm Fritz Brüggemann als Turnwart die Abteilung des Gesellenvereins. Er war bereits seit 1899 aktiv, wurde später auch Bezirks- und Gauturnwart.

Arminia-Konkurrenz in der Vincenz-Pfarrei

Turnen gab es im übrigen Land schon viel früher als in Menden. Dafür hatte Turnvater Friedrich Ludwig Jahn (1778-1852) gesorgt. Dessen legendäres Motto „frisch, fromm, fröhlich, frei" erklang seit 1811, als er Barren, Reck und Hanteln populär machte. Was aber kaum noch bekannt sein dürfte, ist, dass zu seiner Zeit sportliche Betätigung, auch das Turnen, der militärischen Grundausbildung nützlich sein sollte. Turnen sollte die Geschicklichkeit verbessern, leichtathletische Übungen die Schnelligkeit fördern und das berühmte Tauziehen die mannschaftliche Geschlossenheit fördern. Immerhin erreichte Turnvater Jahn, dass sich zwischen 1814 und 1817 bereits 12 000 Turner in 150 örtlichen Vereinen organisiert hatten. Mendens ältester Sportverein war der MTV Jahn von 1864, der später mit Menden 09 und in Teilen mit Alemannia Menden fusionierte.

1909 zeigte, dass auch innerhalb einer Pfarrei Konkurrenz aufkommen konnte. Im Jünglingsverein der Pfarrei St. Vincenz, der ja auch der Gesellenverein mit seiner Turnabteilung angehörte, wurde unter Turnwart Franz Filthaut zusätzlich eine Turn- und Leichtathletik-Abteilung gegründet, die sich den Namen „Arminia" zulegte. Diese „Arminia" machte später besonders in der Leichtathletik auf sich aufmerksam, errang 1928 u.a. den Sieg bei der Rheinstaffel in Düsseldorf.

Chronisten haben festgehalten, dass diese Arminia an sämtlichen öffentlichen Festen und Veranstaltungen in Menden mitwirkte, also ein bedeutender gesellschaftlicher Faktor geworden war. Arminia dürfte dabei auch Schauturnen gezeigt haben. Vatikan 1908 lässt grüßen. Besonders erwähnt haben die Geschichtsschreiber das Frühlingsfest 1911 auf der Wilhelmshöhe, die jährlichen, am ersten Mai-Sonntag stattfindenden Werbetage auf dem Rathausplatz und die Teilnahme einer Vereinsstaffel am Sauerlandlauf von Lendringsen über Menden, Wickede, Werl, Neheim, Arnsberg nach Velmede.

Pfarrer i.R. Kalthoff und der große Plan

Ganz nachvollziehen kann ich nicht, was ich in einschlägiger Literatur nachlesen konnte, aber viele Sportvereine sind dem Namen nach weiblichen Geschlechts. Das gilt auch für Vereinsnamen wie Alemannia (Alemannen/Schwaben) und Arminia, von Arminius (Armin) bzw. Hermann der Cherusker. Es gibt weitere Beispiele wie Rhenania, Teutonia, Normannia, Fridericia oder Algovia (Rheinland, Elsass, Allgäu).

In Menden gibt es eine legendäre Priestergestalt, Pastor Heinrich Kalthoff (1884-1957). Ältere Mendener haben den gebürtigen Bösperder und Pfarrer i.R. noch als

Auf jeder öffentlichen Veranstaltung in Menden und Umgebung waren die Arminia-Turner vertreten und warben mit ihrem turnerischen Können. Auch 1928 beim Sportfest in Mellen/Balve.
Foto: Archiv Mertens

Pfarrer i.R. Heinrich Kalthoff (1884-1957) aus Bösperde war treibende Kraft bei der Gründung der Deutschen Jugendkraft, DJK, und setzte sich für Alemannia Menden ein.
Foto: Archiv Kimna

Trompetenspieler gekannt. In einem Beitrag zu einer Festschrift stellte er zum Thema Sport fest: „In der Jugendarbeit hatte man im katholischen Lager um die Jahrhundertwende (um 1900) längst erfasst und verwirklicht: Körper u n d Geist, beides…"

Um die nun mal notwendige Konkurrenz zu schaffen im Wettkampf, ohne den Sport nicht sein kann, hatte man vielfach Zweckverbände geschaffen, bezirklich zusammengefasst. In Menden gab es eine Kolping-Turnerschaft, dasselbe auch im Jungmänner-Verband.

Der Erste Weltkrieg war zu Ende. Pastor Kalthoff sprach von einem großen Plan: „Wir schaffen einen Reichsverband für Leibesübungen in katholischen Vereinen, die Deutsche Jugendkraft, DJK."

„Katholische Armwelle" war Spott von außen

Das war 1920. Kalthoff schwelgte in der Erinnerung als er einen gewaltigen Aufschwung beschrieb: „Hunderttausende aktiver Sportler aller Art traten auf den Plan. Wer in Dortmund 1932 (Reichstreffen) dabei war, weiß: Von Königsberg bis Konstanz, von Emmerich bis Kattowitz waren die DJK-ler vertreten. Man hat hier und da ironisch gefaselt von katholischer Armwelle, aber nur Unmünder konnten so reden".

Ernst Messy war 1901 erster Turnwart der Turnabteilung im Gesellenverein St. Vincenz Menden.

Wie Recht hatte er damals aus heutiger Sicht, als er 1951 nur wenige Jahre nach Ende des 2. Weltkrieges, folgenden Gedanken entwickelte: „Dem Sportler eine seelische Heimstatt in seiner christlichen Verankerung zu geben, das war die einzig richtige Einstellung. Und weil die heute vielfach nicht erkannt und gewertet wird, wird der Sport in Deutschland und der Welt dasselbe Schicksal erleiden wie im klassischen Land der Leibesübungen, im alten Griechenland. Dieses Land hat die olympische Idee erdacht… Solange der griechische Sportsmann in Olympia den schönen Körper der Gottheit weihte im heiligen Hain, da war es gut bestellt. Als das vergessen war – genau wie heute – da wurde die Klage eines griechischen Philosophen berechtigt: **Es gibt viele Lumpen in Attika, die größten sind die Athleten.**"

Geturnt wurde überall, so wie hier Heinrich Mertens 1928 auf dem Werkstattanbau der Schreinerei Mertens an der damaligen Iserlohner Straße (heute Kolpingstraße).

Pfarrer Heinrich Kalthoff schuf die Basis
Kräfte gebündelt: 1931 großer Festakt auf der Wilhelmshöhe zur Gründung der „DJK TuS Alemannia Menden 01"

Die Turner trainierten auf dem Hof des Kolpinghauses (heute Polizeiwache), oder nebenan im Vorraum zum Kolping-Saal (heute Fernseh Neuhaus), aber auch auf dem Schulhof der Wilhelmschule (heute Dependance des „Gymnasiums an der Hönne") und nach 1928 in der Turnhalle des Kaiser-Wilhelm-Bades (1914 -1970) neben dem Platz am Walram-Gymnasium. Angesichts der Gründung des Reichsbundes für Leibesübungen in katholischen Vereinen, der „Deutschen Jugendkraft, DJK", anno 1920, hatte Pfarrer Heinrich Kalthoff dafür gesorgt, dass auch Menden dem Bund beitrat. Jetzt aber reifte ein weitreichender Gedanke: Die Sport treibenden Abteilungen in den Vereinen von St. Vincenz sollten sich nicht zersplittern, vielmehr ihren „Sport auf breiter Basis durchführen können". Das ging aber nur, wenn sie ihre Kräfte bündelten. Und das taten sie 1931, als sich auf der Wilhelmshöhe die Abteilungen von Gesellen- und Jünglingsverein zusammenschlossen. Nicht mehr nur Turnen und Leichtathletik standen nun auf dem Programm, sondern auch Rasenspiele. Der Verein „TuS DJK Alemannia Menden 01" war aus der Taufe

Gemeinsames Bild 1931 der Sportler von Gesellen- und Jünglingsverein auf der Wilhelmshöhe. „DJK TuS Alemannia Menden 1901" ist gegründet. In der dritten Reihe von unten der Vorstand des neuen Vereins (in dunklen Anzügen) von links: Franz Niggemeier, Willi Krabbe, Wilhelm Gockel, Geistlicher Rat Meckel, Franz Günnewicht, August Gerold, Philipp Gerold und Josef Beuke. Fotos: Archiv Heinz Mertens

Das 3. Reichstreffen der DJK 1932 im Rote-Erde Stadion in Dortmund. 35 000 Zuschauer, 8000 Wettkämpfer. Mit dabei der neu gegründete „TuS Alemannia Menden 01".

gehoben und wurde bald ein Markenzeichen des Sports in der heimischen Region. Fritz Brüggemann wurde 1. Vorsitzender, Franz Günnewicht 2. Vorsitzender. Geistlicher Beirat Vikar Meckel.

Reichstreffen 1932 vor 35 000 Zuschauern

Alemannia Menden blühte auf, nahm kurz nach dem Gründungsjahr gleich am 3. Reichstreffen der DJK 1932 in Dortmund teil. Mit einem überragenden Ergebnis: Heinrich Mertens wurde Gaugerätemeister. Dortmund sah das dritte Reichstreffen der DJK. 8.000 Sportler ermittelten vor 35.000 Zuschauern in zwölf Sportarten ihre Meister und feierten Gottesdienste in der Westfalenhalle und im Stadion Rote Erde. Das erste Reichstreffen fand 1921 in Düsseldorf statt, das zweite 1927 in Köln-Müngersdorf. Ein viertes gab es nicht. Die Nazis hatten 1933 das Regiment ergriffen. Die DJK versuchte trotz drohender Gleichschaltung und unter neuen Bedingungen ihre Eigenständigkeit zu bewahren, ging Kompromisse mit dem Regime ein. Dabei vertraute die DJK-Spitze auf das Konkordat, das die Katholische Kirche in Deutschland mit den Nazis geschlossen hatte. Danach war der Schutz der „genehmigten Verbände", darunter die DJK, garantiert. Maßgabe war, dass Wettspiel- und Wettkampfbetrieb nach den Anordnungen des Reichskommissars in die Fachverbände des deutschen Sports eingebaut wurden.

DJK-Führer „auf der Flucht erschossen"

Erste Verbote von DJK-Vereinen auf örtlicher und regionaler Ebene folgen 1934. Die DJK will sich nicht gleichschalten lassen. Die Nazis reagieren, nehmen DJK-Reichsführer Adalbert Probst fest und bringen ihn zum Konzentrationslager Lichtenberg. Es wird gerätselt, warum man ihn festnahm. Einerseits war er als DJK-Reichsführer Konkurrent zur Hitler-Jugend beim Kampf um junge Menschen, andererseits, so mutmaßte seine Mutter, habe er zu viel gewusst über aufstrebende Nazi-Chergen. Feststeht, dass Probst (1900-1934) „auf der Flucht erschossen" wurde.
Lähmendes Entsetzen über diesen Mord. Jeder ahnte, was nun kommen würde: Das endgültige Verbot für die Deutsche Jugendkraft. Auch für Alemannia Menden. Am 1. Mai 1934 hat die Alemannia zum letzten Mal einen öffentlichen Werbetag abhalten können. Kurz darauf das Ende. Die Nazis verfügten die Auflösung des Vereins in Menden, nahmen ihm sämtliche Banner weg, räumten die errungenen Preise aus den Vitrinen. 2. Vorsitzender Franz Günnewicht aber hatte rechtzeitig geschaltet. Er brachte die Vereinsfahne in Sicherheit und versteckte sie. Aber offenbar zu gut. Sie ist bis heute nicht wieder aufgetaucht.

Pastor Kalthoff sorgt 1946 für Wiederbeginn

Am 23. Juli 1935 erfolgte das Deutschland weite endgültige Verbot der DJK. Zu der Zeit hatte sie 254 000 aktive Mitglieder. Das war auch ein Schlag gegen die Kirchen. Nachvollziehbar war, dass sich viele DJKler anderen Vereinen anschlossen, um weiter Sport treiben zu können. Sie befanden sich zum Teil auf dem Zenit ihrer sportlichen Leistungsfähigkeit.

Nach dem Krieg war es wiederum Pastor Heinrich Kalthoff, der die Zügel in die Hände nahm. Unter einem Vorsitz trafen sich die „alten Kameraden" im Pfarrsaal von St. Vincenz. Ziel war, den Verein Alemannia neu entstehen zu lassen. Auch der frühere Vorstand war zur Stelle. Neue Kräfte wurden hinzugezogen, die Neugründung von Alemannia konnte sofort erfolgen. Was noch fehlte, war der DJK-Verband. Den gab es erst wieder ab Oktober 1947. Aus spieltechnischen Gründen trat Alemannia Menden dem Deutschen Sportbund bei.

Der Festschrift „50 Jahre Alemannia Menden 1901 - 1951" ist zu entnehmen, dass der Sportbetrieb sich in diesen ersten Nachkriegsjahren in zunehmendem Maße auf den Rasensport, auf Feldhandball und auch auf Fußball, verlegte. Erfreuliche Anfänge 1946 in der Leichtathletik mit ersten Plätzen bei den Westfälischen Jugendmeisterschaften in Hamm, den Westdeutschen Jugendmeisterschaften in Neuss und bei den Straßenstaffeln in Dortmund und Unna.

Der Sportplatz war drängendes Problem

Josef Beierle, Bürgermeister der Stadt Menden von 1946 - 1964, fand hehre Worte für die Alemannia. Sie stehe schon 50 Jahre im Dienste der sportlichen und kameradschaftlichen Erziehung der christlichen Jugend. „Als Mitbegründer der Mendener Jugendkraft hoffe und wünsche ich, dass die Alemannia auch im nächsten halben Jahrhundert den Geist der sportlichen Kameradschaft hochhalten wird."

Das nächste halbe Jahrhundert hat Alemannia nicht geschafft, sie fusionierte bekanntlich 1973 mit dem SuS Menden 09. Bis dahin sorgten u.a. die Handballer für Furore. Doch vorher hatte der Verein das Sportplatz-Problem zu lösen. Das tat er 1948 und schuf zwischen Gymnasium und Turnhalle den Alemannen-Sportplatz. Bis heute ein Begriff in Menden.

Die 1. Männerriege von DJK Alemannia Menden Ende der 1920-er Jahre, die mehrmals Westfalenmeister im Turnen wurde. In der linken Hand der Lorbeerkranz für den Sieger. Im Bild von links: Turnwart Fritz Brüggemann, Heinrich Bönninghaus, Fritz Salmen, Wilhelm Albert, Franz Friedrich, Heinrich Mertens, Clemens Böckelmann, Franz Goeke, Theo Friedrich, Franz Grünewald und Fritz Fabry.
Fotos: Archiv Heinz Mertens

So sah der Platz am Walram-Gymnasium um 1950 an der Hönne aus, nachdem er in Eigenarbeit zum Alemannen-Sportplatz umgestaltet worden war.

Zuschauer sogar auf den Bunker-Anlagen
Überragend: Alemannen spielten oft vor 1.000 Zuschauern
Vorfahrt bei Spielen: Feuerwehr „entmachtet" den Handball-Schiri

Das hat es wohl kein zweites Mal in deutschen Landen gegeben: Das Signalhorn eines Feuerwehr-Wagens unterbricht ein Handballspiel und „entmachtet" den Schiedsrichter. In Menden ist genau das passiert. Nicht nur einmal, sondern zigmal zwischen 1946 und 1965.

Alemannen-Platz an der Hönne zwischen Walram-Gymnasium und Turnhalle bzw. der früheren Kaiser-Wilhelm-Badeanstalt bzw. Sporthalle. Abgesehen von den Trainingsstunden unterhalb der Woche gehörte Sonntagmorgens der Platz den Handballern von Alemannia Menden Nicht selten ausverkauftes „Haus" zu den Meisterschaftsspielen. 1000 Zuschauer.

Sie standen im weiten Rund hinter dem Holzzaun und hoch auf den Resten der alten Bunkeranlage, die fast genau auf der Höhe der Torlinie stand. Andere wühlten mit ihren Füßen im Sand der Sprunganlage, die Leichtathleten und Handballtorwart beim Krafttraining quälte, aber Kinder zum Spielen einlud.

Sichtblenden gegen kniepige Zuschauer
Normalerweise strömten die Mendener, zumindest wenn sie katholisch waren,

Die erste 1. Handballmannschaft 1946/1947 von Alemannia Menden. Hintere Reihe von links: Josef Plaßmann, Kurt Schulze, Franz Stein, Karl Ax, Hermann Niebecker, Bruno Kleine, Karl Gossner und Ewald Bourley. Knieend von links: August Stein, Karl Klement und Bruno Merse. Foto: Archiv Heinz Mertens

sonntags um 11.30 Uhr in die Spätmesse von St. Vincenz. Doch wenn die Alemannia spielte, war für manchen um 11 Uhr der Handball-Anwurf wichtiger. Zuschauer standen auch hinter der Begrenzungshecke zur Walram-Straße oder an der Oberen Promenade jenseits der Hönne und wollten „umsonst" den Nervenkitzel miterleben. Oft waren sie nur zu kniepig, das kleine Eintrittsgeld zu zahlen. Mit Sackleinen versperrten die Alemannen daraufhin die Sicht auf Spiel und Platz.

Das Feuerwehrgerätehaus in Menden war 1946 von der Brandstraße umgezogen in eine umgebaute ehemalige OT-Baracke zwischen Walram-Gymnasium und Hönne. Da gab es noch keinen Alemannen-Sportplatz. OT, die „Organisation Todt" (Fritz Todt), entstand 1938 und war letztlich eine militärisch gegliederte Bauorganisation. Diese Baracke wurde zur ersten Hauptwache der Mendener Feuerwehr. Einzige Zu- und Ausfahrt war über den Sportplatz. Zahlen belegen, dass 1948 im Tagesdurchschnitt elf Transport- und Einsatzfahrten erfolgten. Kein Wunder, dass davon auch der Sportbetrieb des öfteren betroffen wurde.

Idylle an der Hönne. Links flach lang hingeduckt die ehemalige OT-Baracke von 1938, dann von 1946-1965 Feuerwehrgerätehaus: Daneben das Walram-Gymnasium. Vor beiden der Alemannen-Sportplatz (ab 1948), gleichzeitig Ausfahrt für die Feuerwehr-Fahrzeuge. Foto: Archiv Klaus Kimna

„Vorher Drecksplatz fürs Gymnasium"

Das Jahr 1948 war ein einschneidendes für Alemannia Menden. Die Handballer brauchten dringend einen Platz, der auch ordentlich bespielbar war. In der Festschrift zum 50-jährigen Bestehen 1951 heißt es recht nüchtern: „Bei den wenig günstig gelagerten Sportplatzverhältnissen in Menden und der Ausweitung des vereinseigenen Spielbetriebes ergab sich zwangsläufig die Frage nach der Erstellung eines eigenen Sportplatzes. Nachdem sich die unter Einschaltung der Kirchengemeinde (St. Vincenz) um den Erwerb oder Tausch eines geeigneten Geländes geführten Verhandlungen zerschlagen hatten, wurde nach Abschluss eines Abkommens mit der Stadtverwaltung der Platz am Gymnasium in Selbsthilfe in einen spielfähigen Zustand gebracht."

Dahinter steckte wohl mehr. Den Platz gab es schon vorher, aber weniger als Sportplatz. Herbert Machon (Jahrg. 1927) aus Dormagen beschrieb ihn kurz und bündig: „Das war früher nur ein Drecksplatz fürs Gymnasium, in dessen Mitte ein Holzturm stand, an dem die Feuerwehr ihre Kletterübungen machte."

Und daraus wollte die Alemannia einen echten Sportplatz machen. „Ich habe damals auch mitgeholfen," sagte Machon. Er hat erst Fußball bei Alemannia gespielt, dann auf der Schmöle-Kampfbahn Leichtathletik betrieben.

Eimerweise Kies aus der Hönne

Hand angelegt beim Bau der Sportanlage hat neben vielen anderen jungen Sportlern zwischen 10 und 17 Jahren aus dem Schüler- und Jugendbereich der Alemannia auch Heinz Mertens, der namentlich Clemens Beierle und Jupp Scheer an seiner Seite erwähnte. Das muss eine ganz schö-

1961 ein wahrer Triumph: Aufstieg in die Handball-Landesliga. Ein Foto vom Alemannen-Platz. Von links: Betreuer Günter Faust, Heiner Reckers, Raimund Krabbe, Josef Scheer, Gerhard Schnadt, Franz-Josef Kämmerling, Bruno Wessel, Wolfgang Hübner, Heinz Mertens, Reinhold Mertens, Dieter Apprecht, Klaus Leyendecker. Foto: Archiv Heinz Mertens

In der Gauklasse 1951/52. Die 1. Handball-Mannschaft von Alemannia Menden. Die Spieler von links: Willi Hoffmann, Josef Wulff, Franz Schlautmann, Willi Wingen, Helmut Liefländer, Eugen Heinrich, Heinz Kramer, Willi Grote, Bruno Römer, Franz Stein, Franz Fuhrmann. Foto: Archiv Heinz Mertens

ne Plackerei gewesen sein, den Platz erst einmal mit einer Drainage zu versehen, wenn man als Spieler nicht ständig in Pfützen und Schlamm treten wollte. Aber erst musste das Erdreich abgetragen werden. Dabei halfen Maschinen der Fa. Schäfer.

1948. Die Hönne führte in jenem Sommer nur wenig Wasser. Zum Glück für die vielen fleißigen Hände. Die steile Ufer-Böschung runter, Eimer voll Hönne-Kies gepackt und nach oben gereicht. Experten verteilten reichlich viele Eimer mit Kies, denn ihr zukünftiges Schmuckstück sollte bei Regen keine Schlammwüste werden. Das Regenwasser sollte vielmehr in die Hönne abfließen können. Danach wurden Schotter und Asche auf die Steine gepackt und zu einem ebenen Platz gewalzt.

Handball-Tore waren fest installiert, aber nicht mit Netzen versehen, sondern mit Stangen und einem Drahtgeflecht darüber. Anders ging es damals nicht, weil man noch nichts anderes hatte. Josef Plaßmann und Wilhelm Rosenbaum bauten diese Tore. Wurfkreise wurden per Hand abgekreidet. Es ging in jenen Jahren alles ein wenig spartanischer zu als heute.

Nach Kirmes über „Hering" gestürzt

Nach all dieser Plackerei kann man sich den Zorn der Sportler vorstellen, als die Stadtverwaltung Menden ihnen ausgerechnet diesen Platz, ihr Kleinod, mit der Pfingstkirmes vollpackte und dadurch in wesentlichen Teilen zerstörte. 1953 konnte man die Zweckentfremdung noch nachvollziehen, weil sie einmalig sein sollte: Die Battenfeld-Brücke musste neu gebaut werden. Ein Kirmesbetrieb auf Battenfeldswiese mit Anbindung an die Innenstadt wäre nicht möglich gewesen. Das bedeutete Auslagerung der Kirmes zum Alemannen-Platz. Es gab keine Alternative.

Aber Kirmes dort auch von 1959 bis 1962? Das war in den Augen der Sportler nicht nötig und eine Fehlentscheidung der Stadt, die dann nach Jahren auch korrigiert wurde. Aber, weil die Schausteller den Platz nur oberflächlich in Ordnung brachten, ist der Alemannen-Zorn verständlich: Drainage kaputt, Pfützen auf dem Platz.

Heinz Mertens ärgerte sich: „Die Drainage war an manchen Stellen durch Fahrgeschäfte und Buden zerstört worden". Da wurde wohl einiges in den Boden gerammt. Günter Faust, verdienter Sportsmann, Turner, Handballer, Fußballer, stürzte bei einem Spiel gar über einen im Boden „vergessenen" Eisen-Hering eines Schausteller-Betriebes und zog sich derbe Verletzungen zu.

Aufgestiegen bis in die Landesliga

Ungeachtet allen Ärgers wurde die Handball-Abteilung die stärkste Abteilung im Verein. Der Spielbetrieb der Handballer begann 1946. In der Turnhalle an der Walram-Straße und auf dem Platz trainierten Schüler- und Jugendgruppen. Es ging aufwärts mit dem Alemannen-Handball: 1951 stieg die 1. Handballmannschaft in die Gauklasse auf, 1961 in die Landesliga. Die Erfolge der Senioren forcierten auch die Jugendarbeit. Starke Jugendmannschaften erregten Aufsehen und Begehrlichkeiten anderer Vereine. Franz und August Stein bei der Jugend und Willi Krabbe bei den Schülern waren die Betreuer.

Wer sich Fotos der damaligen Handball-Mannschaften anschaut, entdeckt eine große Anzahl von Spielern, die in Menden Ansehen genossen wie Heiner Reckers, Klaus Leyendecker, Bruno Römer, Karl Gossner oder Josef Plaßmann.

Schon damals wurden Spieler abgeworben

Handballer stellten 1968 den Spielbetrieb ein, aber das Alemannen-Lied hat bis heute überlebt

„Wenn auf der Straß´ elf Handballspieler zieh´n, junges Mädel, zieh mit…" Erste Zeile des übermütigen Alemannen-Liedes, das wohl um 1948 in der ersten Mannschaft der Handballer entstand. Zugeschrieben wird es Willi Wingen und Bruno Römer. Drei Strophen umfasst dieses Lied, das erst 2014 von Bruno Wessel in Noten zu Papier gebracht wurde. Heinz Mertens hat es ihm vorgesungen. Jetzt kann es jede spätere Generation nachsingen. Damals machte sich bemerkbar, dass die Alemannen-Handballer auch Mitbegründer der „Karnevalsgesellschaft Kornblumenblau" waren. Dazu gehörten Bruno Römer, Willi Wingen, Franz Schlautmann und viele mehr.

Bis dahin war das Lied bei den Spielen erklungen und im Vereinslokal Buse an der Bahnhofstraße. Bei allen Zusammenkünften „war es spätabends auch bei uns in der Wohnung zu hören, denn wir wohnten unweit von Haus Buse und kriegten alles mit", lachte Heinz Mertens. Und wie um ihre Vormachtstellung zu demonstrieren, gehörte zu den Mannschaften der dröhnende Schlachtruf „Hurra, hurra, hurra-ha-ha, Alemannia **i s t** da. Hurra, hurra, hurra-ha-ha, Alemannia **w a r** da". Frei nach dem Motto: „Habt Ihr nun gesehen, wie´s geht?"

Feldhandball war populärer Sport

Feldhandball war in den Nachkriegsjahren auf dem Höhepunkt, war außerordentlich populär. Von 1967 bis 1973 gab es in den Sommerspielzeiten eine Feldhandball-Bundesliga. Die Alemannia hatte nicht selten 1000 Zuschauer bei ihren Sonntagsspielen am Walram-Gymnasium. Länderspiele 1953 und 1954 in Augsburg gegen Oesterreich und Schweden lockte sogar 35 000 und 40 000 Zuschauer an. 1959 im Spiel zwischen Bundesrepublik und DDR strömten sogar 93 000 Zuschauer ins Leipziger Zentralstadion. Doch staunen macht 1936, als 100 000 Menschen

Deutlich zu erkennen die „Machart" der Tore: Holzbalken, Metallstangen dahinter und darüber gezogen ein Drahtgeflecht. Solange der Torwart Würfe und Schüsse hielt, kein Problem fürs Tornetz. Foto: Archiv Heinz Mertens

Nicht nur Feuerwehrautos überquerten den Alemannen-Platz und unterbrachen zuweilen Meisterschaftsspiele der Handballer, auch Baufahrzeuge. Entsprechend sah der Untergrund aus. Im Bild die zweite Anbauphase 1956/57 für das Walram-Gymnasium. Links das Feuerwehrgerätehaus. Mitten im „Schlamassel" die Handballspieler. Foto: Archiv Heinz Mertens

in Berlin das Endspiel gegen Oesterreich miterlebten und Deutschland die Goldmedaille errang. Es war das erste und einzige Mal, dass Feldhandball olympisch war.

Abwerbung machte 1968 alles kaputt

Wie auch in anderen Sportarten, werfen Konkurrenten begehrliche Blicke auf gute Spieler, auch auf die von Alemannia Menden. Abwerben nennt man das. Einige Spieler wechselten zu anderen Vereinen. Der offizielle Spielbetrieb litt so stark darunter, dass die Alemannen ihn 1968 einstellte.

Einige Jahre, seit 1964, lief parallel zum Feldhandball der Spielbetrieb im Hallenhandball. Die ersten Sporthallen hatten Westhofen (Betonboden) und Westig (sehr klein). Die erste Sporthalle in Menden für den Trainings- und Spielbetrieb gab es ab 1964 in der Realschule.

Abhängigkeit vom Wetter war der tiefere Grund, für den Niedergang des Feldhandballs. Die Verlegung des Handballsports in die Halle hatte auch den Vorteil, dass man auf einem ebenen Bodenbelag und zu jeder Jahreszeit spielen konnte. 1973 war bundesweit Schluss mit Feldhandball, es begann der Siegeszug des Hallenhandballs.

Neuer Großverein mit 3000 Mitgliedern

Es gibt eine Reihe einschneidender Jahreszahlen:

1970 Abriss der Badeanstalt mit Turnhalle (ehemals Kaiser-Wilhelm-Bad) und Baubeginn der Walram-Dreifach-Sporthalle. Die noch verbliebenen Alemannen-Handball-Senioren zogen unter Leitung von Bruno Wessel in die Turnhalle Wilhelmschule.

1972 Fertigstellung der Walram-Sporthalle, Einweihung am 21. Dezember. Zuvor am 22. August 1972 die Gründung einer Spielgemeinschaft im Handball zwischen Menden 09 und MTV Jahn Menden. Vorsitzender Willi Große-Benne, Trainer Gerhard Fusch.

Am 1. Januar 1973 Gründung des Sportvereins Menden 1864 e.V. Der umfasste nach und nach die zehn Abteilungen Turnen, Handball, Judo, Leichtathletik, Boxen, Basketball, Volleyball, Tanzen, Tennis und Tischtennis. Der Großverein zählte 3000 Mitglieder. Alfons Heinl wurde 1. Vorsitzender.

Fußballer 1973 in Fusion mit „SuS 09"

Auf dem Alemannen-Platz trainierten auch die Schüler der Alemannen-Fußballer. In

Alemannen-Lied

Das Alemannenlied wurde von Willi Wingen und Bruno Römer 1948 komponiert und hatte drei Strophen. Lauthals wurde es seitdem im Vereinslokal Buse und später im Kolpinghaus gesungen.

Aufzeichnungen fand ich folgende Formulierung: „Nach anfänglichen zaghaften Versuchen konnte sich die Fußball-Abteilung unter Phillip Gerold immer mehr festigen und weiter entwickeln. Durch eine breit angelegte Jugendarbeit, unermüdlich gefördert durch die Sportkameraden Alfons Messy und Walter Flach, gelang es bald, eine starke Basis für die Seniorenabteilung zu schaffen." Die Senioren schafften es dann über die Bezirksklasse bis in die Fußball-Landesliga aufzusteigen. Ihr unermüdlicher Obmann war Josef Schäfer. 1973 wurde durch die Fusion von Alemannia Menden und dem SuS Menden 09 der heutige Ballsportverein BSV Menden gegründet.

In Menden noch zwei DJK-Vereine

Der DJK-Sportverband mit Alemannia Menden, der 1935 unter den Nazis verboten wurde, gründete sich 1947 unter dem Namen „Verband für Sportpflege in katholischer Gemeinschaft" neu. In Menden halten mit DJK Grün Weiß und DJK Bösperde sowohl ein Fußball- als auch ein Handballverein die Erinnerung an die Deutsche Jugendkraft, DJK, hoch. Die DJK-Sportjugend ist Mitglied in der Deutschen Sportjugend. Bundesweit sind im DJK Sportverband mit Stand 2014 rund 1100 Vereine organisiert mit etwa 500 000 Mitgliedern.

Weitere Strophen des Alemannen-Liedes

Damit das Alemannenlied der Nachwelt erhalten bleibt, hier auch die 2. und 3. Strophe:

2.) Der Sommer ist der Handballspieler Zeit
ohne rasten, ohne ruh'n.
In Stadt und Land des Sonntags weit und breit
und die Leute schauen zu,
denn die Stürmer in der blau und weißen Tracht
stürmen lustig immerzu
und der Gegner, der sein Tor bewacht
hat nicht fünf Minuten Ruh´.

3) So manche heiße Handballspieler-Schlacht
um die Punkte, um den Sieg,
die haben wir schon hinter uns gebracht,
unsre Hoffnung immer stieg.
Denn eines Tages winkt die Meisterschaft
und das Schönste auf der Welt:
Wenn nicht erlahmet unsre Kraft,
heißt der Meister „Blau und Weiß".

Gaststätte mit Charakter
Frikadellen und Handball prägten das Leben in der „Sportler-Klause"
Wirtepaar Irmgard und Günter Faust war 30 Jahre als Pächter tätig

Das sagt man nicht von jeder Gaststätte, da muss vorher schon was passiert sein: „Kult-Kneipe". Das klingt nach gastronomischem Adelsstand. In mancher Hinsicht trifft das auf die ehemalige „Sportler-Klause" an der Ecke Brückstraße/Baustraße zu, die auch heute noch, Jahrzehnte nach ihrer Schließung, einen Seufzer Wehmut in manchem Besucher hervorruft und den Wunsch: „Macht doch wieder auf." Mendens ehemaliger Kämmerer Ernst Hamer sagte mir: „In dieser Gaststätte war man immer sofort dazwischen, nie fremd unter den Gästen".

Irmgard (Jahrg. 1935) und Günter Faust (1932-2016) würden das Lob mit einem leichten Lächeln vernehmen. Als ich sie in ihrer Wohnung in der Twiete 6 besuchte, zauberte Irmgard erst einmal Kaffee auf den Tisch, Günter breitete Bilder aus. Erinnerungen. „Es war eine schöne Zeit und sie hat Spaß gemacht. Aber alles geht vorbei". Da schwingt Wehmut mit. Vor allem, wenn die Knochen nicht mehr so wollen, wie bei Günter, der bis ins hohe Alter Sportsmann durch und durch gewesen ist und sich nun selbst als Pflegefall erfuhr.

Für einen Pachtwirt ungewöhnlich lange
Er spricht von dem Glück, das er und seine Irmgard gehabt haben. Wie sie sich 1952 im WT-Kino bei Stöss in der Hochstraße näher kamen und danach beide nicht mehr wussten, wie der Film damals hieß. 1957 haben sie geheiratet. Sie nennen es aber auch Glück, dass auf dem Walram-Platz,

Die Sportler-Klause galt als gemütlicher Treff: v.l. Irmgard, Günter und Tochter Birgit Faust und Gäste. Foto: Sammlung Faust

Keine Seltenheit in den 30 Jahren Faust: Fanfarenklänge und Menschenauflauf. Die „Sportler-Klause" an der Ecke Brück-/Baustraße war Treffpunkt erfolgreicher Sportler. Foto: Sammlung Faust

dem früheren Alemannen-Sportplatz, die neue Dreifach-Sporthalle gebaut wurde. Gleich neben ihrem Lokal, nur ein paar Schritte von der Sportler-Klause entfernt. Das war 1973.

Insgesamt 30 Jahre, von 1966 bis 1996, haben Günter und Irmgard geb. Westermann ihre Gaststätte geführt. Erstaunlich lange für ein Pacht-Wirtepaar und von der Dauer her eine absolute Seltenheit und nur ganz selten erreicht. Aber es spricht für die Qualität ihrer Gäste und für ihre eigene. Und für die Wohlfühl-Oase, die sich unter ihrer Regie in den drei Jahrzehnten gebildet hat. Die wenigsten Pacht-Wirte halten solange durch. Und nicht alle Gaststätten haben oder hatten einen so guten Ruf wie die Sportler-Klause.

Rätselraten über Zahl der Frikadellen

Bei Günter und Irmgard Faust prägten nicht zuletzt die Frikadellen den überschwänglichen Ruf bis heute. Jeden Donnerstag strömten die Gäste ins Lokal. Punkt 17 Uhr kamen die Frikadellen auf den Tisch. Wieviel? Da schwanken die Angaben: 50, 60, 70. Irmgard rückt nicht raus mit der Zahl, obwohl sie sie selbst gebacken hat. Jeden Donnerstag und nur donnerstags. Ernst Hamer hat nicht umsonst seinen Spitznamen „Frikadellen-Earnie". Er ist Kenner auf diesem Gebiet und war Genießer der Irmgard´schen Fleischkloss-Kunst. „Mindestens zwei große, gehäuft volle, große Teller waren das," erinnert er sich. In die Sportler-Klause gingen viele nach Feierabend: die Mitarbeiter von Autohaus Unger & Hesse, die von Riedel-Druck. Selbst die Polizei ließ sich sehen, bestellte abends sogar per Telefon eine Stärkung.

Vorhergesagt hatte niemand den beiden den zukünftigen Beruf als Wirt und Wirtin. Irmgard wuchs am Schwitter Weg auf, lernte im Cafe Rössler, war später mehrere Jahre im Kaufhaus Sinn und bei Maibaum tätig. Günter stammt vom Hofeskamp, wurde Stukkateur, half aber da schon ab und zu bei Freunden aus, wenn es auf Festen ums Zapfen ging. Beide waren also durch Cafe-Arbeit und als Aushilfswirt „vorgeprägt", als Clemens Spiekermann seinem besten Freund Günter das unverhoffte Angebot machte, das frei werdende Lokal neben der Brücke über den Mühlengraben zu pachten. Das war da noch die von Pächter Franke geführte „Lindenstube". Mit Linden-Pils von der Brauerei in Unna im Angebot und mit Kloster-Alt. Verleger war August Ruschenburg. Clemens Spiekermann als Verpächter hat sein Drängen nie bereut. Eben so wenig wie Irmgard und Günter, die aus der Lindenschänke 1971 die „Sportler-Klause" mit Veltins im Anstich machten.

Bis 1972 gab es den Feldhandball

Es waren nicht nur die Frikadellen, die Irmgard und Günter Faust berühmt gemacht haben. In der Sportler-Klause pulsierte das Leben vor allem der Handballer in einer Lebhaftigkeit, die bis heute noch in vieler Munde ist. Es war die Zeit, als es Meistertitel und Aufstiege vor allem der Jugendmannschaften der Fusion aus MTV Jahn, Menden 09, in Teilen auch von Alemannia Menden gab, als die Frauen bis in die Regionalliga kletterten, als Herbert Rogge noch

Nach 30 Jahren 1996 am Aschermittwoch Auszug der Pächter Irmgard und Günter Faust aus Gaststätte und Wohnung „Sportler-Klause".
Foto: Carsten Kaiser

Trainer war, als die Jugendmannschaften Titel sammelten, Deutscher Meister, Westdeutscher Meister und Westfalenmeister wurden. Was wurde gefeiert! Das Gebäude war geschmückt, Fanfarenzüge spielten auf. Aber nicht nur die Sportler kamen. Erste Gäste waren die Karnevalisten von Kornblumenblau, der Bürger-Schützenbund, die Turner und die Taubenzüchter. Doch Sport beherrschte die Szene.

Als das Ehepaar die Gaststätte übernahm, gab es noch Feldhandball auf dem Alemannen-Platz. Der wurde erst 1972 abgelöst durch den Hallenhandball. 1972 kam auch Tochter Birgit zur Welt. Mutter Irmgard blieb unermüdlich. Günter Faust sagte: „Ohne meine Frau hätte ich nicht so einen Spaß am Beruf gehabt und sicher keine drei Jahrzehnte durchgestanden. Von ihrer Hausmannskost und dem selbst gemachtem Kartoffelsalat schwärmen die Gäste immer noch.

Gäste halfen im „Familienbetrieb"

Einen „Familienbetrieb" nannte das Wirtepaar schon mal sein Lokal. Nicht ohne Grund. Denn wenn es im Trubel mal eng wurde, dann packten die Gäste mit an, halfen beim Spülen und Servieren, Gastwirt Peter Buse sprang sogar beim Zapfen ein. Irmgard muss heute noch schmunzeln, wenn sie an die Zeit denkt, als die Frauen sich mit ihr nach oben in die Wohnung über der Kneipe zurückzogen und bei Kaffee erst einmal durchschnauften. „Hinterher ist keine aufgestanden, hat alles liegen und stehen lassen und ist gegangen.

Bis 1971 hieß die „Sportler-Klause" noch „Linden-Schänke" und hatte Linden-Pils im Anstich. Irmgard Faust zapft. Foto: Sammlung Faust

Ein Bild von 1976: Eltern Faust und Tochter Birgit, gerade 4 Jahre alt. Foto: Sammlung Faust

Die Handball-Jugend des SV Menden machte Furore und feierte in der „Sportler-Klause" bei Faust und in Umzügen. Foto: Sammlung Faust

Nein, erst haben sie gespült, dann Gläser mit nach unten genommen."
Dieses Zusammenhalten und der gegenseitige Respekt waren noch zu spüren, als die Zeit der Sportler-Klause längst abgelaufen war. Als Günter 2012 nach auswärts ins Krankenhaus eingeliefert wurde, haben ehemalige Gäste seine Frau mit dem Auto zu ihm gefahren. Nicht nur an einem Tag, an vielen.

Vom Tresen weg als Schiri auf den Platz
Es war wie ein Zurückzahlen für all die schönen Stunden, die die Gäste miterlebt hatten; auch der Dank für den unermüdlichen Einsatz von Günter Faust, bei dem organisatorisch alle sportlichen Fäden zusammenliefen, der auch mit 55 Jahren keine Sekunde zögerte, den Tresen seiner Frau zu überlassen und einzuspringen, wenn mal wieder ein Schiedsrichter für ein Handballspiel nicht erschienen war. Es war die Anerkennung für einen Mann, der morgens beim Feldhandball vor 1000 Zuschauern spielte und nicht selten nachmittags als Fußball-Torwart einsprang, der Handball-Obmann war und 1973 Gründungsmitglied des Sportvereins Menden 1864. Und es war der Dank an Irmgard Faust, die all das mitgetragen hat und für all ihre Gäste die „gute Seele" war und zuhören konnte.

Eigentlich heißt die Serie „So war es früher". Heute möchte ich sie für die Gastronomie abändern in „So müsste es immer sein". Und das nicht deshalb, weil das Ende der Faustschen „Sportler-Klause" ausgerechnet am Rosenmontag 1996 erfolgte und auch nicht, weil das Bier zum Schluss mit 55 Pfennig genauso preiswert war wie zum Start anno 1966. Sondern weil Wirte wie Irmgard und Günter Faust der Gesellschaft und dem Zusammenleben gut getan haben.

China-Missionar und Mendener Ehrenbürger
120 Briefe von Bischof Augustin Henninghaus aufgetaucht
Verwandte Marianne Fürch hält einen Schatz in ihren Händen

Welch wertvoller Schatz hat da seinen Weg zu Marianne Fürch geb. Bathe gefunden. Im Haus „Am Beul 4" in Balve gab vor rund 30 Jahren eine Tante eine Tasche ab mit alten Dokumenten, mit Zeugnissen, mit einem Testament von 1739 und mit 280 Briefen ihrer Balver Vorfahren. Sie alle wegen ihrer deutschen Schrift heute nur erschwert zu lesen. Darunter Briefe der Brüder ihrer Mutter Maria Bathe von der Front, die im 2. Weltkrieg gefallen waren. Der Schmerz darüber ließ Marianne Fürch (Jahrg. 1942) das unverhoffte Erbe erst einmal wieder an die Seite legen. Jetzt habe sie ein schlechtes Gewissen, bekannte sie, und so habe sie sich kürzlich aufgerafft,

Zu Ehren von Bischof Henninghaus gab es 1930, als er Ehrenbürger von Menden wurde, eine Heimattagung der Geistlichen, die in der St. Vincenz-Gemeinde geboren oder tätig waren. Obere Reihe v.l.: Dechant Jodokus Schulte, Vikar Graf, Vikar J. Böckelmann, Vikar Josef Schulte, Pater Justus OSB, Vikar Adolf Frieling, Pastor Heinrich Kalthoff, Pastor Muder. Mittlere Reihe: Vikar Wiese, Studienrat Dr. Heimes, Pastor Josef Schulte, Vikar Huckschlag, Pater Detmar SVD, Vikar Schött, Vikar Ahlbäumer, Pastor Wiggen, Studienrat Ludwig Cöppicus. Untere Reihe: Studienrat Flottmann, Dechant Wilhelm Gierse, Pastor Josef Goeke, Dechant Ameke, Bischof Henninghaus, Pastor Franz Schulte, Pastor Schlottmann, Schulrat Friedrich Schnettler. Foto: Archive Kimna und Frohne

Auf dieser Karte aus China (über Sibirien geschickt) erfährt die Familie Theodor Kimna von der gut verlaufenen Heimreise von Bischof Henninghaus und Neupriester Peter Dschang 1908 von Menden nach Tsingtao. Foto: Archiv Klaus Kimna

270 Briefe, nach Autor chronologisch geordnet, abzuheften. Darunter 120 Briefe von Bischof Augustin Henninghaus. Und die befinden sich dort nicht von ungefähr.

Amerika-Brief an den Lieblingsneffen

Die Ur-Großmutter von Marianne Fürch geb. Bathe ist Lisette Henninghaus verh. Bathe und die war eine Schwester von Augustin Henninghaus (1862-1939), dem Ehrenbürger von Menden. Lisette hatte einen Sohn Josef (1877-1942), später Dr. phil. Josef Bathe, an den sein Onkel, der Missionsbischof Augustin Henninghaus, aus enger Verbundenheit viele Briefe gerichtet hat. Darunter den vom 17. Mai 1908 aus Cleveland, in dem er dem „lieben Josef", seinem Lieblingsneffen, von seiner Monate langen Rundreise durch Amerika berichtet. Von einem Land, das so weit weg liegt von China, dem eigentlichen Betätigungsfeld des Bischofs. Er schildert Eindrücke, die heute noch Gültigkeit haben.

Dr. theol. h.c. Augustinus Henninghaus war Missionar der Gesellschaft vom Göttlichen Wort (SVD Steyl), Titular-Bischof von Hypäpa, Apostolischer Vikar von Yenchowfu. Er erhielt die Ehrenbürgerwürde von Menden am 10. Juli 1930, als er seine Heimatstadt besuchte, weil – so die offizielle Begründung - „er als Kirchenfürst im fernen China über 25 Jahre nicht nur als Verbreiter christlicher Kultur, sondern auch als Vertreter des Deutschtums segensreich gewirkt hat und trotz 50-jährigen Fernseins von Menden und seinen Bürgern Liebe und anhängliche Treue bewahrt und dieses durch die Tat bewiesen hat."

Häuserhaufen wie auf Dollarfang eingerichtet

„Was einem zunächst auffällt," so der offensichtlich staunende „Deutsch-Chinese" Augustin Henninghaus in seinem einzigartigen Amerika-Brief, „ist der ungeheure Stolz der Amerikaner auf ihr eigenes Land und ihren Fortschritt... New York, dieses Weltwunder in den Augen der Amerika-

Die Eltern von Bischof Augustin Henninghaus: Gustav und Anna Katharina geb. Schramme. Foto: Archiv Klaus Kimna

Augustin Henninghaus um 1886 als junger Missionar in China, Kopf vorn rasiert, hinten mit Zopf. Foto: Archiv Klaus Kimna

ner, kam mir erst vor wie ein auf Dollarfang eingerichteter Häuserhaufen – ein schier endlos wimmelndes Leben mit den vier Millionen Menschen… Die Skyscraper (Wolkenkratzer) erschienen mir wie architektonische Monstra, wie Mammuths. Ich sagte das auch den Amerikanern und fand natürlich dafür wenig Anerkennung." Im Gesellschaftsleben erkannte Henninghaus „eine Nonchalance oder ein Sichgehenlassen und zugleich auch eine Rücksichtslosigkeit im Reden und Handeln, die geradezu verblüffend sind…"

Harsche Kritik: Ihr seid erst von gestern

Alt und Jung lese in Eisenbahn und in der „Elektrischen" (Straßenbahn) Zeitungen, aber was für welche?, wunderte er sich.

„Die ganze Zeitung schreibt in Bildern und großen Buchstaben und nichts als Sensation. Und dabei andererseits wieder eine noble Rücksichtnahme auf anders Denkende." Keine Geisteskämpfe, stellt er fest, „alles bleibt an der Oberfläche."

Ein Gefühl von Reue wegen seiner Ironie überkommt ihn, als er über sein Gespräch mit einem amerikanischen Priester schreibt: „Er fragte, welche Zivilisation ist für China am geeignetsten: die amerikanische oder die europäische? Ich sagte: Es gibt ja keine amerikanische Zivilisation. Was ihr habt, habt ihr von Europa. - (Er) Ja, aber Europa ist konservativ! – (Ich) Ihr habt ja gar nichts zu konservieren, ihr seid ja erst von gestern!"

Osservatore Romano nennt ihn hervorragend

Augustin Henninghaus, Sohn von Gustav und Anna Katharina Henninghaus geb. Schramme, ist in der Synagogengasse 5 in Menden geboren worden und in einer Handwerkerfamilie aufgewachsen. Sein Vater war Schmiede- und Schlossermeister mit mehreren Gesellen. In „Erinnerungen an das große Liebeswerk des größten Sohnes der Hönnestadt" nannte die Papst-Zeitschrift „Osservatore Romano" Augustin Henninghaus „eine der hervorragendsten und sympathischsten Figuren unter den alten Veteranen der katholischen Missionare. In einem Jahrbuch „Priester und Mission" rühmte man den „Päpstlichen Thronassistenten und Senator der deutschen Akademie als den zur Zeit in der Welt bekanntesten deutschen Missionsbischof, den die Geschichte zu den großen Missionaren des Christentums rechnen wird."

Dieses gesegnete Kreuz schenkte Bischof Henninghaus 1908 seinen früheren Nachbarn, der Familie Theodor Kimna. Bis heute wird es von den Nachfahren in Ehren gehalten. Foto: Archiv Klaus Kimna

Das Kind Augustin Henninghaus wird als gesundheitlich schwach und oft kränklich geschildert. Ein Zustand, der sich besserte, als er heranwuchs. Er galt als eifriger Schüler, der ursprünglich Lehrer werden wollte, bis der Gedanke wuchs: Du musst Priester werden.

Mit Bischof Anzer in die China-Mission

So abwegig war dieser Priesterwunsch nicht. Mutter Catharina war Cousine des Mendeners Franz-Kaspar Drobe (1808-1891), Bischof von Paderborn. Der fromme Priester Pfarrer Röper, dem Henninghaus sich anvertraut hatte, ermunterte ihn, den Priesterweg zu beschreiten. Unter Pfarrer Röper wurde 1866 in Menden der Gesellenverein gegründet. Sowohl Bischof Drobe als auch Dechant Röper und später Bischof Henninghaus werden durch Straßennamen in Menden geehrt.

Die „kerngesunde Frömmigkeit seiner Familie" wird als Fundament seines Wirkens bezeichnet. Das Pensum der Rektoratschule erledigte Augustin Henninghaus in zwei Jahren. 1879 wird er Missionsschüler in Steyl, studiert Philosophie, Theologie und Naturwissenshaften. 1885 empfängt er die Priesterweihe und reist im folgenden Jahr mit Bischof Anzer, dem Gründer der Steyler China-Mission, nach China.

Nach 8 Monaten in chinesisch gepredigt

Vor solch einer Leistung kann man nur den Hut ziehen: Henninghaus meistert das schwierige Studium der chinesischen Sprache in Rekordzeit. Nach acht Monaten hält er seine erste chinesische Predigt. Sein Stolz: Man hat ihn sogar verstanden. Nach einem weiteren halben Jahr ist er bereit für das Leben eines Wandermissionars.

Ständig ist er dann unterwegs mit dem Ochsenkarren, reitet von Dorf zu Dorf, predigt, lehrt und lernt. Immer ist seine Bücherkiste dabei. Henninghaus studiert in ungefederten Karren auf holprigen Wegen. Bald beherrscht er die Sprache der einfachen Leute, arbeitet sich auch vor in die Gelehrtensprache. Der „kleine Gelehrte", wie man ihn voller Hochachtung nennt, macht mit 27 Jahren Karriere. Er zählt plötzlich zu den führenden Missionaren Südschantungs mit Tsingtao.

1890 wird er Rektor der Zentralstation, Leiter des Priesterseminars und der Katechistenschule, Kommissar der Präfektur Yenschowfu. Während des Boxeraufstandes 1900 ist er Militärpfarrer der deutschen Chinatruppen in Tsingtao. Henninghaus treibt seine Studien weiter. Nach vier Jahren legt er ein zweibändiges Werk vor: das erste deutsch-chinesische Wörterbuch.

1930 zum Ehrenbürger von Menden ernannt

Sein Vorgesetzter, Bischof Johann Baptist Anzer (1851-1903), stirbt unerwartet auf einer Europareise. Papst Pius X. ernennt Pater Henninghaus 1904 zum Nachfolger und neuen Bischof von Südschantung.

Bischof Henninghaus selbst begab sich zwei Mal auf Europareise, die erste im Jahr 1908, die ihn auch nach Menden in seine Heimatstadt führte. In seiner Begleitung befand sich der junge Priester Peter Dschang, der, so sagte mir Klaus Kimna, „freundschaftliche Kontakte zu meinen Ur-Großeltern fand". Das Haus der Kimnas befand sich in der heutigen Synagogengasse, direkt in der Nachbarschaft der Familie Henninghaus. Der Bischof kannte die Kimnas natürlich, schenkte ihnen ein Kreuz und segnete es. Bis heute wird es ehrenvoll aufbewahrt. Der Priester Dschang schrieb den Kimnas eine „Carte postale" vom Weltpostverein, auf der er von der glücklichen Heimkehr nach Tsingtau berichtete.

Die zweite Europa-Reise von Bischof Henninghaus führte ihn 1930 erneut nach Menden. Dort erhielt er in Anwesenheit des offenbar komplett versammelten Klerus von Menden und Umgebung die Ehrenbürgerwürde der Stadt Menden („Mendener Geschichten Band IV).

In der Synagogengasse 5 (links) wurde Augustin Henninghaus 1862 geboren, im Nachbarhaus gegenüber lebte die Familie Theodor Kimna. Foto: Stadtarchiv

Bischof Henninghaus auch von den Gegnern bewundert
Insel des Friedens im Meer der chinesischen Bürgerkriege

Da hatte sich die chinesische Regierung aber arg getäuscht. „Wo Konfuzius ist, kann die katholische Kirche nicht sein," war lange Zeit ihre Auffassung. Dem Mendener Ehrenbürger und Missionsbischof Augustin Henninghaus (1862-1939) aber gelang es, Yenschowfu (Südschantung) zur Bischofstation zu machen und die Freundschaft der Nachkommen des Konfuzius zu gewinnen. Bischof Henninghaus, der dem Steyler Missionsorden angehörte, wirkte von 1904 bis 1937 als Apostolischer Vikar in Südschantung.

Henninghaus ließ in seiner Missionsarbeit den Einheimischen ihre Identität. „Die Chinesen sollen auch als Christen Chinesen bleiben," sagt er mal, „und sich nicht als Anhängsel einer fremden Nation betrachten." Erfüllung seiner missionarischen Arbeit war, auch Chinesen zu Priestern zu weihen.

Jahrzehnte lang tobten Bürgerkriege

Seine umfassenden Kenntnisse der chinesischen Kultur und der Gelehrtensprache verschafften Henninghaus große Anerkennung. Sein Wirken wurde allgemein als ein „großes Werk der Liebe" angesehen. Selbst während der jahrzehntelangen Bürgerkriege in China konnte er seine Arbeit fortsetzen. Seine Missionsstation wurde zum Asyl des Friedens.

Bischof Augustin Henninghaus, 1939 aufgebahrt auf dem Paradebett. So konnten Deutsche wie Chinesen Abschied nehmen von dieser überragenden Persönlichkeit. Foto: Archiv Klaus Kimna

In den 120 Briefen, die seine Großnichte Marianne Fürch aus Balve vor 30 Jahren als sein Erbe erhielt, schildert Augustin Henninghaus seinem Neffen Joseph und seiner Nichte Anna seine Erlebnisse in China, Amerika und Europa. Schon früher hatte er ihnen geschrieben, wie schwer die Missionsarbeit sei. Erschwert wurde sie durch Räuberbanden. Als Pater Henninghaus 1899 zum Militärpfarrer von Tsingtau ernannt wurde (Bischof war er ab 1904), war sein Betätigungsfeld keineswegs sicher. Zuständig war er neben der Seelsorge für die deutschen katholischen Soldaten und zusammen mit einem anderen Pater und zwei Brüdern auch für die Betreuung der chinesischen Christen.

Mit 70 schrieb er noch jedes Jahr 2000 Briefe

Das war eine überaus schwere Aufgabe, weil gegen Ausländer, insbesondere gegen die Deutschen eine sehr feindliche Grundstimmung herrschte. In Berichten der Zeitungen jener Zeit heißt es, dass im Zug des Boxeraufstandes ab Spätsommer 1900 unsägliches Leid auch über die christlichen Gemeinden hereinbrach. Fast alle Kirchen und Missionsanstalten wurden zerstört. Nur die Steyler Missionare konnten nach Tsingtau fliehen und sich unter den Schutz der deutschen Chinatruppen stellen.

Auch als Bischof ist Augustin Henninghaus zuerst Seelsorger und Missionar geblieben. Voller Staunen stellten die Einheimischen fest, dass er oft Wochen und Monate unterwegs war, von Gemeinde zu Gemeinde reiste, predigte, firmte, anspornte, aber auch kritisierte. Fast möchte man schmunzeln, liest man davon, dass Henninghaus die Möglichkeiten eines Presse-Apostulats für seine Arbeit nutzte. Die vorhandene Druckerei baute er aus und modernisiert sie. Und gab schließlich eine chinesische Wochenzeitung heraus. Henninghaus war zwar inzwischen 70 Jahre alt geworden. Das hinderte ihn aber nicht, bis zu 10 Gemeinden am Tag zu besuchen und im Jahr rund 2000 (!) Briefe zu schreiben. Jährlich erschienen seine Neujahrsgrüße mit ausführlichen Missionsberichten. Amerikanische und deutsche Zeitungen druckten seine Artikel.

Hier in Tsingtau (Gebiet Kiautschau) betreute Augustin Henninghaus als Militärpfarrer die Deutschen China-Soldaten. Foto: Bundesarchiv

Genossenschaft der „Helferinnen bei der Verbreitung des Glaubens," 1927 von Bischof Henninghaus in China gegründet. Foto: Archiv Klaus Kimna

Auch größte Gegnerin bewunderte den Bischof

Für Henninghaus war die folgende Überschrift einer Zeitung keine Überraschung: „Selbst Gegner fanden Asyl". Diese Haltung war für ihn eine Selbstverständlichkeit. Unter Leitung des Bischofs waren zu den bestehenden Waisenhäusern und Altersheimen noch ein Missionshospital, eine Poliklinik, mehrere kleine Krankenanstalten und eine große Anzahl von Apotheken eingerichtet worden. Dazu ein Krüppelheim für Kinder und ein Aussätzigenheim. Noch 20 Jahre nach dem Tod von Henninghaus war das ein Thema für manche Zeitungen.

Angesichts der Jahrzehnte langen Unruhen ab 1900 wird voll Bewunderung geschrieben: „Die Chinesen erkennen warmes Wohlwollen an. In den Wirren des Bürgerkrieges kann Henninghaus sein Liebeswerk unbehelligt fortsetzen. Die Mission ist Asyl des Friedens, wird von beiden feindlichen Parteien geschont, bleibt der einzig sichere Ort im weiten Land. Tausende finden Unterkunft. Jeden Tag werden 400 Verwundete behandelt. Während es lebensgefährlich ist, sich offen zu zeigen, zieht der Bischof seelenruhig mit seinem Karren durch die feindlichen Linien, wird ungezählte Male angehalten, erkannt und mit freundlichen Worten entlassen."

Eine Flüchtlingsfrau berichtete aus jener Zeit: „Ich war die größte Gegnerin der Mission. Meinen ganzen Reichtum setzte ich ein, um eine verhasste Religion fernzuhalten, Meinen Sohn habe ich in diesem abgrundtiefen Hass erzogen. Dann mussten wir Schutz suchen bei denen, die wir hassten. Der Bischof kannte uns, aber Eltern könnten nicht besorgter sein um ihre Kinder wie er um uns."

Schwestern kümmern sich um Lepra-Kranke

Bereits 1910 hatte der Bischof die chinesische Schwesterngemeinschaft der „Oblatinnen der Heiligen Familie" gegründet, 1927 die Genossenschaft der „Helferinnen bei der Verbreitung des heiligen Glaubens". Bis heute, so die Steyler Missionsgesellschaft, sind in China und Taiwan 200 Schwestern tätig und halten so die Geschichte der Nächstenliebe, die Idee ihres

Gründers Bischof Henninghaus, lebendig. Sie kümmern sich u.a. um zwei Findelkinderheime und neun Leprastationen, leiten Schulen und Internate für Kinder aus Gegenden, die stark von Lepra heimgesucht werden.

Bischof Henninghaus wurde als freigebig bezeichnet. Schwestern schenkten ihm ein Paar warme, gepolsterte Schuhe. Kurze Zeit später gab er sie einem Bettler. Als ein Pater fragte, ob diese Freigebigkeit nicht zu weit gehe, soll Henninghaus kurz und bündig geantwortet haben: „Dem Mann fehlt auch ein Hemd. Ihres würde ihm passen."

1936, kurz vor seinem Rücktritt vom Bischofsamt, tritt der „Gelbe Fluss" aus seinem Bett und sorgte für eine Überschwemmung immensen Ausmaßes. Fünf Millionen Menschen werden obdachlos und sind am Verhungern. Augustin Henninghaus, alt und schwerhörig geworden, organisiert ein groß angelegtes Hilfswerk.

51 Jahre Missionsarbeit haben ihn aufgebraucht

Das offizielle Bild des 1904 geweihten neuen Missionsbischofs Augustin Henninghaus. Foto: Archiv Steyler Missionsgesellschaft

Nach 51 Jahren Missionsarbeit ist der Mendener Ehrenbürger und Missionsbischof aufgebraucht, zieht sich in zwei kleine Zimmer zurück und beschäftigt sich mit seinen Büchern. Am 12. Juli 1939 feiert er sein letztes hl. Messopfer, am 20. Juli stirbt er im Alter von 77 Jahren. Der Bischof wird aufgebahrt auf einem so genannten Paradebett. Seine chinesischen und deutschen Freunde können so Abschied von ihm nehmen.

Die Missionsarbeit der Steyler Missionare in China ging ein Stück des Weges einer mit den Kolonialisierungsbemühungen des Deutschen Kaiserreiches. Das deutsche Kolonial-Lexikon schreibt dazu u.a.: „Katholische Mission Kiautschau. Das Apostolische Vikariat Südschantung wird 1882 eingerichtet." Als zuständig wird Bischof Henninghaus genannt. Versorgt werde es seit 1898 von Missionaren der Gesellschaft des Göttlichen Wortes (Steyler Missionare).

Chinesisch und Deutsch Hauptfächer

Dazu Statistik von 1913: Auf sechs Haupt- und 149 Nebenstationen waren 10 Priester, ein Laienbruder und 21 Schwestern tätig. In 41 chinesischen Volksschulen wurden 495 Schüler unterrichtet. Man zählte 5182 Katholiken, 5886 Katechumen, 118 Katechisten und 35 Katechistinnen. Die Hauptstationen sind Kiautschau und Deutsch-Tsingtau. Besonders bemerkenswert sind das von der Mission unter Leitung von Augustin Henninghaus besorgte Spital in Tsingtau sowie die dortige höhere Knabenschule mit 50 Schülern, die die Steyler Patres „für die Bedürfnisse der kaufmännischen Bevölkerung" leiten. Deutsch und Chinesisch sind die Hauptfächer. Die Steyler Missionare besorgen auch die katholische Militärseelsorge für die deutschen Truppen in China.

Kiautschau mit der Stadt Tsingtau waren deutsches Pachtgebiet vom Kaiserreich China seit 1897. Im Ersten Weltkrieg kam Kiautschau nach der Kapitulation der deutschen Garnison im November 1914 unter die Verwaltung des japanischen Kaiserreichs.

Chinesische Christinnen begrüßen Bischof Augustin Henninghaus.
Foto: Archiv Klaus Kimna

Das erfüllte Bischof Henninghaus mit besonderem Stolz: Das Bild zeigt ihn mit vier chinesischen Neupriestern.
Foto: Archiv Klaus Kimna

Schutzpatron mit Hut
Menden seit 1685 verbunden mit dem „Klüngeltünnes"
Der hl. Antonius von Padua ist heute sogar ein Internet-Star

Ja was ist das denn? NRW ist Antonius-Land noch vor Bayern und all den anderen. Antonius von Padua, der Schutzpatron von Menden, dem die Mendener 1685 hoch droben auf dem Rodenberg, Romberg oder Kalvarienberg eine Kapelle gebaut haben. Eine Kapelle „zur Ehre der schmerzhaften Jungfrau Maria unter dem Schutze des hl. Antonius von Padua", wie es offiziell heißt. Keiner von den eben angeführten Namen hat sich durchgesetzt. Mendener sagen einfach „Kapellenberg" zu ihrem Hausberg, dem Ziel der Karfreitags-, Pfingst- und Magdalenen-Prozessionen. Die Kapelle heißt weitgehend Kreuz- oder Antonius-Kapelle.

In einer Reihe mit Lissabon genannt
Dieser heilige Antonius hat etwas geschafft, das niemand anders aus der großen Schar der Heiligen so hinbekommen hat: Menden steht durch ihn im Internet in einer Reihe mit ganz Großen. Und das klingt so und zergeht wie Butter auf der Zunge: „Der Heilige ist Schutzpatron der Städte Padua, Lissabon, Paderborn, Hildesheim und Menden (Sauerland)".
Diesem Antonius von Padua sind in NRW 24 Kapellen geweiht, mehr als in Bayern (9). 44 Kirchen tragen in NRW den Namen des Heiligen, in Bayern nur 26. Ich kenne viele in Menden, die mit Antonius von Padua eine ganze Menge anzufangen wis-

Die Antonius-Kapelle im Jahr 1907 mit Baldachin und Kreuzigungsgruppe. Foto: Archiv Klaus Kimna

Seit Mitte 1895 befindet sich eine Antonius-Figur auch über Haupteingang und Steiltreppe zur Kapelle auf dem Rodenberg. Das Gesicht ist gerichtet auf die Stadt drunten im Tal, die sich auf ihren Schutzpatron verlässt. Foto: Archiv Klaus Kimna

sen, weil sie ihn erlebt haben, als sie ihn um Hilfe baten.

Antonius von Padua hat einen eigenen, einen bemerkenswert griffigen Spitznamen. Das haben nur wirklich bedeutende Menschen oder Heilige. „Klüngeltünnes" nennen sie ihn in Menden, in Bayern ist er der Schlamper-Toni. Er hilft denen, die etwas verloren haben, ist auch Schutzpatron der Bäcker, Bergleute, Reisenden, Schweinehirten und Sozialarbeiter. Wird angerufen bei Unfruchtbarkeit, Fieber, Pest und Schiffbruch und soll sogar bei der Partnersuche helfen. Er ist auch Schutzheiliger der Frauen und Kinder, der Liebenden, der Ehe, der Pferde und Esel, soll zu einer guten Geburt, zum erträglichen Älterwerden und zu einer guten Ernte verhelfen. Eine ganz schön breite Erwartungs-Palette, auch für einen Heiligen. Seine Verehrung im Volk war vor allem in den 1950er und 1960er Jahren groß. Auch in Menden.

Männerhut gehörte nicht auf Antonius-Figur

Überliefert ist die Geschichte vom damals 75 Jahre alten Josef Ax in den 1960ern. Ein tieffrommer Mann, der sich an Karfreitag, dem für ihn höchsten Feiertag, am Stock zum Berg zur Kapelle hochquälte, um sich dort der Karfreitagsprozession anzuschließen. Dann sah er die unfassbare Beleidigung des Heiligen Antonius. Unbekannte hatten der Figur über der Tür zum hinteren Portal einen Männerhut aufgesetzt. Aufgebracht versuchte Opa Josef den Hut mit seinem Krückstock abzuwerfen. Vergeblich. Wütend stapfte er nach Hause, Karfreitag war für ihn gelaufen. Ich kenne diese Geschichte, weil Josef der Opa meiner Frau war.

Das Vertrauen in den „Klüngetünnes" war in Menden immer groß. Ich weiß von nichtgläubigen Bürgern, dass sie ihn in ihrer Not anriefen, wenn sie ihr Handy oder ihre Schlüssel trotz intensiver Suche nicht finden konnten. Ich habe so erstaunliche Geschichten gehört, dass ich sie kaum glauben könnte, wären mir manche Erzähler nicht persönlich bekannt. Ich habe mich selbst vor kurzem erst dabei ertappt, wie ich ihn schon wütend und genervt fast anschrie, doch dafür zu sorgen, dass ich meinen Schlüsselbund von Haus und Garage wiederfand. Ich hatte bereits alles auf den Kopf gestellt, sah mich schon alle Schlösser der Schließanlage auswechseln, als mich irgendetwas zwang, das nach oben gedrehte Garagentor nach unten zu ziehen. Und siehe da, der Garagenschlüssel mitsamt Schlüsselbund steckte im Schloss. Danke, Antonius.

Internet-Adresse ist eher unangenehm

Der Glaube an seine Kräfte hat sogar seinen Niederschlag im Internet gefunden. Unter www.HeiligerAntonius.de gibt es eigene Seiten mit Gebetsanleitungen und Erfolgsmeldungen. Wörtlich heißt es da: „Antonius von Padua ist einer der beliebtesten Heiligen. Er wirkte unzählige Wunder. Er wird vor allem als Wiederbringer verlorener Sachen angerufen. Wenn Sie also etwas suchen bzw. wiederfinden wollen, was Sie verlegt, vergessen, verloren, falsch abgelegt oder verschlampt haben, sind Sie auf dieser Seite genau richtig. Der heilige Antonius wird Ihnen helfen."

Das klingt etwas unangenehm, eher wie für einen Kandidaten, der sich zur Wahl stellt. Ich finde, eine so plumpe Werbung hat unser „Klüngeltünnes" nicht nötig.

Seit wann Antonius von Padua schon Schutzpatron von Menden ist, ist nicht bekannt. Zur Namensgebung für das Gebetshaus auf dem Kapellenberg gibt es aber genaue Angaben. Der frühere Museumsleiter Wilhelm Dortmann (1879-1962) schrieb: „Am 18. April 1685 wurde laut

Die „schmerzhafte Jungfrau Maria" in der Kapelle von 1685 auf dem Rodenberg steht unter dem Schutz des hl. Antonius von Padua. Foto: Archiv Klaus Kimna

Denkschrift des damaligen Vikars Joh. Heinrich Schmittmann von Generalvikar Weihbischof Heinrich Anethan dem Bürgermeister Winimar Schmittmann und dem Rat von Menden sowie anderen Beförderern und Wohltätern die Erlaubnis erteilt, auf dem Romberge (Rodenberg), welchem man den Namen Kalvarienberg beilegte, zur Ehre der schmerzhaften Jungfrau Maria unter dem Schutz des hl. Antonius von Padua eine Kapelle neben sieben Fußfällen an dem dorthin führenden Wege zu erbauen."

Kreuztracht-Tradition urkundlich beglaubigt

Und weiter: „Rasch gingen nun die Mendener an die Ausführung ihres Vorhabens... Nachdem die Baustelle abgemessen, trugen Bürgermeister Winnimar Schmittmann und der nachmalige Bürgermeister Joh. Heinrich Wulf ein Kreuz auf ihren Schultern aus der Stadt zu jener Stelle und pflanzten es in der Mitte des Platzes auf, wo die Kapelle erbaut werden sollte." Wilhelm Dortmann vermutete, dass jede Menge Volk aus der Stadt die beiden Kreuzträger begleitete. Für ihn war das der urkundlich beglaubigte Anfang der Kreuztracht-Tradition von Menden.

Überliefert ist, was die Mendener dazu veranlasst hat, diese Kapelle anno 1685, in diesem schrecklichen 17. Jahrhundert, zu bauen. Es waren die Katastrophen, die schlimmen Ereignisse, die die Mendener auszuhalten hatten. Es waren die Ausläufer des 30-jährigen Krieges (1618-1648), die Einquartierungen der Soldaten, die Durchzüge verwilderter kaiserlicher und hessischer Horden, Raub, Plünderungen, Feuersbrünste, allgemeine Unsicherheit auf den Straßen, aber auch die Pest mitsamt der wundersamen Heilung der an Pest erkrankten Frau des Bürgermeisters Winnimar Schmittmann am Karfreitag des Jahres 1684. Und als Folge all dessen der übermächtige Wunsch der Bürger nach göttlichem Beistand.

Kalandsbruderschaft stützte Kapellenbau

Der Name des hl. Antonius für die Kapelle könnte von Vikar Adolf Menke ins Gespräch eingebracht worden sein. Er stammte aus der Bischofsstadt Hildesheim in Niedersachsen, die ebenfalls den hl. Antonius von Padua als Schutzpatron erkoren hat. Vikar Menke war Hausgeistlicher bei der Familie von Brabeck auf Haus Hemer und Hauptförderer des Mendener Kapellenbaus. Er gehörte der laut Walram-Schüler Prof. Reiner Feldmann (1933-2014) schon seit mindestens 1350 existierenden Mendener „Kalandsbruderschaft" an. Sie war eine Gemeinschaft wohlhabender Bürger zur Verrichtung guter Werke, die im Mittelalter in vielen Städten verbreitet war. Die Bezeichnung Kaland könnte von dem lateinischen Wort „kalendae" stammen, dem ersten Tag eines Monats. Die Bruderschaft traf sich regelmäßig am ersten Tag eines Monats.

Nach Erweiterungen der Kapelle 1711 und 1733 fand der hl. Antonius nicht nur im Kapellenraum, sondern auch außen den ihm gebührenden Platz. Mitte 1895 war es, als es dem Bildhauer Wagner in mühsamer Arbeit gelang, seine von ihm geschaffene Antonius-Figur hoch über dem Haupteingang, über der sogenannten „steilen Treppe", anzubringen. Das Antlitz des Heiligen ist hinunter auf Menden gerichtet, wie es sich für einen Schutzpatron gebührt, der auf seine Stadt aufpassen soll.. Für diese Figur hatte sich der Antonius-Verein – auch den gab es mal in Menden – eingesetzt. Kaplan Toelle weihte sie. In der Zeitung hieß es danach: „Anhaltendes Glockengeläut hatte viele Andächtige herbeigezogen, welche dem feierlichen Hochamte und der Festpredigt beiwohnen wollten." Thema der Predigt: „Mensch rette Deine Seele."

Antonius von Padua kommt aus Lissabon

Wer war denn nun dieser Antonius von Padua (1195-1231), unter dessen Schutz sich die Stadt Menden begeben hat? Es gibt unzählige Schriften über ihn, nur wenige von ihm. Im elektronischen „Netz" ist er dauerpräsent. Man kommt kaum an ihm vorbei.

Eines vorweg: Sein Name ist irreführend. Er ist nicht von Padua. Er hat dort nur die letzten Jahre seines Lebens verbracht, ist dort gestorben und in der ihm geweihten

Basilika beigesetzt. Padua ist eine Stadt von heute 210 000 Einwohnern am Rande der Po-Ebene, etwa 30 km entfernt von Venedig.

Geboren wurde Antonius als Sohn einer wohlhabenden Adelsfamilie in Lissabon, hieß eigentlich Fernando Martim de Bulhoes e Taveira Sazevedo, nahm den Namen Antonius erst später an, als er im Antonius-Kloster zu Coimbra in Portugal weilte.

In Rimini vor den Fischen gepredigt

Selbst im Zeitraffer ist das Leben des Antonius nur unzulänglich zu beschreiben. Er will als Missionar in Marokko in Nordafrika wirken, erkrankt aber. Er muss zurück. Ein Sturm wirft sein Schiff aber nicht an Portugals Küste, sondern ans sizilianische Ufer. Von dort zieht er nach Assisi in Mittelitalien (heute 21 000 Einwohner) und trifft Ordensgründer Franziskus. Bekannt ist, dass er mitreißende Predigten gegen Irrlehren vor mehr als 30 000 Zuhörern hielt. Keine Kirche war groß genug, er musste nach draußen ausweichen. Als man ihm in Rimini an der Adria-Küste (heute 147 000 Einwohner) nicht zuhören wollte, hielt er seine Predigt den Fischen, die zu Tausenden ihre Köpfe aus dem Wasser gesteckt haben sollen, so wie Franziskus den Vögeln predigte. Danach hörten ihm auch die Menschen in Rimini zu.

Von 1227 bis 1230 war Antonius als Bußprediger in Oberitalien tätig, seine Fastenpredigten ab 1231 in Padua hatten, so die Legende, unfassbare Erfolge. Die ganze Region um Padua soll wie umgewandelt gewesen sein: Schulden wurden erlassen, Diebe gaben Gestohlenes zurück, Dirnen kehrten ins ehrbare Leben zurück, überhöhte Zinsen wurden zurück gezahlt.

Unvergessene Hilfen des „Klüngel-Tünnes"

Zurück zum Mendener Schutzpatron, dem Antonius von Padua, dem „Klüngeltünnes". Warum er die Zuständigkeit für verlorene Sachen hat, wird aus einer Legende abgeleitet. So soll ihm ein Mönch einmal den Psalter (Buch der Psalmen) entwendet haben. Daraufhin wurde der Mönch von Erscheinungen heimgesucht und gab das Diebesgut schnell zurück.

Mendener haben ihre Erfahrungen mit ihm gemacht. Zwei haben mich staunen lassen, eine dritte Reaktion von Lesern sollte dem Heiligen für die Zukunft zu denken geben.

Namen soll ich nicht nennen. Es war 1951, als die vier Jahre alte Bärbel O. und ihr Papa Karlheinz im nahen Kapellenberg spazieren gingen zur Antonius-Kapelle. Bärbel muss es wohl warm geworden sein, sie zog ihre Strickjacke aus… und vergaß sie irgendwo. Jacke weg, Mutter verärgert. Vater musste noch mal los, den Weg absuchen. Jacke blieb verschwunden. Vater rief Antonius von Padua an, ging anschließend in die Vincenz-Kirche, in der sie vorher nicht gewesen waren. Vor der dortigen Antonius-Statue lag Bärbels Jacke auf einer Kirchenbank. Ich staune.

Am Grab des Heiligen ein Zeichen in der Hand

2005, „Neuzeit" also. Mutter Renia (Name verfremdet) war mit ihren Töchtern (12 und 9 Jahre alt) nach Verona gefahren. Opa hatte ihnen eine Digital-Kamera geschenkt, denn dort zwischen Venedig und Verona ist es anerkannt schön.

In Lazise am Garda-See fotografieren sie, besuchen Geschäfte und eine Kirche, stellen eine Kerze auf und fahren weiter nach Padua. Unterwegs der Schreck: die Kamera ist weg. Aber wo hat man sie verloren?

*Heiligenhäuschen des hl. Antonius von Padua am Kreuzweg im Kapellenberg:
„Heiliger Antonius, großer Diener Gottes, Schutzpatron der Stadt, bitte für uns".
Foto: Archiv Klaus Kimna*

Keine Chance, sie angesichts der vielen Touristen wieder zu bekommen.
In Padua besuchen sie das Grab des „Klüngeltünnes", bitten um Hilfe. Eines der Mädchen legt eine Hand auf das Grab und erschrickt: Sie hat das Gefühl, da ist was. Ein Zeichen? Die drei fahren zurück nach Lazise. Zweifel. So viele Touristen und wer gibt so eine Kamera schon freiwillig zurück, und an wen überhaupt? Aber sie hoffen. „Klüngeltünnes" ist längst eingeschaltet. In Lazise angekommen, stürzt eine Frau aus einem Geschäft. „Sie waren doch eben schon mal hier in der Stadt?" fragt sie. „Ich habe Sie wiedererkannt auf einem Foto der Kamera." Die drei Mendenerinnen sind überwältigt. Ein Wunder? Zumindest ähnlich.

Schutzpatron muss auch mit Kritik leben

Als Wiederfinder wird „Klüngeltünnes" überall gepriesen, als Schutzpatron der Stadt aber muss sich Antonius von Padua schon mal Kritik gefallen lassen. 13. Juni 1941 im 2. Weltkrieg. Die damals 6 Jahre alte Magdalena Hillebrand verh. Terbeck hatte mit ihrer Mutter den ersten nicht allzu schweren Bombenangriff auf Menden erlebt. Sie erinnert sich noch heute an ein sehr zerstörtes Haus an der Lessingstraße, einen Bombentrichter durch einen Blindgänger im Hof Kaiserstraße 22-24 und an Brandbomben. Sie schrieb mir: „Meine Mutter und ich konnten damals nicht begreifen, warum der Heilige Antonius an seinem Todestag die Stadt nicht besser beschützt hat."

Ich vermute, Antonius von Padua ist nicht glücklich über solche Gedanken der Menschen.

Der hl. Antonius von Padua in einer Wandnische im Chorraum als Schutzpatron der Stadt und Namensgeber der Kapelle. Foto: Archiv Klaus Kimna

Er wurde 105 Jahre alt
Antonius Einsiedler ist Kauken-Tünnes und zugleich Fickel-Tünnes
Halinger Kirchenpatron oft verwechselt mit dem „Klüngeltünnes"

„Kommen sich in Menden zwei Heilige in die Quere…" Könnte man meinen, wenn man an Antonius von Padua denkt und an Antonius Einsiedler.

Aber unter Heiligen gibt es keinen Zuständigkeitsärger und keinen Streit. Antonius von Padua ist Mendens Schutzpatron, Namensgeber der Kapelle auf dem Berg und „Klüngeltünnes", der uns wiederverschafft, was wir verschlampt haben.

Antonius Einsiedler hingegen ist im Mendener Nord-Westen Schutzpatron der Kirche in Halingen, wird als Vieh- und Armenpatron verehrt. In Halingen ist er einerseits der Kauken-Tünnes, andererseits aber auch wie im übrigen Sauerland der „Fickel-Tünnes", weil ihm das Vieh und hier vor allem die Schweine anvertraut sind.

Da staunte selbst Johann Lichtblau

Ich habe zuhauf über Antonius Einsiedler gelesen, oft gestaunt, doch nirgends gefunden, dass er auch Verlorenes wiederbesorgt. Dieter Kost, verstorbener Brauchtums-Fachmann in Halingen, aber schreibt genau das auch dem Antonius Einsiedler, dem Fickel-Tünnes, zu: „Bei uns in Halingen obliegt unserem Patron noch eine ganz wichtige Funktion, die allgemein dem Hl. Antonius von Padua zugeschrieben wird, (aber auch) unser Antonius Einsiedler muss helfen, Verlorenes. Verlegtes, abhanden Gekommenes wiederzufinden. Und er tut es!"

Verwundert habe ich Johann Lichtblau (Jahrg. 1936), Mitverfasser des Buches „900 Jahre Halingen", danach gefragt. Köstlich seine Antwort: „Das hat mich auch gewundert. Aber ältere Halinger haben mir versichert, dass das klappt."

Nachdem von einem Zerwürfnis im Himmel nichts bekannt ist, zurück zu den irdischen Fakten. Antonius von Padua lebte von ca. 1195 bis 1231, wurde nur 36 Jahre alt.

Glasfenster des Hl. Antonius Einsiedler in der Halinger Kirche. Bild mit dem für ihn charakteristischen T-Stab. Foto: Halingen-Buch/Schlottmann

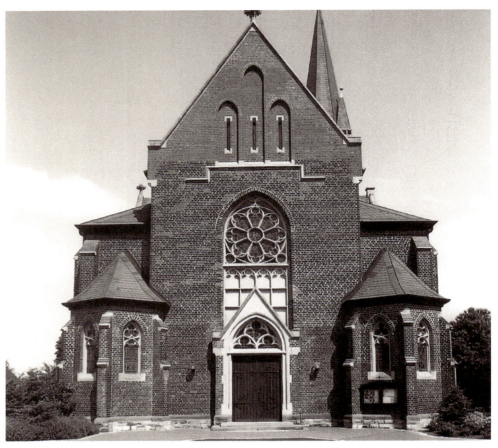

Die Westfassade der unter Denkmalschutz stehenden und 1908 errichteten Nachfolgkirche Antonius Einsiedler in Halingen. Foto: Halingen-Buch/Schlottmann

Antonius Einsiedler wurde 105 Jahre alt

Rund 930 Jahre früher kam Antonius Einsiedler auf die Welt. Angeblich 251 geboren in Mittelägypten, 356 gestorben. Sein Gedenktag in der katholischen Kirche ist der 17. Januar. Er wurde extreme 105 Jahre alt, reicht aber bei weitem nicht an Methusalem heran, der auf 969 Lebensjahre gekommen sein soll.

Er war der Sohn eines wohlhabenden christlichen Bauernpaares, das früh starb. Antonius E. hörte das Matthäus-Wort „Wenn du vollkommen sein willst, geh, verkauf deinen Besitz und gib das Geld den Armen, so wirst du bleibenden Schatz im Himmel haben. Dann komm und folge mir nach." Und genau nach diesem Wort lebte Antonius E. Er verschenkte alles, zog sich in die Einsamkeit zurück, lebte anfangs in einer Hütte, später in einer alten Grabkammer, zog dann in ein altes Kastell am Nil am Rande der arabischen Wüste. Er gilt als einer der ersten Christen, die sich von ihren Gemeinden trennten, um als Einsiedler ihren Weg zu Gott zu finden. Er wird heute als der erste Abt der Kirchengeschichte angesehen.

Aufgabe: „Töte dich täglich selbst ab"

Seine Reliquien wurden erst 561 gefunden,

anfangs nach Alexandria, dann nach Konstantinopel gebracht und befinden sich seit 1491 in der Kirche St. Julienne in Arles an der Rhone in Südfrankreich.

Das asketische Leben, das Antonius E. führte, muss dem Teufel nicht gefallen haben. Die Legenden berichten von Heimsuchungen und Versuchungen während seines langen Wüstenaufenthaltes. Hinzu kommt die ihm zugeschriebene Antoniusregel, die die Abkehr eines Mönches von leiblichen und weltlichen Begierden fordert: „Töte dich täglich selbst ab," sagte er. Er wurde von Visionen heimgesucht. Einerseits waren es Trugbilder entgangener Lebensfreuden wie sexuelle Ausschweifungen, Familienleben, Wohlstand, andererseits waren es Peinigungen, wenn, so die Legende weiter, der Satan Dämonen auf ihn losließ, die ihn quälten, prügelten und körperlich züchteten. Er widerstand allen Versuchungen und wurde dafür verehrt.

Egk und Hindemith vertonen „Versuchungen"

Diese berühmt gewordenen Versuchungen haben Komponisten wie Werner Egk und Paul Hindemith vertont. Egk 1952 als Stück für Alt, Streichquartett und Streichorchester, 1969 sogar als Ballett aufgeführt. Hindemith vertonte die Versuchungen 1934 als Symphonie. In London gab es 2003 über die Versuchungen sogar ein Musical von Bernice Johnson Reagon. Auch Antonius E. ist nach heutigem Maßstab ein Star.

Die Halinger haben sich für ihre Kirche einen berühmten Heiligen ausgesucht. Sie befinden sich damit in bester Gesellschaft. Kirchen, die Antonius E. geweiht sind, befinden sich im benachbarten Eisborn (Balve), vor allem aber im Bistum Münster, dessen Lieblingsheiliger er ist. 37 Kirchen tragen dort seinen Namen. Antonius E. war Asket und Einsiedler, hat verschiedene Ehrennamen erhalten wie Antonius Einsiedler, Antonius Eremit, Antonius Abbas „Vater der Mönche" und wird sogar „Antonius der Große" genannt.

Radler und Biker auf Fickel-Tünnes-Weg

Seine Nähe zu den Schweinen und der Name „Fickel-Tünnes", der auch in Halingen gebraucht wird, hat zu tun mit der Bedeutung des Schweins zur Selbstversorgung, schreibt Dieter Kost. So erklärt sich leicht die Wahl des Kirchenpatrons schon für die Halinger Vorgängerkirchen im Mittelalter, „denn der Heilige ist ein verlässlicher Fürsprecher bei Viehseuchen, ist Schutzpatron der Haustiere, besonders der Schweine und Schweinehirten." Das schätzen auch viele sauerländische Gemeinden und Bauernschaften, die ebenfalls Antonius Einsiedler nur

Die Holzfigur des Antonius Einsiedler ist das älteste Kunstwerk in der Halinger Kirche und stammt vermutlich aus der Zeit 1400 bis 1500. Zu erkennen ist die Ordens-Kleidung der Antoniter-Mönche von 1095, dazu der T-förmige Kreuzstab. Foto: Halingen-Buch/Schlottmann

Blick in die Kirche Antonius Einsiedler in Halingen, wie er sich 1957 noch vor dem verheerenden Kirchturm-Brand von 1973 bot. Foto: Archiv Klaus Kimna

„Fickel-Tünnes" nennen, sogar Veranstaltungen wie Radrennen, Wanderungen nach ihm benennen. So gibt es den „Fickeltünnesweg" um Allendorf (Sundern), in der Steinert und durchs Lenne-Gebirge oder die Fickeltünnes-Touren für Motorradfahrer im Sauerland-Tourismus. Motto: „Auf den Spuren des Fickel-Tünnes".

In Halingen aber hat „Fickel-Tünnes" noch einen weiteren Namen: „Kauken-Tünnes". Halingens Lehrer Robert Frese (1882-1976), der auch die Reste der Rodenburg am Kapellenberg entdeckte, hat nach einem Bericht von Jutta Törnig-Struck im Halingen-Buch, bereits 1931 von einem eigenartigen Brauch in Halingen erzählt.

Auf jedem Pfosten lag ein Kuchen

Demnach lag früher, als Halingen wirklich noch ein Bauerndorf war, am Fest des Hl. Antonius Einsiedler am 17. Januar auf jedem Zaunpfosten ein Kuchen. Alle Familien im Dorf feierten zusammen mit ihren Verwandten aus Menden und Umgebung beliebte Familientreffen, machten sich über die Kranz- und Plattenkuchen her, mussten aber wohl früh aufstehen, weil sonst vor ihnen schon die Hunde zugelangt hätten.

Dieter Kost schrieb von „Halinger Köstlichkeiten". Überall sei fleißig gebacken worden. Dabei vermutete er, es könne sich um eine „Imitation der Gottesspeise für den Eremiten" handeln. Sein Patronatsfest sei jedenfalls in Kirche und in Häusern festlich gefeiert worden.

Von diesem Brauch ist nur noch wenig übrig geblieben. Johann Lichtblau erlebt aber als Erinnerung an früher an Pfarrfesten, wie heute selbst gemachte Eiserhörnchen mit Sahne angeboten werden.

365 000 Nadeln am Baum
Manches Weihnachtsbrauchtum in Menden ist noch jung
Statt Weihnachtsmarkt gab es früher Adventsfasten

Länger ist das noch nicht her? Den ersten Adventskranz in Menden soll es erst vor rund 90 Jahren gegeben haben. Da fragt man sich unwillkürlich, wie unsere Altvorderen bis 1930 die Vorweihnachtszeit begangen haben. Die Antwort klingt fast banal: Die Kirche hatte für die vier Wochen vor Weihnachten das Adventsfasten angesetzt. Von wegen Weihnachtsmarkt und Kerzen auf dem Kranz. Erst ab 1917 verlangt Mutter Kirche dieses Fasten nicht mehr obligatorisch. Wer will, der kann, aber er muss nicht entbehren.

Was Paul Koch über das Brauchtum in Menden herausgefunden hat, lässt mich stutzen. Das ist ja manches noch gar nicht so alt. Das fühlt sich ja an wie gestern und ist doch im Hinterkopf so fest verankert, als habe es das immer schon so gegeben. Der Martinszug am 11. November als Beispiel, den gibt es in unseren Breiten erst ab 1945, importiert aus dem Rheinland. Der Martinszug hat sich gegen den Nikolauszug durchgesetzt, den man nach 1945 ebenfalls einzuführen versuchte.

Wer sich verspätet wird Thomas-Esel
Bildpostkarten als Weihnachtsgruß setzten sich bei uns schon um 1895 durch. Die Motive waren ein Abbild des jeweiligen Geschehens in Stadt und Land: Von „kitschig-fröhlich" über „Besinnung im Schnee und Tannenwald" bis hin zur „mit Kerzen geschmückten Kanone".

Welch ein bitter-süßer Gruß: „Stille Nacht, Heilige Nacht" unter den Kanonen eines Panzerkreuzers. Weihnachtskarte 1916 im 1. Weltkrieg. Fotos (6): Archiv Klaus Kimna

Von Klaus Kimna zur Weihnachtskarte erhoben: Winter in den 1950er Jahren. Zugefrorene Hönne. Für Weihnachten 2019 wohl ein unerfüllbarer Traum.

Das festliche Blasen an Heiligabend an St. Vincenz gibt es auch erst seit 1928. Mit Chorgesang sogar erst seit 1947. Ebenfalls noch jung, aus der Zeit um 1930, ist der Versöhnungsabend nach der letzten Ratssitzung des Jahres. Rat, Verwaltung, Schulleiter und Presse versuchen seitdem ihre Differenzen auszugleichen, die im Laufe des Jahres aufgetreten sind. Geklappt hat das nicht immer, wie ich aus eigenem Erleben weiß.

Manches muss an mir an Brauchtum vorbeigerauscht sein. Dr. Paul Koch, Stadtarchivar in Menden von 1955 bis 1984, schreibt über den 22. Dezember, dem kürzesten Tag des Jahres: „Jeder ist an diesem Tag darauf bedacht, nicht der letzte in der Schule oder an der Arbeitsstelle zu sein, sonst erhält er nach dem Tagesheiligen den Spottnamen „Thomas-Esel". Früher wurde er auch noch mit einem Strohkranz geschmückt, ergänzte Paul Koch. Von diesem Brauch habe ich erst aus Kochs Buch „Menden, eine Stadt in ihrem Raum" erfahren.

„Suppen-Steffen" am 2. Weihnachtstag
Bekannter ist in Menden der „Suppensteffen" als Name für den 2. Weihnachtstag. Nicht schön. Aber einprägsam und abzuleiten vom Namenstag des hl. Stephanus, geboren im Jahr 1 nach Christus in Jerusalem, gesteinigt um 36-40 nach Christus bei Jerusalem. Er gilt als der Erste, der wegen seines Bekenntnisses zu Jesus den Märtyrertod erlitt. Stephanus ist Schutzheiliger der Kutscher, zu denen heute auch die Taxifahrer gehören dürften, der Maurer, Schneider, Zimmerleute und Pferdeknechte.

Paul Koch leitet den Spitznamen „Suppensteffen" von dem Brauch in Menden ab, an Heiligabend und dem 1. Weihnachtstag die Gaststätten und Restaurants geschlossen zu halten. Außer dem Genuss von Suppen und anderen Speisen am 2. Weihnachtstag in den Wirtshäusern glaubte man, durch Alkoholgenuss das „Opfer" der beiden Tage vorher ausgleichen zu können. Bruno Wessel, Kenner der plattdeutschen Sprache von Menden, geht daher davon aus, dass

Tiefer weihnachtlicher Friede auf dieser Bildkarte um 1900. Foto: Archiv Klaus Kimna

eher der „Saufstephan" gemeint ist. Heute ist es nach dem Einzug fremder Kulturen nicht mehr selten, dass Wirtshäuser an allen Weihnachtagen geöffnet haben.

365 000 Nadeln am Weihnachtsbaum

Weihnachtsbäume gab es seit etwa 1800 in gehobenen Bürgerhäusern von München, Zürich oder Wien. In bürgerlichen Städten wie Menden erst nach dem Krieg 1870/71 gegen Frankreich, als der Preußenkönig Weihnachtsbäume in den Unterständen und Lazaretten aufstellen ließ. Die Tür zum Weihnachtsfest mit Tannenbaum, gemeinsamem Singen, Öffnen der Geschenkpäckchen war plötzlich weit geöffnet.

Den Weihnachtsbaum selbst betrachte ich mit ganz anderen Augen, seitdem schlaue Rechenfüchse herausgefunden haben, dass ein 180 cm hoher Tannenbaum 365 000 Nadeln hat. Wie sinnig, 1000 für jeden Tag im Jahr. Wenn da eine offene Flamme dran kommt, sind das ebenso viele Leuchtgeschosse.

„Herzliche Weihnachtsgrüße" segelten 1945. Als Motiv ein Schulschiff der Handelsmarine. Foto: Archiv Klaus Kimna

90 Nationalitäten in Menden und ihre Bräuche
Der Osterhase belohnte das Kranz-Flechten auf dem Friedhof
Farbiger Wunsch nach Erleuchtung – Das Gelbe vom Ei

In meinem Kopf sind Bilder, die ich Ende der 1940er Jahre als Kind aufgenommen und seitdem nicht mehr vergessen habe. Ich muss um die fünf, sechs Jahre alt gewesen sein, glaubte wohl noch an den Osterhasen, freute mich, wenn er mir was brachte. Auf dem katholischen Friedhof pflegten meine Mutter und mein älterer Bruder das Grab meines Vaters. Ich hatte vorsorglich hinter dem Grabkreuz ein Nest angelegt.

Osternest hinter Vaters Grabkreuz
Auf der anderen Seite des Querweges wuchsen auf der Wiese einer noch nicht genutzten Grabreihe Marienblümchen. Ich habe einen Strauß gepflückt und daraus einen Kranz geflochten für meinen Vater. Es mag banal klingen, aber ich habe es als Belohnung empfunden, dass der Osterhase zwischenzeitlich in mein Osternest hinter dem Kreuz eine paar Süßigkeiten gesteckt hatte. Geblieben ist heute ein wehmütiges Schmunzeln.

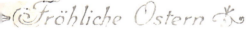

Mehr Glück kann man mit einer Osterkarte kaum wünschen. Gesundheit, Leben. Friedliches Küken-Dasein. Ein Wunschtraum zu Anfang des 1. Weltkriegs. Die Karte wurde 1914 versendet. Fotos: Archiv Klaus Kimna

Küken wollen unter den schützenden langen Rock dieses Mädchens schlüpfen. Karte um 1900.

Fröhliche Ostern 1903, unbeschwerte Kinder in einem kostbaren Schmuck-Ei. Noch ohne Kriegsangst.

Eine Karte von 1917, als der 1. Weltkrieg noch tobte. Das Motiv mit den Hasen will so recht nicht in die Kriegszeit passen.

sind oft Kleinigkeiten, die im Gedächtnis haften bleiben. Der Osterhase war mir vertraut. Auf Waldspaziergängen zu Ostern wusste ich genau, worauf ich zu achten hatte: Auf die Vertiefungen von Baumwurzeln, auf dichte Büschel Gras am Wegesrand. Dort waren oft Eier oder Süßes versteckt. Drohte ich vorbei zu laufen, fanden Mutter und Bruder immer Anlässe, mich noch mal an ihnen vorbeizuschicken. Wie mir damals geht es auch heute noch vielen Kindern. Wohl jenen Jungen und Mädchen, denen nicht so früh der Kindheitsglaube genommen wird.

Verstecke sogar in den Lampenschalen

Ich weiß von Familien, die bei schlechtem Wetter in ihrer Wohnung Ostereiersuchen veranstalten. Nicht nur für Kinder, auch für Erwachsene. Der Phantasie sind keine Grenzen gesetzt. Verstecke bis in die Lampenschalen. Eier, Süßigkeiten, Schokoladenhasen hat man schon in Kissenbezügen im Wohnzimmer gefunden. Leider hat sich dann schon mal jemand erschöpft auf die Kissen gesetzt…

Das Ei ist im Christentum wichtiger Bestandteil des Osterfestes. Ist das Symbol der Auferstehung. Für viele auch Symbol der Fruchtbarkeit, neuen Lebens und der Wiedergeburt. Wen wundert es da, wenn Ostereier in allen Farben bei uns Hochkonjunktur haben. Auch bei Mendens vielen ausländischen Mitbürgern, die alle außer Neujahrs- und Weihnachtsbräuchen auch ihre Osterbräuche mitgebracht haben.

Schon unsere Ahnen versteckten Eier

Aber machen wir uns nichts vor, erfunden haben weder sie noch wir das Dekorieren mit Eiern. Das gab es schon weit vor dem Christentum. Vor 60 000 Jahren in Afrika, vor 5000 Jahren in Ägypten. Bei uns in Deutschland wurden erstmals im 13. Jahrhundert gefärbte Eier erwähnt, im 17. Jahrhundert beschrieb ein Abt das Verstecken von Ostereiern für Kinder. So ganz abwegig ist es nicht, zu behaupten, dass unsere Mendener Vorfahren schon vor Jahrhunderten Ostereier für ihre Söhne und Töch-

Das Ei als Symbol für neues Leben. Eine Karte von 1905.

Der Krieg hat Ostern überschattet. Karte von 1915. Der Text stimmt traurig.

ter versteckt haben, denn Eier hatten sie alle, weil sie Hühner hielten.

Dass sie Eier kochten, hatte einfach damit zu tun, dass sie keinen Kühlschrank hatten, aber in der Fastenzeit von Aschermittwoch bis Karfreitag weder Fleisch noch Eier essen durften. Aber sag das mal dem Huhn. Es legte fleißig weiter seine Eier, die haltbar gemacht werden mussten. Durch kochen.

Gelbes Ei: Wunsch nach Erleuchtung

Ursprungsfarbe der gekochten und zu Ostern dann angemalten Eier war rot als Erinnerung an den Kreuzestod Jesu. Später kamen weitere Farben dazu. Gelb bedeutete Wunsch nach Erleuchtung, Weiß war die Farbe der Reinheit, Grün steht für Jugend und Unschuld und Orange für Kraft, Ausdauer und Ehrgeiz. In den Verbrauchermärkten vereinigt ein einziges Ei alle Farben. Vielfalt ist gefragt.

Bei mehr als 90 Nationalitäten in der Hönnestadt Menden fallen die griechischen Mitbürger besonders auf. Im Unterschied zu uns stützen sich die orthodoxen Christen auf eine andere Berechnung der Mondphasen als wir. Deutsche Ostern und griechische Ostern können so mehrere Wochen auseinanderliegen. Im Jahr 2016 feierten die Mendener Christen das Osterfest am 27. März, die Griechen erst am 1. Mai. Anno 2017 aber fielen deutsche und griechische Ostern gemeinsam auf den 16. April. Anno 2018 war griechische Ostern am 9. April.

Klappern will gelernt sein

Eine der ältesten Ansichtskarten. Ein Ostergruß von 1899. Dazu ein herziger Text: „Die schönste Empfehlung mit vielen Grüßen, die leg ich zu Ostern Dir hiermit zu Füssen".

Der eine oder andere wird Karfreitag den Klang der Glocken von unseren Kirchtürmen vermisst haben. Ostern läuten sie wieder. Statt der Schellen, die Messdiener bei den Messen klingen lassen, wird geklappert, das war schon zu meiner Messdienerzeit so. Das Klappern ist eine Kunst für sich. Im süddeutschen Raum zogen früher Kinder und Jugendliche mit Klappern durchs Dorf und luden zu den Gottesdiensten. Da wird das Sprichwort „Klappern gehört zum Handwerk" besonders verständlich,

In verschiedenen Regionen und Ländern, vor allem in Frankreich hält sich hartnäckig die Erzählung, dass die Glocken Karfreitag nach Rom fliegen und erst Ostersonntag zurückkommen. Auf dem Rückweg verstecken sie Süßigkeiten für die Kinder. Für diese Vorstellung braucht man Phantasie, aber die haben Kinder ja.

Zum Osterfest in Menden gehört das reinigende und Dämonen vertreibende Osterfeuer. In den Kirchen wird die Osterkerze gesegnet und angezündet. Das Licht der Osterkerze als Zeichen des Lebens und Triumphes über Sterben und Tod Jesu.

Wer Kontakt hat zu den ausländischen Mitbürgern kann zu Ostern besondere Bräuche entdecken. Wo es möglich ist, wird bei den Griechen ein Lamm gegrillt und abends ein Feuerwerk gezündet. Also nicht erschrecken, wenn es zu ungewohnter Zeit plötzlich knallt über Menden.

Polen verhängen
Karfreitag die Spiegel
Für Polen ist nicht Weihnachten, sondern Ostern das höchste Kirchenfest. Und ein Familienfest. Die Karwoche ist für die Familien eine Woche der Dunkelheit und Trauer. Karfreitag verhängen streng gläubige Polen sogar die Spiegel und fasten. Wo es möglich ist, befüllen sie einen mit Leinen und Weidekätzchen geschmückten Korb mit Brot, Wurst, Kuchen, Gewürzen

Harfenklänge, Blütenpracht, Engelchen am Himmel. Friedliche Osterstimmung im Jahr 1902.

und bunten Eiern, der Ostersonntag gesegnet wird. Ostermontag kann es nass werden, dann ist es Brauch, sich gegenseitig mit Wasser zu bespritzen. Das soll Glück bringen.
Ähnlich soll es bei Tschechen, Slowaken, Ungarn und Rumänen zugehen, wo Männer die Frauen besprengen. Die ungarischen Männer nehmen aber statt Wasser Parfüm. Dazu gibt es leichte Schläge mit handgemachten Ruten. Ob Waser oder Parfüm, in jedem Fall soll so die Gesundheit und Schönheit der betroffenen Frauen für das folgende Jahr erhalten bleiben. Wehe, eine Frau wird übersehen, sie ist beleidigt und leidet.

Postkarten um 1900 mit Symbolkraft
Wie auch immer, Ostern lässt sich in seiner ganzen Bedeutung nicht auf Eier reduzieren, aber Eier strahlen eine enorme Symbolkraft aus. Deutlich wird sie in den Motiven vieler Postkarten um 1900, die Klaus Kimna aus seinem reichen Bestand herausgesucht hat. Aus Eiern schlüpft Leben, ob das von Küken oder Kindern oder Liebenden. Auch der Osterhase hat sich durchgesetzt.

Von Lehrern und Schulen in Menden
„Erziehung der Kinder ist die heiligste Pflicht der Eltern"
Aus einem Zeugnis von 1899 und was daraus geworden ist

Man muss sich doch verwundert die Augen reiben, wenn man die Schulen in Menden und ihre erstaunliche Vergangenheit sieht. Da wurde eine Schule, die mal einen Meter über dem Straßen-Niveau lag, plötzlich zur „Schule im Loch" (Westschule), wurden Schulferien verlängert, weil genau das Gegenteil von hitzefrei eintrat, nämlich Kohlemangel bei grimmiger Kälte. Eine Schule wurde „entgittert" (Wilhelmschule), bei einer anderen fiel nachts plötzlich die umgebende Mauer um. Kinder wurden nach Willkür zur Schule geschickt, weil sie vorrangig Vieh hüten sollten. Die Nazis hatten in ihrer Zeit eine eigene Namen-Kultur für die Lehranstalten.

Solch eine Aufzählung kann uferlos werden, betrifft aber die Schulen in Menden und Lendringsen in den zurückliegenden 250 Jahren gleichermaßen. Das gilt auch für die Lehrer von damals, mit denen Lehrer von heute wohl nicht unbedingt tauschen möchten.

Die Augusta-Schule war die erste Mendener Elementarschule und stand direkt zwischen den Kirchtreppen von St. Vincenz und dem Nobel-Restaurant „Die Hölle". Später wurde sie Berufsschule; 1965 abgerissen. Danach Bau der „Kupferburg". Heute Gastronomie. Foto: Archiv Klaus Kimna

59

Größte Freude und höchstes Glück

In Zeugnissen von 1899 richteten Mendener Schulen ein Wort an die Eltern: „Die größte Freude und das höchste Glück der Eltern sind gut erzogene Kinder. In diesen liegt die Hoffnung und Zukunft der Menschheit: Die Erziehung ist demnach eine der wichtigsten und heiligsten Pflichten der Eltern… Die Schule soll die Eltern in dieser hochwichtigen Aufgabe unterstützen und ergänzen…"

Und jetzt denken wir mal darüber nach, was heutzutage aus dieser Forderung geworden ist. Auf beiden Seiten.

Unmittelbar nach der kommunalen Neuordnung (1975) gab es in der größer gewordenen Stadt Menden 44 Schulen mit 21 verschiedenen Formen. 13 800 Schüler wurden von 542 Lehrkräften unterrichtet. Wagen wir mal einen ersten schüchternen Schritt in die Vergangenheit.

Erstaunlich, dass Menden 1272 - schon vier Jahre vor der Stadt-Werdung 1276 - eine Schule hatte. Zumindest geht das aus Unterlagen im Stadtarchiv hervor. Offenbar handelte es sich dabei um eine einzige Klasse mit nur einem Lehrer. Verwundern muss das nicht, denn es gab noch keine allgemeine Schulpflicht. Einige Lehrer-Namen aus dem 17. Jahrhundert sind überliefert: Franziskus Herxhagen, Casparius Westhof, Lehrer Rosarius oder Notar Wilhelm Kymeisen.

Augusta-Schule war erste Mendener Schule

Bis 1880, bis zum Bau der Josefschule, gab es in Menden nur eine einzige Elementar-Schule, eine katholische, die Augusta-Schule neben den Kirchtreppen von St. Vincenz. Sie wurde von 770 Schülern besucht und platzte aus allen Nähten. Menden zählte zu jener Zeit erst 5271 Bürger. Der zweite Schulbau, die Josefschule, musste zwangsläufig folgen. So zwangsläufig wie 1903 die Westschule. Bis zur Erweiterung der Josefschule 1887 und 1898 auf 12 Klassen blieben die Mädchen in der Augusta-Schule, nur die Jungen zogen um in die neue Josefschule. Nutzte alles nur wenig: In den beiden Schulgebäuden Augusta und Josef herrschte 1902 schon wieder qualvolle, unzumutbare Enge. 1902 zählte Menden bereits 1510 Schulkinder in 19 Klassen mit durchschnittlich je 80 Kindern!

Josefschule lag am Glockenteich-Bach

So ganz abwegig war die Freilegung des Glockenteichbachs vor kurzem in der Innenstadt übrigens nicht. Sie ist zumindest

„Das Hüttchen auf der Heide" am Salzweg/Ecke Schulstraße war 1715 die erste Schule in Lendringsen. Das „Hüttchen" gehörte zu den Mendener Pfarrschulen. Schülerzahlen fehlen bis 1778, aber 1805 ist von 92 Schulkindern die Rede, von „viel zu klein, feuergefährlich und gewöhnlich voller Rauch". Foto: Schularchiv Menden

geschichtlich begründet. In alten Chroniken wird 1880 über die Josef-Schule von der „neuen Schule am Glockenteich" geschrieben. Dieses Gewässer spielte demnach durchaus eine Rolle in Menden. Eine weitere Begrenzung der Josef-Schule war der „Weg um die Stadt", der Ostwall. Auch der „Todtenweg" (Nähe Friedhof) wird als Ortsangabe genannt.

Die Augusta-Schule fand eine ganz andere Bestimmung. Sie wurde Berufsschule. Ältere Bürger der Stadt werden sie noch besucht haben. 1965 Abbruch der Gebäudes: Danach wurde dort – direkt zwischen Restaurant „Hölle" und Kirchtreppen - die „Kupferburg" gebaut und nahm erst das Bauamt der Stadt auf, dann Handel und heute Gastronomie.

Zur Begrüßung der Schulanfänger zu Ostern hatten Mendener Josefschul-Lehrer in den 1950er Jahren mit Kreide ein lustiges Hasen-Bild auf die Klassentafel gemalt. Foto: Schularchiv Menden

Kuddelmuddel um Oster-Einschulung

Für eine etwas längere Episode begann um 1900 in Menden das Schuljahr schon zu Ostern und nicht – wie heute - erst nach den Sommerferien. Es gab durchaus Kuddelmuddel in Deutschland: Weder im Kaiserreich noch in der Weimarer Republik war der Schuljahresbeginn einheitlich geregelt. Erst 1941, so berichten die Chronisten, legten die Nazis den Start ins neue Schuljahr auf den September, was nach Ende des 2. Weltkriegs die Briten in ihrer Besatzungszone, also auch in Menden, prompt 1948 wieder abschafften, weil zu Nazi-verdächtig. Neuer Termin: wieder Ostern. Komisch die Briten: Zu Hause hatten sie selbst schon immer den Sommer als Schulbeginn.

Diese Oster-Regelung blieb bestehen bis 1964, erst dann gab es ab 1966 die Umstellung auf den 1. August als Schuljahresbeginn.

Königlicher Befehl für Schulchroniken

Dass wir heute überhaupt etwas wissen über das Schulwesen in Menden und Lendringsen verdanken wir der Königlichen Regierung, die am 15. Oktober 1872 die Anlegung einer Schulchronik für alle Schulen anordnete. Da Menschen, auch Rektoren, durchaus träge sein können, passierte erst einmal wohl nichts auf diesem Gebiet, so dass im Amtlichen Schulblatt Nr. 12 vom Dezember 1895 noch einmal nachdrücklich daran erinnert wurde. Die Schulinspektoren in aller Deutlichkeit: „Wir bestimmen…, dass die Schulchroniken von jetzt an in folgende drei Abschnitte zu teilen sind: 1. Der Schulort und die Schulgemeinde, 2. Die äußere Einrichtung der Schule: 3. Die innere Einrichtung der Schule:" Erwartet wurde ein Überblick über die geschichtliche Entwicklung der Schule als Hauptzweck der Chronik.

Und nur diesem Umstand verdanken wir einen durchaus umfassenden Überblick über die Schulen damals vor mehr als 200 Jahren in Menden und Böingsen (erst ab 1936 Lendringsen) bzw. im Amt Menden bis in die 1960er Jahre.

Schule und Kirche unter einem Dach
Aufstrebendes Lendringsen von der Schulraumnot eingeholt
Katholische Schule Lürbke war 1938 ein Stachel im Nazi-Fleisch

Um Kosten zu sparen waren Kirche und Schule als Erweiterungsbau ab 1803 unter einem Dach: die 1652 am Salzweg erbaute Josefskapelle und die 1715 errichtete erste Lendringser Schule, das „Hüttchen auf der Heide", 1983 abgerissen. Foto: Schularchiv

So, jetzt haben wir es schwarz auf weiß: „Die Kinder müssen sauber gewaschen, ordentlich gekämmt und in reinlicher, nicht zerrissener Kleidung zur Schule kommen…." Paragraph 9 der Schulordnung, verfasst von der Königlichen Kreis-Schulinspektion um 1900. Wichtiger ist Paragraph 1: „Jedes Kind wird mit dem vollendeten 6. Lebensjahr schulpflichtig".

Das hörte sich gut an, war aber noch nicht gut. Die allgemeine Schulpflicht gab es zwar seit 1649, aber der Staat war gar nicht in der Lage, diese Anordnung durchzusetzen. Was da so energisch tönte, war eher eine Absichtserklärung, denn der Staat verfügte gar nicht über ein flächendeckendes System, das allen potentiellen Schulkindern einen Schulbesuch ermöglicht hätte. In entsprechenden Untersuchungen wird festgestellt, dass Schulgebäude und Lehrer fehlten, von der dafür notwendigen unterstützenden Bürokratie ganz zu schweigen.

Bauerschaft Böingsen war der Hauptort

In Archiven zu blättern heißt auch, auf alte

Namen aus dem 17. Jahrhundert zu stoßen: Aus Lennerikhausen wurde Lendringsen, Beingkhusen wurde zu Böingsen, aus Bivern wurde der Bieberhof, Hoynghausen heißt heute Hüingsen.

In der Zeit um 1790 spricht man noch von der „Bauernschaft Böingsen" als Hauptort (erst 1936 wurde das Lendringsen). Dazu gehörten unter anderen die „Siedlungsplätze" Böingsen (30 Einwohner), Lendringsen (30), Hüingsen (45), Ober- und Niederrödinghausen (65), Steinhaus (178), Bremke (26). Das waren insgesamt 304 Einwohner mit 68 Schulkindern zwischen 5 und 15 Jahren. All diese Kinder besuchten, oder sollten es zumindest, das „Hüttchen auf der Heide" am Salzweg, die 1715 eingeweihte erste Lendringser Schule.

Gut, dass früher Buch geführt wurde über das Schulwesen, sonst wüssten wir heute gar nicht mehr, wie die Kinder damals in den niedrigen Räumen im „Hüttchen auf der Heide" unterrichtet wurden. Dem Papier nach genauso wie in Menden. Eingeführt waren um 1800 folgende Bücher: ABC-Schüler, Felbigers Biblische Geschichte, Overbergs Catechismus, Rochows Kinderfreunde, Mülheimer Lesebuch, Camps Sittenbuch, Johannigs Rechenbuch und der „Kinderfreund" (später „Bauernfreund").

Eigene Regelung für die Viehhirten

Zur Anschaffung der Schulbücher, der Schreib- und Handarbeitsmaterialien für arme Kinder hielten Pastor und Schulvorstand Kollekten in der Kirche ab.

Für die Viehhirten gab es zu jener Zeit eine eigene Regelung: An Sonn- und Feiertagen sollten sie für den Besuch des Gottesdienstes und der Christenlehre abgelöst werden. Im Sommer sollten sie täglich zwei Stunden Unterricht haben, frühmorgens oder mittags. Ferner sollten sie beim Viehhüten mit Stricken oder anderen nützlichen Handarbeiten beschäftigt werden. Sie hätten ja sonst auf dumme Gedanken kommen können.

Das durch die Industrialisierung entlang der Hönne aufstrebende Lendringsen wurde ständig von der Schulnot eingeholt. In Zahlen sah das so aus: Um 1790 rund 400 Einwohner, 1900 schon 2100, um 1950 runde 8000.

Zwei Schulen an der Lendringser Hauptstraße: links die 1873 errichtete einklassige „Neue Schule", rechts daneben die 1905 gebaute fünfklassige „katholische Lendringser Volksschule". 1974 abgerissen im Zuge des Ausbaus des Lendringser Platzes. Aufnahme um 1965. Foto: Schularchiv

Grinsbergschule als vorbildlich gefeiert

Überall mussten jetzt Schulen gebaut werden. 1873 die zweite Lendringser Schule an der Lendringser Hauptstraße, 1905 gleich daneben noch eine fünfklassige Schule. 1931/32 als „Befreiungsschlag" der Bau der größten Lendringser Schule vor dem 2. Weltkrieg, der Grinsbergschule (später Josefschule an der Friedhofstraße), überschwänglich gefeiert als „eine vorbildliche Volksschule".

Ähnliche Großprojekte in Lendringsen entstanden 1955 mit der evangelischen Wichernschule am Böingser Weg und der Bischof-von-Ketteler-Schule am Salzweg.

Das älteste noch stehende Schulgebäude in Lendringsen ist die frühere Schule Lürbke von 1898, die auf eine bewegte Geschichte zurückblicken kann. Niedergeschrieben hat sie der frühere Rektor der Schule, Karl Hunger, der sich auch um die Schulgeschichte der Gemeinde Lendringsen verdient gemacht hat.

Für Schule Bauplatz und Geld gespendet

Wir schreiben das Jahr 1898. Zur Ortschaft Lürbke zählten die Siedlungsplätze Bieberhof, Lürbke, Bremke und Wolfskuhle. Eine offenbar dicht besiedelte Landschaft mit Bauern, Köttern (kleine Nebenerwerbshöfe), Köhlern und Puddlern (Stahlwerker), schreibt Hunger. 68 Lürbker Kinder besuchten jeden Tag die Schulen in Lendringsen. Als in Lendringsen eine sechste Schulstelle mit einem Schulneubau eingerichtet werden sollte, verlangten die Lürbker, diese Schule in ihrem Dorf zu bauen. So ernst war es ihnen damit, dass einerseits Bauer Ostermann und Gastwirt Schulte den Bauplatz dafür stifteten, andererseits die Bewohner eine Summe von 1000 Mark spendeten. Lürbke durfte bauen.

Während des 1. Weltkriegs musste der Unterricht kaum unterbrochen werden. Anders wurde das im „Dritten Reich". Am 5. Juni des Jahres 1938 erreichte ein Schreiben des Amtsbürgermeisters und SS-Führers Friederici den Lehrer der Schule Lürbke. Inhalt: „Der Reichs- und Preußische Minister für Wirtschaft, Erziehung und Volksbildung hat… die Katholische Schule in Lürbke aufgelöst. Der letzte Schultag ist der 25. Juni 1938. Ab Montag, 27. Juni 1938, fahren die Schulkinder ab Schule Lürbke mit dem Omnibus nach Lendringsen."

Der Schulchronist, den es damals gab, vermerkte noch, die Maßnahme liege im Interesse der Allgemeinheit wegen Ersparnissen bei geringer Kinderzahl und Lehrermangel. Stimmte aber nicht.

Schule Lürbke als Gefangenenlager

Die wahren Gründe kamen erst acht Jahre später heraus. Amtsbürgermeister Friederici hatte in einem Handschreiben folgenden Satz niedergeschieben: „In der Lürbke wohnt ein Volk, das den NS-Gedanken nicht zugänglich ist. Sie schicken ihre Kinder in die katholische Volksschule." Dahinter steckte die Absicht der Nazis, die Kinder in großen Einheitsschulen schneller in ihrem Geist beeinflussen zu können. Katholisch störte.

Mit Beginn des 2. Weltkrieges wurde die Lürbker Schule als Gefangenenlager eingerichtet. Im Oktober 1939 zogen 30 Polen, danach Franzosen als Gefangene ein. Ein 2 m hoher Stacheldrahtzaun umgab das ehemalige Schulgelände, Splitterschutzgräben wurden ausgehoben. Das Los der Lürbker Schule traf auch die Josefschule,, sogar die Mendener Wilhelmshöhe (s. Band III „Mendener Geschichten").

Die erste Schule in Hüingsen wurde 1921 erbaut und war zweiklassig mit Lehrer-Wohnung. 1950 modernisiert und um zwei Klassen erweitert. 1974 Umzug in die neu erbaute Adolf-Kolping-Grundschule.

Mehr als 500 Kinder besuchten 1921 die Schulen im Ortskern von Lendringsen. Das bedeutete Schulraumnot. Unweit der 1910 eingeweihten Josefskirche wurde 1931 die sechsklassige Grinsbergschule, die spätere Josefschule, an der Friedhofstraße errichtet. Foto: Schularchiv

Von 1898 bis 1968 das Gebäude der Lürbker einklassigen Schule mit Lehrer-Wohnung. 1968 erst gepachtet, dann von der Hubertus-Bruderschaft Lürbke gekauft und zum Schützenheim ausgebaut.
Foto: Schularchiv

Erst Trümmerhaufen, dann Kulturzentrum

Nach dem Krieg war die Schule eine einzige Trümmerstätte. Nur nackte Wände. Türen und Fenster waren herausgerissen. Kein Wasser, kein Strom.

Die Lürbker gaben nicht auf, setzten das Gebäude wieder instand und erwirkten die Erlaubnis, ab 1946 dort wieder zu unterrichten. 22 Jahre später das endgültige Aus für die Schule durch die Schulreform 1968, mit der alle kleinen Schulen geschlossen wurden.

Kultureller Mittelpunkt blieb das Gebäude dennoch. Die Schützen pachteten erst, dann kauften und erweiterten sie und machten daraus ihr schmuckes Schützenheim St. Hubertus.

Eine Folge des Ausbaus großer Industrieanlagen und des Zuzugs vieler Familien: Die Kalkwerke erbauten 1906 die erste Volksschule in Oberrödinghausen. 1913 folgte ein zweiklassiges Schulhaus für 126 Kinder.

Stadt Menden gab keine Zuschüsse
Jüdische Gemeinde unterhielt die erste private Elementarschule
Teile der neuen Wilhelmschule im Hungerwinter 1917 Rübenlager

Die wohl erste Privatschule in Menden unterhielt die kleine jüdische Gemeinde. Sie hatte im Jahre 1812 einen eigenen Lehrer angestellt, der die wenigen Kinder jüdischen Glaubens in Religion und den Elementarfächern Schreiben, Rechnen und Lesen unterrichtete. Von 1875 bis 1893 wurde diese Schule bei der Stadtverwaltung offiziell als private Elementarschule geführt und besteuert. Die Eltern der schulpflichtigen Kinder mussten den Lehrer bezahlen. Die Stadt aber gab den sonst üblichen Zuschuss

1821 wurde die Synagoge der jüdischen Gemeinde in Menden an der „Watergasse" gebaut, 1938 von den Nazis geschändet und 1952 abgerissen. Seit spätestens 1916 gibt es in Menden keine jüdische Privatschule mehr. Foto: Archiv Klaus Kimna

für Schulen nicht an diese Privatschule. Das Jahresgehalt für den Lehrer, der auch gleichzeitig Vorbeter und Vorsänger war, musste die Gemeinde folglich allein aufbringen. Der Lehrer hatte allerdings wohl kein allzu schweres Amt, denn die Kinderzahl lag bei acht bis zehn Schülern.

Der pensionierte Realschul-Lehrer und Historiker Klaus-Dieter Alicke aus Winsen an der Aller stellte in seinen Recherchen fest, dass es spätestens seit 1916 keine jüdische Schule mehr in Menden gibt.

1937 lebten noch 25 Juden in Menden

Alicke ist seit Ende der 1980er Jahre Angehöriger des Besucherdienstes der Gedenkstätte Bergen-Belsen und hat umfangreiche Einblicke in historische Daten. Nach seinen Erkenntnissen, die sich mit denen des früheren Mendener Stadtarchivars Paul Koch decken, lebten um 1620 einige jüdische Familien in Menden. Die ältesten urkundlichen Belege stammen aus der Zeit gegen Ende des Dreißigjährigen Krieges (1648). Um 1690 wohnten in Menden 30 Juden, 1843 waren es 68 und 1937 nur noch 25.

In der Hönnestadt schlossen sich die Juden zu einer Synagogen-Gemeinde zusammen, die 1822 ein kleines Bethaus errichtete. Laut Klaus-Dieter Alicke war es „eine Synagoge im klassizistischen Stil mitten im Ortskern an der Watergasse/Süsterstraße, der heutigen Hochstraße/Synagogengasse. Das schlichte Gotteshaus aus verputztem Fachwerk verfügte auch über eine Frauen-Empore. Im Inneren war die Kuppel blau eingefärbt und mit Sternen versehen." 1938 wurde die Synagoge vom Nazi-Mob geschändet, nach dem Krieg 1952 abgerissen. Bei seinen Erkenntnissen stützt sich der Historiker auch auf Bücher wie „Feuer an dein Heiligtum gelegt – Zerstörte Synagogen 1938" (Michael Brocke) und auf die drei umfangreichen Bände „Aus der Geschichte der jüdischen Gemeinden im deutschen Sprachraum", die in einem Gütersloher Verlagshaus erschienen sind. Demnach hatte

Karges Lehrerzimmer für zahlreiche Lehrkräfte der großen Wilhelmschule um 1956. Zwanglos im Bild von links (sitzend) die Lehrer Lensing, Frl. Hille, Hausmeister Rosenstein, Wagner, Wachsmann, Wenken, Frl. Schulte, Frl. Düssel, Frl. Huf, Stude, Abele, Schütte, Knebel, Rektorin Frl. Müller. Stehend von links: Schulrat Große-Kemper, Lehrer Friederich und Frl. Westerhoff. Etliche Lehrkräfte fehlen auf diesem Bild. Foto: Schularchiv

Sportunterricht für ausgelassene Wilhelmschüler in den späten 1930er Jahren auf dem Waldturnplatz am Hünenköpfchen, der willkommene Ersatz für eine fehlende Turnhalle. Foto: Schularchiv

die jüdische Gemeinde um 1700 bis zum Bau der Synagoge und der Einrichtung der privaten Schule lediglich einen Betraum in einem Privathaus. „Vermutlich", so Alicke, „in der Straße >>Ob der Grotte>> (Wasserstraße)."

Wilhelmschule hatte bessere Toiletten

Zurück von der Privatschule zu den immer größer werdenden und besser ausgestatteten Schulen der Stadt Menden vor der kommunalen Neuordnung (1975).
1879 Einweihung der Josefschule, 1908 Übergabe der neuen Wilhelmschule. Dazwischen lagen einige Jahre der Entwicklung. Da war es einfach natürlich, dass die neue Schule auch als die modernste Schule in Menden galt. Komisch, dass dieses „modernste" ausgerechnet an den Toiletten fest gemacht wurde. In einer Festschrift erinnerte sich Wilhelm Weiske an seine Zeit als Schüler, in der er beide Schulen erlebte: „In der Josefschule stand es mit den sanitären Anlagen nicht zum Besten."
Er entsann sich aber auch des Drumherum bei diesem Umzug von der Josefschule in die neue Schule im Osten der Stadt, die kurzzeitig auch Ost-Schule genannt wurde, bevor sie samt Straße den Namen von Kaiser Wilhelm annahm. Im Gegensatz zur West-Schule, die ihren Erdkunde-Namen bis zum Schluss behielt: „Wir (das waren die Kinder, die im Bereich der neuen Schule wohnten) zogen klassenweise in die Wilhelmschule… 60 Jungen waren wir damals in der Klasse, keine Mädchen." Die Mädchen kamen erst im Februar 1913 dazu.
Das habe ich 1948 als Balverstraßen-Kind in der Wilhelmschule etwas anders erlebt: 50 Kinder in der Klasse, aber auch Mädchen, dafür waren die Geschlechter auf dem Schulhof getrennt.

Schülerlied: „Der Kaiser ist ein lieber Mann"

Der Name des Kaisers schwebte über allem. Die Kaiser-Wilhelmshöhe war in Menden nur der Anfang. Als der Kaiser am 16. Juni 1913 sein 25-jähriges Thronjubiläum feierte, waren alle Schüler begeistert, oder sollten es zumindest sein: Schulfrei gab es, patriotische Feiern, noch patriotischere Lieder. Bekannt bis heute ist das Lied „Der Kaiser ist ein lieber Mann. Er wohnt in Berlin. Und wär es nicht so weit von hier, ich ginge heut noch hin."
Die Ermahnung für die Schulen 1872, eine

Die Auswahl an Sportgeräten war in den 1930er Jahren groß am Hünenköpfchen. Auch die Mädchen waren bei Wettkämpfen dabei und sei es nur als Zuschauerinnen. Foto: Schularchiv

Man kann sich heute kaum vorstellen, dass auf diesem Schulhof geregelter Sportunterricht möglich gewesen sein soll. War aber so. Der „Sportlehrer" mit Hut. Foto: Schularchiv

Schulchronik zu führen, hatte gefruchtet. Die erste Eintragung in die Chronik der Wilhelmschule stammt vom 15. August 1908, vom Tag der Einweihung. Lehrer Glade hielt fest: „Schlüsselübergabe durch Baumeister Salomon an Bürgermeister Papenhausen. Bürgermeister Papenhausen sprach: Die neue Schule möge dienen <dei et patria> (Gott und dem Vaterland). Dechant Boedicker ermahnte die Lehrer zur gemeinsamen Befolgung der gesetzlichen Vorschriften und die Kinder zu Fleiß und Gehorsam… Am Nachmittag um 2 Uhr begann der regelmäßige Unterricht mit 5 Klassen. Im Durchschnitt wurde jede Klasse von 65 Kindern besucht."

Im Rathaus wird Kriegssuppe gekocht

Ich weiß nicht, ob die Begeisterung für den Kaiser noch so groß blieb, als der 1. Weltkrieg vermehrt sein Unwesen trieb. Auch hier gibt die Chronik der Wilhelmschule Aufschluss. Vermutlich ging es an allen Schulen in Menden ähnlich zu: „September 1915, die Zeiten werden härter. Die Kinder sammeln Geldmünzen. Der Kaiser bedankt sich bei Kindern und Lehrern für die Aufbringung der 3. Kriegsanleihe…"

Aber es schien bergab zu gehen: „In der Stadt darf bei Siegen nicht mehr geschossen, sondern nur noch geläutet werden. Die Stadt kauft für die Bevölkerung Kartoffeln. Buntmetalle müssen abgeliefert werden. Lebensmittel werden teuer. Schulkinder

Sammeln, sammeln, sammeln, auch Metall (Bild). Anordnung der Nazis an allen Schulen. Die Schüler wurden im Krieg überall eingespannt: bei der Beerensammlung, der Altpapiersammlung, bei der Ährenauflese oder bei der Kartoffelkäfersuche. Foto: Schularchiv

Sammelstelle für Metall am Rathaus in Menden. Dort gaben die Schüler im Krieg ihr Sammelergebnis ab. Foto: Archiv Klaus Kimna

liefern ab: Einen Kartoffelkorb voll Staniolpapier, Flaschenkapseln, Patronenhülsen, eine Tasche voller Zigarettenabschnitte und Zigarettenbänder."

Ende 1915 wird im Rathaus eine Kriegssuppe zubereitet. Schulkinder zahlen 15 Pfennig pro Portion. Der Unterrichtsausfall mehrt sich. Knaben mussten sich auch an den Viehzählungen beteiligen.

Ausflüge zu Fuß zum Platthaus-Karussell

Der Krieg hatte die Schulen im Griff. In der Wilhelmschule-Chronik erinnert sich Josef Mertens an die Kriegszeit 1914-1918, als die Schule erst zu einem Teil fertiggestellt war, der Anbau auf sich warten ließ, weil die Schreinerarbeiten zu teuer waren: „48 Kinder der Wilhelmschule wurden wegen der Hungersnot aus der städtischen Kriegsküche gespeist." Wieviel Kinder es wohl aus den anderen Schulen waren?

Immer mehr Klassen waren ohne Lehrer, die Stundenzahl musste gesenkt werden. Der noch nicht fertige Anbau der Schule wurde am 19. Februar 1917 zum Rübenlager. Klassen wechselten von Schule zu Schule, bis Schüler der Josefs-, Wilhelm- und Augusta-Schule gemeinsam im Gebäude der Wilhelmschule unterrichtet wurden. Nur noch in den Hauptfächern.

Die Erinnerungen von Schülern zeigen uns heute ein fast schon vergessenes Bild von gestern. Josef Weiske von einem Tag im November 1917: „Einen Ausflug machten wir damals bis ins Hönnetal. Da war ja das Karussell bei Platthaus. Man konnte damals auch ungestört den Weg gehen, es fuhren ja keine Autos in dieser Zeit die Hauptstraße rauf nach Lendringsen, Wir gingen nur ins Hönnetal oder bis zur Bellevue. Weiter sind wir nicht gekommen. Die großen Städte kannten wir gar nicht, nur dem Namen nach." („Mendener Geschichten" Band 4).

Früher waren die Kinder offensichtlich besser zu Fuß als heute. Josef Mertens erinnerte sich jedenfalls an einen Ausflug zur Möhne-Talsperre als weiteste Wanderung. Das schaffen heute viele nicht mal mit dem Fahrrad.

Fast 1000 Kinder in der Wilhelmschule

Die Überschrift eines Chronisten passt: „Wandel eines Mendener Schulgebäudes mit vielen Namen". Inzwischen ist das Gebäude 110 Jahre alt. Aus Ostschule wurde Wilhelmschule, daraus machten die Nazis die Schlageterschule, bevor sie nach dem 2. Weltkrieg wieder Wilhelmschule wurde. Dann wurde sie zur Pestalozzischule, danach zur Rodenbergschule und heute ist in diesem Gebäude eine Dependance des Gymnasiums an der Hönne (früher Walram-Gymnasium) zu finden.

Um 1950 gehörte die Wilhelmschule zu den fortschrittlichsten Schulen der Stadt. Nicht zuletzt durch die Rektorin Maria Müller (s. Band II und IV „Mendener Geschichten"), die nach dem Krieg von der Stadt beauftragt war, das Schulwesen wieder auf Vordermann zu bringen. 948 Kinder besuchten die Lehranstalt damals. Enorm viele.

Entspannung in der Schulraumnot im November 1952 durch die Einweihung der Bonifatiusschule Platte Heide. Die Schulbezirksgrenzen wurden geändert, Lehrer von der Westschule zur Platte Heide und zur Josefschule versetzt, Schüler verteilt. Ende der 60er Jahre Hauptschule

Schule in Halingen: Nazis machten Druck
Im Krieg herrschte Pantoffel-Zwang in der Fritz-Wiemann-Schule
Särge der Möhne-Toten waren vor dem Schulbrunnen aufgebahrt

Sie hatten Tempo gemacht, das muss man ihnen lassen. Innerhalb kurzer Zeit stampften die Nazis im Amt Menden Ende der 1930er Jahre drei Schulen aus dem Boden, die unter nicht-diktatorischen Umständen sicherlich auf sich noch hätten warten lassen: in Wimbern, Sümmern und in Halingen. Ein vierter Schulneubau, der in Schwitten, „stotterte" im Intrigen-Geflecht der Nazi-Größen Himmler, Bormann und Göbbels, die den für Schwitten vorgesehenen Namenspatron der Schule, Joseph Wagner, nicht leiden konnten.

Friderici: „Ich habe den Entschluss gefasst…"

Eines hatten alle neuen Schulen gemeinsam: Platznot in den bisherigen Schulgebäuden und Anbau oder Aufstockung nicht möglich. Mendens Amtsbürgermeister Arthur Friderici hatte bei der Grundstein-Legung am 12. August 1938 voller Stolz betont, wie schnell es doch mit Halingen geklappt habe. Friderici, das war doch der hohe SS-Funktionär, der die Schule Lürbke 1938 von jetzt auf gleich schließen ließ, weil ihm, wie eine Randnotiz nach Kriegsende verriet, die Lürbke einfach zu katholisch war.

Die Schulverhältnisse in der Gemeinde Halingen schilderte Friderici als derartig katastrophal, „dass die Schaffung einer 3. Klasse eine zwingende Notwendigkeit" geworden sei. Das lasse aber das alte Schulgebäude nicht zu. Für einen Teil der Schulklassen

Grundsteinlegung zur neuen Schule in Halingen im August 1938. Im Bild Ehrenamtmann Fritz Wiemann (88, vorn rechts), der Namenspatron der Schule wurde, Bürgermeister Ammelt (2. Reihe Mitte), Amtsbürgermeister Friderici (Mitte, lesend) und einige Parteigrößen. Foto: Schulchronik/ Halingen-Buch

Durchaus sehenswert war die Inneneinrichtung der Fritz-Wiemann-Schule mit Brunnen und Bänken... und Nazi-Spruch. Als sie 1940 eingeweiht wurde, durften Schüler das neue Parkett nur mit Pantoffeln betreten. Foto: Archiv Klaus Kimna

sei der Unterricht bereits auf den Nachmittag verlegt worden. „Im Oktober 1937", so klopfte er sich auf die Schulter, „habe ich den Entschluss gefasst, den Neubau einer dreiklassigen Schule vorzubereiten..." Die Gemeinde hatte nur noch zuzustimmen. Mehr pro forma.

Schulkinder kannten den Namenspatron

Im Frühjahr 1940 dürfen die Halinger Jungen und Mädchen ihre neue Schule beziehen. Auch der Name „Fritz Wiemann" ist ihnen vertraut, denn der Namenspatron ihrer Schule lebte unter den Halingern, 88 Jahre alt und ein honoriger, bekannter Mann. Friderici hatte ihn vorgeschlagen und ohne Mühe bei der Regierung durchgesetzt.

Fritz Wiemann (1850-1941) wird im „Halingen-Buch" geschildert als überzeugter Katholik. Der Vater von 12 Kindern wurde 1880 Ortsvorsteher, 1886 Beigeordneter des Amtes Menden, wird Ehrenamtmann, sitzt in verschiedenen Ausschüssen, wirkt 20 Jahre im Kirchenvorstand Menden. Seine Grundstück-Schenkung erleichtert den Bau der Kirche in Halingen. Zu seinem 80. Geburtstag würdigt ihn ein Gesandter des preußischen Innenministeriums. Bei der Grundsteinlegung 1938 zur neuen Schule dankt Wiemann den Halinger Bürgern für ihre Solidarität untereinander. Da glaubte er noch, dass sich mit der NSDAP manches zum Guten wenden könnte. Deshalb nimmt er die Patronatswürde an. Mit 88 Jahren. 1940 wird die Schule übergeben. 1941 stirbt Fritz Wiemann, mit 91 Jahren.

„Ein Mann der vier Generationen"

Friderici hatte die Verdienste Wiemanns auf eine mehr heroische Weise geschildert. Treu nach Art der deutschen Bauern habe er seine Pflicht getan, ohne nach rechts und links zu sehen, habe sich für das Wohl des Amtes Menden und der Gemeinde Halingen eingesetzt. „Er ist ein Mann der vier Generationen," rief Friderici, habe zur Zeit Friedrich Wilhelm IV. die Kriege 1864-66 um die deutsche Reichseinigkeit miterleben „dürfen", als junger Kriegsfreiwilliger beim Ulanen-Regiment an dem glorreichen deutsch-französischen Krieg teilgenommen, „durfte die Gründung des 2. Deutschen Kaiserreichs miterleben und hat den großen Krieg von 1914-18 kennen gelernt. Und er durfte unseren Führer Adolf Hitler und das neue Deutsche Reich miterleben."

Im Schulkeller eine eigene Badeanstalt

Die Ausstattung der Schule konnte sich sehen lassen. Amtsbaumeister Heymann: „Zwei Schulklassen nach Süden gelegen, eine Klasse nach Westen. Ferner Lehrer-Wohnung, Nebenräume wie Handarbeitszimmer, Lehrerzimmer. Im Keller eine Badeanstalt mit vier Brausen und Wannenbädern. Zentralheizung, Toiletten." Sportunterricht in einem Extra-Raum oder draußen auf einer Wiese. Zweier-Bänke in den Klassen.

Aber was war das alles gegen eine Neuerung, mit der vorher keiner gerechnet hatte: Mitten im Krieg Pantoffelzwang. Als die Schule 1940 eingeweiht wurde, waren im langen Flur Haken mit Nummern angebracht, an denen jedes Kind seine Pantoffeln hängen hatte. Mit Schuhen durfte das Parkett nicht mehr betreten werden. Aber das scheint nur während der Kriegsjahre so gewesen zu sein. Fritz Westhoff (Jahrg. 1929) hat das noch erlebt, Jochen Hülsenbeck (Jahrg. 1944), der 1950 eingeschult wurde, schon nicht mehr. Dafür erinnert er sich an den im Balken verewigten Spruch: „Es ist nicht nötig, dass ich lebe, wohl aber, dass ich meine Pflicht tue."

Nach dem Krieg die Schule umbenannt

1943 die Möhne-Katastrophe. 17 Halinger verlieren ihr Leben, werden in der Fritz-Wiemann-Schule aufgebahrt. Eindrucksvolle Schilderung im Halingen-Buch: „Sarg an Sarg steht auf dem langen Flur. In der Mitte vor dem Brunnen stehen die weißen Kindersärge. Die Schulkinder haben für längere Zeit schulfrei bekommen und müssen bei den Aufräumungsarbeiten helfen…" Noch ein bitteres Ende. Auf der Elternvollversammlung am 25. Juli 1946 wird die Schule umbenannt in „Kath. Volksschule Halingen", das Bild von Fritz Wiemann abgehängt. Der Verdacht liegt nahe, dass der Vater trotz all seiner Verdienste für einen Sohn bestraft wurde, weil der ein ranghoher Nationalsozialist war.

Sümmern und Wimbern und der „Blutopfer-Tag"

Die Nazis hatten es mit symbol-trächtigen Daten. Der 9. November war einer. Am 9. November 1923 hatte Adolf Hitler vergeblich versucht, in München mit dem Marsch auf die Feldherrnhalle die Regierungsmacht an sich zu reißen. 16 seiner Gefolgsleute kamen dabei ums Leben. Die Nazis glorifizierten sie als „Blutopfer".

Sümmern und Wimbern gehörten in den 1930er Jahren noch zum Amt Menden. Ihre Schulen litten ebenso wie in Halingen unter Raumnot und unzumutbaren hygienischen Verhältnissen. Die Einweihung der Volksschule in Sümmern erfolgte 1937 am

Amtsbürgermeister Arthur Friderici.

geschichtsträchtigen 9. November mit großem Pomp. Die Schule erhielt den Namen „Hermann-Göring-Schule". Zu diesem Namen muss man nichts mehr erklären.

Die neue Schule Wimbern wurde ein Jahr später am 9. November 1938 eingeweiht und trug den Namen „Dietrich-Eckart-Schule". Dieser Eckart gilt als dichterischer Vorkämpfer und Ideengeber Hitlers mit dem prägenden Ausruf „Deutschland erwache" und war Schöpfer des griffigen Namens „Drittes Reich".

Das bittere Ende des Amtsbürgermeisters

Mendens Amtsbürgermeister Arthur Friderici wechselte als SS-Standartenführer 1940 nach Hamm, wurde dort Polizeidirektor. Bei einer versuchten Bombenentschärfung am 28.9.1940 erlitt er erhebliche Schädelverletzungen, litt danach unter schwersten Depressionen und nahm sich am 9. Februar 1941 in seinem Büro das Leben.

Die frühere Fritz-Wiemann-Schule, die nach Kriegsende den Namen „Katholische Volksschule Halingen" annahm. Foto: Schularchiv

1932 noch in der alten Halinger Schule mit Lehrerin Bernhardine Tillmann und Schülern in den damals gebräuchlichen Vierer-Holz-Bänken. Foto: Halingen-Buch/Sammlung Kaubrügger

Eine nicht gebrauchte Urkunde
Nach dem Aufstand der Eltern gab es Unterricht in der „Bellevue" Intrigen-Drama der Nazis um die „Josef-Wagner-Schule" in Schwitten

Wer konnte schon ahnen, dass der Zorn der Eltern entlang der heutigen B 7 so eskalieren würde, dass sie kurz vor Beginn des 1. Weltkriegs ihre Kinder lieber in eine Wirtschaft zum Unterricht schickten als ihnen weiterhin den langen Weg nach Schwitten zuzumuten zur Schule am Lanfergraben/Dunkler Weg.

Den Eltern ging es gar nicht um die viel zu kleinen einklassigen Schulen, die im 17. und 18. Jahrhundert den Kapellen in Schwitten und Werringsen angeschlossen waren. Denn so schlecht können die gar nicht gewesen sein. Sie dienten anfangs vor allem der Unterrichtung in Religion. Die kleine Schule in Werringhausen (Werringsen) hat immerhin mit Adolf Sauer (1765-1839) aus Barge einen heute noch gerühmten Mann, den „Lehrer der Lehrer des Sauerlandes", hervorgebracht (Band 2 „Mendener Geschichten").

Brockhausen verärgert über weite Schulwege

Der erbittert geführte Streit um eine neue Schule in Schwitten ging seit 1843 um den alten Standort am Lanfergraben mit Kapelle oder den gewünschten neuen

Schönes Intermezzo: Vom 11.8.1913 bis Herbst 1914 wurde im Dachzimmer über dem Saal des Ausflugslokals „Bellevue" am Schwitterknapp eine Klasse für 60 Schüler eingerichtet. Das Bild stammt von 1915: Idylle pur an der heutigen B 7 nach Schwitten. Foto: Archiv Klaus Kimna

Adolf Hitler

der größte Führer der Deutschen, der die deutschen Stämme einigte, das Großdeutsche Reich schuf und das deutsche Volk erneuerte, regierte im VII. Jahre, eintausendneunhundertneununddreißig Jahre nach der Zeitenwende, als zu diesem Schulgebäude der Grundstein gelegt wurde. Es ist die vierte Schule, die während der fünfjährigen Amtszeit des Amtsbürgermeisters und ‖-Standartenführers ▬▬▬▬ im Amte Menden geschaffen wird. Zu dieser Zeit waren: Josef Wagner, Gauleiter der NSDAP des Gaues Westfalen-Süd; ▬▬▬▬ Kreisleiter der NSDAP des Kreises Iserlohn; ▬▬▬▬ Ortsgruppenleiter der NSDAP in Schwitten. Der Entwurf zu dieser Schule wurde vom Amtsbauamt Menden unter Leitung des Amtsbaumeisters Wilhelm Heymann gefertigt. Die Kosten des Neubaues belaufen sich auf 93 000 Reichsmark und wurden mit namhafter Unterstützung der Regierung in Arnsberg und des Landrats in Iserlohn aufgebracht. Die Schule soll den Namen

Josef-Wagner-Schule

erhalten, benannt nach dem Gauleiter der NSDAP des Gaues Westfalen-Süd, der sich um die nationalsozialistische Bewegung im Lande der „Roten Erde" die größten Verdienste erworben hat. Zu dieser Benennung hat der Reichsminister des Innern in Anerkennung der Leistungen des Gauleiters seine Genehmigung erteilt. Die Gemeinde Schwitten zählte zu diesem Zeitpunkt 1125 Einwohner. Aus dieser Schule, die Generationen überdauern möge, sollen nach nationalsozialistischer Erziehung deutsche Menschen hervorgehen, die ihr Letztes für Volk und Vaterland hergeben werden.

Schwitten, am Tage der Grundsteinlegung, den

Der Gauleiter der NSDAP   *H. Wagner*   Der Regierungspräsident   *Münch*
Gau Westfalen-Süd: des Reg. Bez. Arnsberg:

Der Kreisleiter der NSDAP   Der Landrat des
Kreis Iserlohn: Kreises Iserlohn:

                        Der Amtsbürgermeister des Amtes Menden:

Der Ortsgruppenleiter der NSDAP,   Der Bürgermeister der
Ortsgruppe Schwitten: Gemeinde Schwitten:

Fast wäre ein Gauleiter „Patron" der Schwittener Schule geworden.

Diese Gründungsurkunde zur neuen Schwittener Schule kennt kaum jemand. Sie verschwand kommentarlos, als Adolf Hitler den Josef Wagner eigenhändig aus der NSDAP hinauswarf. Himmler und Goebbels hatten zuvor erfolgreich Intrigen gesponnen. Wagner war ihnen zu katholisch. Foto: Archiv Klaus Kimna

Die neue einzügige Schwittener Schule, deren Einweihung sich im Krieg mehrmals verzögerte, wurde erst 1952 als St. Michael-Schule übergeben. Foto: Schularchiv

Standort am Schwitterberg. Schulbusse gab es noch nicht. Weite Schulwege bedeuteten für die Kinder, lange von zu Hause weg zu sein. Sie konnten also nicht helfen auf dem elterlichen Hof. Wie immer entschied das Geld, denn der Platz an der Kapelle war bereits Eigentum der Gemeinde. Also wurde dort gebaut. „Kostet nichts", hieß es, „einen anderen bequemen Platz kennen wir nicht".

An die Kapelle wurde wie am Salzweg in Lendringsen eine Klasse angebaut. Kirche und Schule unter einem Dach als zweiklassige Schule. Denn: Regelmäßigen Sonntags-Gottesdienst kennt man in Schwitten erst ab 1907, was lag näher, als den Gottesraum auch als Klasse zu nutzen. Eine mobile Bretterwand trennte den Altar von übriger Kapelle ab. Schon war Platz für den Unterricht geschaffen.

Frl. Brenner Opfer des Lehrerinnen-Zölibats

Die noch lückenhafte Schwittener Schulchronik nennt um 1878 ein Fräulein Antonie Brenner als erste Lehrerin in Schwitten. Mit traurigem Ergebnis. In der Chronik heißt es: „Im Jahre 1880 wurde die Lehrerin Brenner durch die Wahl eines anderen Lebensberufes genötigt, aus dem Schuldienst auszutreten." Da war er wieder, der Lehrerinnen-Zölibat. Fräulein Brenner hatte geheiratet. Und das durfte eine Lehrerin nicht.

Es grummelte weiter in der Elternschaft. In den Klassen wurde es eng. Um 1906 drängelten sich 200 Kinder in den Klassen. Was nutzt da eine dritte Lehrkraft, wenn man nicht mehr weiß, wohin mit den Jungen und Mädchen. Am 13. Dezember 1912 fasste der Schulvorstand den Beschluss, in der Ortschaft Dahlsen am Schwitterberg endlich und zusätzlich ein einklassiges Schulhaus mit Lehrerwohnung zu bauen. Diese Schule sollte die 62 schulpflichtigen Kinder der Ortschaften Dahlsen, Dentern, Brockhausen, Kühlsen, Brackel, Lahr und Korbe aufnehmen.

Dechant Boeddicker beendet Schulstreik

Bevor der Schulneubau überhaupt vergeben wurde, griffen die Eltern der betreffenden Ortschaften zur Selbst- und Soforthilfe. Caspar Friedrich (1843-1919), Urgroßvater von Heinz Friedrich (Jahrg.

1938) von der Friedrichstraße, hielt das Spektakel schriftlich fest und schilderte, was Unerhörtes sich damals abspielte: „Auf Drängen der Brockhauser wurde in der Wirtschaft Bellevue ein (Schul-) Lokal eingerichtet und unter Leitung des Lehrers Janzen der Schulunterricht für die neue Schule eröffnet. Damit war Ruhe in Brockhausen und Anhang. Als aber 1914 der Weltkrieg losbrach, wurde auch Lehrer Janzen einberufen und die Schule war verwaist. Da überhaupt Lehrermangel vorlag, die Schule aber nur von einem Lehrer besorgt werden könne, nach Ansicht der Schulbehörde wegen der vielen Jahrgänge, da verlangte die Behörde, die Schulkinder von Brockhausen und Schwitterberg sollten einstweilen die Schule in Schwitten besuchen. Das gab gewaltigen Krach in Brockhausen…."

60 Schulkinder waren am 11. August 1913 in das Ausflugslokal Bellevue gezogen, man sprach von der „Schwitterknappschule". Zur Verfügung stand Kindern wie Lehrer in der Bellevue das Dachzimmer im Saalgebäude des Gastwirts Filthaut. Das „Klassenzimmer" hatte eine Länge von 9,50 m, eine Breite von 4,50m und eine Höhe von 2,50 m. Ein Provisorium, das bis Herbst 1914 dauerte. Die Regierung in Arnsberg machte dem Spuk ein Ende, schloss die „Klasse mit der schönen Aussicht". Ganz gegen den Willen vor allem der Eltern aus Brockhausen, die sich daraufhin trotz Strafandrohung weigerten, ihre Kinder wieder nach Schwitten zum Lanfergraben zu schicken. Streik von Herbst bis Weihnachten 1914. Dechant Boeddicker musste schlichten.

Nach Vorgaben aus dem Stadtarchiv gezeichnet: die alte Schule Schwitten am Lanfergraben/Dunkler Weg aus dem 18. Jahrhundert. Zeichnung: Heinz Friedrich

Schwitterbergschule heute Hunde-Schule

Endlich, am 24. Mai 1916, mitten im 1. Weltkrieg: Die neue Schwitterbergschule am Schwitterberg 143 steht. Schwitten hat jetzt zwei katholische Schulen. Die Geschichte der einklassigen Schwitterbergschule dauert bis Ostern 1953.

Die Schule hat den 2. Weltkrieg nicht heil überstanden. Die Toilettenanlage wurde von Tiefffliegern der Amerikaner am 19. März 1945 beschädigt, die Schule am 9. April 1945 durch Artillerie-Beschuss zerstört. Der Unterricht fiel für ein Jahr am Schwitterberg aus. Vom 7. Januar bis Sommer 1946 fand der Unterricht wieder in einer Gastwirtschaft statt. Diesmal im Saal Oesterberg in Brockhausen. Die Schulbänke waren zerstört, die Kinder saßen auf Stühlen.

Das Gebäude der Schwitterbergschule wurde nach 1953 zum Wohnhaus umgebaut, beherbergt heute aber wieder eine Schule, die „Hundephysiotherapie Gangfeeling" mit Schwimmbad für Hunde.

Gründungsurkunde wurde nie verwendet

Das eigentliche Drama in der Schwittener Schullandschaft beginnt erst im und mit dem Dritten Reich. Wie in Halingen, Wimbern und Sümmern wollten die neuen Machthaber 1939 „mal eben" an der Hochfuhr eine neue Schule bauen. Ein Namensgeber war auch schon gefunden: Josef Wagner, Gauleiter des NSDAP des Gaues Westfalen-Süd. Er hatte sich „um die nationale Bewegung im Lande der Roten Erde die größten Verdienste erworben". Die Gründungsurkunde war schnell ausgefertigt, aber sie trägt kein Datum, kaum Unterschriften. Namen sind geschwärzt. Die Urkunde wurde nie verwendet. Da muss einiges schief gelaufen sein.

Es begann schon mit dem Rohbau. Baustoffmangel soll den Weiterbau verzögert haben. Die Schule wird nicht fertig. Nur das Richtfest am 19. Mai 1940 schaffte man. Bereits vier Mal versuchte man danach vergeblich, die Schule fertigzustellen, heißt es in Protokollen. Klaus Düser berichtet mir, dass im Krieg Industriebetriebe und Gefangene im Rohbau untergebracht waren.

35 Tote im Rohbau der Schule aufgebahrt

Die Möhne-Katastrophe 1943 traf auch Schwitten. In einem Bericht der Feuerwehr heißt es: „Pausenlos war die Feuerwehr unterwegs, um die Ertrunkenen in die Schule zu bringen, damit sie identifiziert werden konnten… Mangels Tragebahren hatte man Leitern mit Decken bespannt und als Tragen benutzt… Woher die vielen Särge kamen ist heute nicht mehr nachvollziehbar… Insgesamt haben in der Schule 35 Tote gelegen…"

Hinter den Kulissen aber tobt ein Kampf der Intrigen. Josef Wagner (1899-1945), als Namensgeber der Schwittener Schule ausersehen, gehörte von 1928-1930 zu den ersten 12 Reichstagsabgeordneten der NSDAP in Berlin, wurde Preußischer Staatsrat und Oberpräsident der Provinz Schlesien in Breslau.

Bormann, Himmler und Goebbels gegen Wagner

Aber Josef Wagner, seit 1939 auch Reichsverteidigungskommissar für Schlesien, hatte mächtige Gegner: Reichsminister Martin Bormann, Heinrich Himmler (Hauptverantwortlicher für den Holocaust) und Propaganda-Minister Joseph Goebbels lehnten ihn ab. Sie warfen ihm eine Art Schutzpolitik gegenüber der polnischen Bevölkerung in Schlesien vor.

*Gauleiter Josef Wagner sollte der neuen Schule in Schwitten seinen Namen geben.
Foto: Archiv Klaus Kimna*

Auch seine konfessionelle katholische Bindung passte ihnen nicht. Sie wollten ihn weg haben.

Sie intrigierten und denunzierten. Ein Schreiben der Ehefrau von Wagner half ihnen bei ihrem Komplott. Im November 1941 hatte sie ihre Tochter gebeten, die Hochzeit mit einem „SS-Führer und Konfessionslosen" zu unterlassen.

Brief der Ehefrau Hitler zugespielt

Himmler und Bormann spielten diesen Brief Hitler in die Hände. Auf der Tagung der Reichs- und Gauleiter 1941 in München wirft der erboste Adolf Hitler den Josef Wagner eigenhändig aus der Partei. Auf Anweisung Himmlers wird er von der Gestapo überwacht, am 20. Juli 1944 verhaftet und im Hausgefängnis der Gestapo-Zentrale in Berlin festgesetzt. Am 22. April 1945 soll er dort ermordet worden sein. In einer anderen Version heißt es, dass sich bei seiner Befreiung am 2. Mai 1945 durch die Rote Armee versehentlich ein Schuss gelöst und ihn getötet habe.

Erst 1952 ist der Rohbau an der Hochfuhr fertiggestellt. Die neue Schwittener Schule erhält auf Vorschlag ihres ersten Leiters, Hauptlehrer Theo Jacobs (später Rektor der Westschule) den Namen St. Michael-Schule.

Bösperde heißt erst seit 1930 Bösperde

Etwas verwirrend die Lage in Bösperde. Dazu muss man wissen, dass der Ort früher die Bezeichnung Holzen trug. Holzen wurde am 24. Juni 1930 in Bösperde umbenannt, aber noch jahrelang als Holzen-Bösperde bezeichnet.

Urkundlich belegt wurden 1798 im damaligen Holzen (Holthusen) Kinder unterrichtet. Der Standort ist unbekannt. 1872 wurde das Bauernwirtshaus „Zur Holzener Heide" zu einer einklassigen Schule, eine zweite Klasse, die „Lehrerinnen-Klasse", wurde in einem umgebauten Stall unterrichtet. 1898 erfolgte ein Neubau mit vier Klassen, wird 1929 erweitert. 1939 wird die katholische Volksschule zur „Gemeinschaftsschule" erklärt, 1963 erhält sie den Namen Nikolaus-Groß-Schule. Inzwischen gibt es diese Schule nicht mehr. Die Grundschule ist umgezogen in den Komplex der ehemaligen Hauptschule.

Die Mendener Krankenhäuser
Der Henker kannte die Anatomie des Menschen besser als Ärzte
Die Wanderheiler und Kräuterfrauen versorgten die Armen

Unsere Vorfahren waren nicht zu beneiden. Zumindest nicht, was ihre Versorgung bei Krankheit anging. Im zeitlich weit gesteckten Mittelalter vom 5. bis 16. Jahrhundert versorgten studierte Ärzte – und viele gab es da noch nicht – nur Vermögende. Die Armen waren auf Henker oder Kräuterfrauen angewiesen, vertrauten Wanderheilern, verließen sich auf Wundermedizin aus Krötenschleim, Rosmarinöl oder Petroleum.

Die Wende zur Neuzeit beginnt angeblich im 16. Jahrhundert. Ein Jahrhundert später beginnen auch die Aufzeichnungen des Dr. Gisbert Kranz, der sich in einem Aufsatz ausgelassen hat über das Heilwesen in Menden und über Heilpersonen. Er schreibt von Kurpfuschern, Operateuren, Marktschreiern, die die roten Scharlach-Mäntel, die Standeskleidung der Ärzte, tragen und das staunende Volk mit Heilmittelchen betrügen. Jetzt verstehen wir den von „Scharlach" abgeleiteten Ausdruck Scharlatan (Vortäuscher falscher Tatsachen). Und staunend vernehmen wir, dass in der Person des Mathias Claus noch in der Neuzeit um 1683 ein Scharfrichter als Heilperson auftritt. „Medicus der Stadt" nennt er sich und begehrt von eben dieser Stadt für seine Heilkunst von der Steuer befreit zu werden. Und die Stadt willigt ein.

Scharfrichter sezierten Körper ihrer Toten

Was machte Henker und Scharfrichter, die doch hauptsächlich ins Jenseits befördern sollten, zu Heilern? Und warum wurden ausgerechnet die von Kranken aufgesucht, die sonst wie die Pest gemieden wurden, die sich in Gaststätten abseits setzen mussten und in der Stadt nur ganz am Rand wohnen durften und die als unehrlich galten?

Des Rätsels Lösung ist verblüffend. Viele Henker hatten Ahnung, waren mit der menschlichen Anatomie vertrauter als Ärzte, für die anatomische Studien entwe-

Das erste Krankenhaus der Stadt Menden wurde von 1852- 1862 an der Bergstraße 4 (heute „An der Stadtmauer") in 5 Räumen und plus Küche untergebracht. Dieses Gebäude wurde 1979 abgerissen. Foto: Archiv Klaus Kimna

Bereits vor 1384 gab es laut Heimatforscher Wolfgang Kissmer das Hl. Geist-Hospital am Kirchplatz, auch Armen- und Siechenhaus genannt. Foto: Archiv Wolfgang Kissmer

der nicht erlaubt oder noch verpönt waren. Die Scharfrichter hingegen sezierten da längst die Körper von Toten und lernten die Organe der Menschen kennen.

Das war für sie unbedingt nötig, wenn sie nicht selbst härteste Konsequenzen tragen wollten. Präzises Enthaupten, das zeigt schon die Hinrichtungspraxis in der Mendener Hexenzeit (s. „Mendener Geschichten" Band 3) wollte vorher an Kohlköpfen geprobt sein, wenn später kein Gemetzel entstehen sollte. Henker kannten sich aus mit Muskeln und Sehnen, mit einzelnen Gliedmaßen. Offenbar war das notwendig, wenn das Abhacken von Händen und Füßen oder das Nase Abschneiden und das Ohren-Schlitzen vom Richter angeordnet waren. Die Henker mussten ihre Opfer später auch verbinden. Sie kannten also ihr Fach. Und wenn Ärzte nicht weiter wussten, dann überwanden die Kranken ihre bisherige Abscheu vor den „Unreinen und Unehrlichen" und begaben sich in die Hände der Henker, denn die galten als hervorragende Heiler.

Vor 1384 gab es nur ein Siechenhaus
Es fällt mir schwer, mir das kleine Haus am Vincenz-Kirchplatz als Krankenhaus vorzustellen. Es war aber eines. Zwar nicht so, wie wir uns heute eines vorstellen, wohl aber dem Namen nach. Heimatforscher Wolfgang Kissmer, der die Entwicklung des St. Vincenz-Krankenhauses Menden in den Kirchen-Archiven untersucht hat, spricht von einem Heilig-Geist-Hospital schon vor 1384. Seinen Erkenntnissen nach ist es auch als Armen- und Siechenhaus genutzt worden. Später sei es Entbindungsstation gewesen und in Elisabeth-Heim umbenannt worden.

Eine Fröndenberger Nonne hat 1411 sogar einen „Altar zu Ehren der heiligen Jungfrau und des heiligen Jodokus" gestiftet. Ich erinnere mich noch, wie in den 1980er Jahren zu Zeiten von Stadtdirektor Mäurer dieses „Alte Hospiz", wie die Mendener sagen, die Musikschule beherbergte.

**In der Bergstraße stand
das erste Krankenhaus**
Die „Geburt" eines Städtischen Krankenhauses erfolgte 1852 im Haus an der Bergstraße 4. Direkt auf der anderen Gas-

In diesem 1717 erbauten Beringschen-/später Dahlmannschen-Haus an der Hauptstraße eröffnete die Vincenz-Gemeinde 1862 das erste St. Vincenz-Hospital, das dort bis 1910/11 betrieben wurde. Danach wurde das Gebäude Waisenhaus und Altenheim. Foto: Archiv Klaus Kimna

senseite der Gaststätte Oberkampf. Willy Stehmann hat beim Durchwühlen des Lagerbuchs von Bürgermeister Papenhausen aus dem Jahr 1872 bemerkenswerte Sätze gefunden, die fast schon darauf schließen lassen, dass er eigentlich nur notgedrungen für ein Krankenhaus war.

Wörtlich schreibt Papenhausen, Mendens erster Ehrenbürger: „Erst in dem Jahre 1852 sah die Stadt ein Krankenhaus erstehen. Es hatte sich bis dahin ein dringendes Bedürfnis zur Gründung eines so unentbehrlichen Wohltätigkeits-Instituts nicht so sehr fühlbar gemacht, zumal die Stadt mit heftig epidemischen Krankheiten lange Jahre hindurch verschont geblieben war. Durch die Zunahme der Bevölkerung aber mussten Vorkehrungen getroffen werden, um insbesondere arme und obdachlose Kranke unterzubringen."

In dem kleinen Krankenhaus standen 5 Räume und eine Küche zur Verfügung. In einer benachbarten Scheune war die Leichenhalle untergebracht. Das Krankenhaus wurde durch freiwillige Spenden unterhalten, die der Frauenverein sammelte. Mitglieder des Vereins übernahmen die Pflege der Kranken. Ärzte wiesen ihre Patienten, die zu Hause nicht ausreichend betreut werden konnten, ein und behandelten sie unentgeltlich weiter. Wenn man so will, war das ein Beleg-Krankenhaus. Es bestand von 1852 bis 1862. Ärzte in Menden zu jener Zeit waren u.a. Dr. Theodor Amecke (1810-1870) und Dr. Friedrich Bering (1817-1898).

Der Mendener Stadtrat hatte zwar 1860 beschlossen, ein größeres städtisches Krankenhaus zu bauen, doch ließ er der katholischen St. Vincenz-Gemeinde den Vortritt. Sie hatte parallel laufende Pläne.

Vincenz-Hospital 1862 an der Hauptstraße

Die St.-Vincenz-Gemeinde hatte 1861 an der Hauptstraße das Dahlmannsche Besitztum gekauft, das vorher dem Advokaten Bering gehört hatte. Es wurde eines mit wechselvoller Geschichte: Krankenhaus – Waisenhaus – Altenheim. Jeder in Menden kennt den Standort.

1862 wurde dieses Anwesen in ein Kran-

Das neue St. Vincenz-Krankenhaus am Hang des Kapellenbergs wurde im November 1911 eröffnet. Foto: Archiv Klaus Kimna

kenhaus der katholischen Kirche umgewandelt, geleitet von den Barmherzigen Schwestern des Hl. Vincenz von Paul. Weihbischof Dr. Josef Freusberg aus Paderborn weihte das Krankenhaus. Die Barmherzigen Schwestern Nicodema und Remigia waren die ersten, die die Pflege der Kranken übernahmen. 1863 und 1864 kamen zwei weitere Schwestern dazu. Bis zur Jahrhundertwende versahen sogar 13 Schwestern Dienst im Vincenz-Hospital an der Hauptstraße.

Neubau am „Hang des Kapellenberges"

Eine erste Bewährungsprobe musste das neue Hospital bereits 1867, kurz nach seiner Gründung, bestehen, als in Menden eine Pockenepedemie ausbrach. Die Barmherzigen Schwestern versorgten die Patienten aufopferungsvoll.

Menden wurde größer, einhergehend damit die Zahl der Kranken, die stationär aufgenommen werden mussten. Die beiden Erweiterungsbauten 1888 und 1894 reichten nicht aus. Die Kirchengemeinde St. Vincenz hegte Neubaupläne am Hang des Kapellenberges.

1909 geplant, im März 1910 genehmigt.

Der erste Spatenstich erfolgte unmittelbar darauf am 30. April 1910, Dechant Joseph Boeddicker legte am Sonntag, 23. Oktober 1910, den Grundstein. Im November 1911 nach nur eineinhalb-jähriger Bauzeit wurde der schön anzusehende Prachtbau St. Vincenz-Hospital hoch über der Stadt eingeweiht und Patienten und Ärzten übergeben.. Menden zählte da bereits 12 000 Einwohner.

Dechant Joseph Boeddicker (1853-1929) nahm bei der Grundsteinlegung des neuen Krankenhauses im Oktober 1910 den ersten Spatenstich vor. Foto: Archiv Klaus Kimna

Die drei Innenstadt-Krankenhäuser vor 1911 lagen im Tal
Das erste Christliche Hospital befand sich an der Bergstraße

Wir müssen noch mal hinabsteigen vom Hang des Rodenberg mit dem 1911 eingeweihten neuen St. Vincenz-Krankenhaus runter ins Tal, wo die drei Vorgänger-Krankenhäuser liegen. Zuviel an Geschichte und Geschichten würde sonst liegen bleiben. Erschütternd, bewundernswert, aber auch kriegerischer und krimineller Art.

Kein Zweifel, das „Hospital zum Heiligen Geist" am Kirchplatz 15 ist das älteste Krankenhaus von Menden. Vermutlich seit Ende der 1300er Jahre, wahrscheinlich auch kirchlich geprägt, ganz sicher aber damals notwendig. In seiner Doktorarbeit hat Theo Bönemann („Stadt und Land im Wandel der Zeit") aufgezeigt, wie vielfältig dieses älteste Gebäude der

Dieses Foto von der Bergstraße (heute An der Stadtmauer) vom Winter 1945/46 dürfte vielen Rätsel aufgeben. Erstens kennen wir keinen Schnee mehr. Zweitens steht die hohe Ziegelstein-Mauer rechts im Bild nicht mehr (heute Parkplatz). Direkt im Anschluss an die Mauer befand sich von 1852-1862 Mendens städtisches Krankenhaus. Drittens ist das Fachwerkhaus in der Bildmitte eine ehemalige Vikarie, heute mit Eternit verkleidet. Daneben hat – viertens - Gisbert Ewen 1967 in einer ehemaligen Werkstatt die Gaststätte „Alt Menden" eröffnet. Foto: Archiv Klaus Kimna

Barmherzige Schwestern des Hl. Vincenz von Paul in schlichter Kleidung mit der dunklen Kappe, die 1964 die weiße Haube abgelöst hat. Mit der weißen Haube hatten die Waisenkinder die Schwestern ab 1910 noch kennen gelernt. Das Waisenhaus wurde 1967 geschlossen, von da gab es dort nur noch das Vincenz-Altenheim. Foto: Archiv Christoph Kimna

Stadt genutzt worden ist. Beileibe nicht nur als Hospital. Aber auch dafür.

Heftiger Kampf vor Mendens Mauern

1673, so schreibt Bönemann, „lieferten sich nach der Belagerung der Stadt Werl die kurbrandenburger und kurkölnischen Soldaten vor den verschlossenen Stadttoren Mendens ein Gefecht. Die Toten wurden auf dem Friedhof vor der St. Vincenz-Kirche bestattet und die Verletzten im Hospital gepflegt". Ein kleiner Blick in eine höchst unruhige Zeit mit einer befestigten Stadt Menden.

Der heutige Kirchplatz war also wie bei den meisten Kirchen im Lande ein Friedhof. In Menden wird seit 1824 auf dem Vincenz-Kirchplatz nicht mehr bestattet. Seit der neue katholische Friedhof zwischen Werringser Straße und Schwitterweg eingeweiht ist.

Hl. Geist-Hospital an arme Familien vermietet

Das „Hospital zum Heiligen Geist" wurde seinem Namen kaum noch gerecht. Dr. Bönemann fand heraus, dass das Gebäude in den 1800er Jahren an arme Familien vermietet war, danach vom katholischen Elisabeth-Verein als Nähstube und Pflegeräume für Wöchnerinnen genutzt wurde und Anfang des 20. Jahrhunderts als Arbeitsamt diente.

Ich weiß noch, wie in den 1980er Jahren die Musikschule sich des „Alten Hospiz" für ihre Zwecke bemächtigte und zwischenzeitlich das Museum froh war, in den eigentlich leer stehenden Räumen einiges vorübergehend verstauen zu können. Gerüchteweise muss man damit rechnen, dass dieses nur außen unter Denkmalschutz stehende Gebäude irgendwann verkauft wird.

Städt. Krankenhaus nur für Bedürftige

War das „Hospital zum Heiligen Geist" das erste christliche Krankenhaus in Menden, so war das Krankenhaus an der Bergstraße 4 (heute „An der Stadtmauer") von 1852 – 1862 das erste städtische. Es stand den Bedürftigen zur Verfügung. Dazu hatten Magistrat und Gemeinderat unter Leitung von Bürgermeister Holzapfel am 22. April 1852 ein Statut unterschrieben, das ob seiner Milde und Einsicht staunen lässt.

Wörtlich steht geschrieben: „Die beschränkten Wohnungen unserer Armen, die bei den Erkrankungen oft die Trennung der Kranken von den Gesunden nicht zulassen, die oft so mangelhafte Pflege der ersten, die schwierige und kostspielige Unterbringung erkrankter Fremder und Heimatloser in Privathäusern sowie die häufigen Verlegenheiten mancher Familien in Krankheitsfällen der Dienstboten haben schon vor mehreren Jahren den Wunsch erzeugt, eine den Bedürfnissen entsprechende Kranken-Anstalt in unserer Stadt zu besitzen…"

Das klang verständnisvoll, ja mitfühlend für eine Stadtspitze. Aber sie ließ auch gleich erkennen, worauf sie hinauswollte. Sie wollte „stufenweise eine Anstalt schaffen, die geeignet ist, vor den Bürgern ein ehrendes Zeugnis abzulegen". Lob als Ziel. Nachdrücklich wurde „unter dem Schutz der Humanität an den Wohltätigkeitssinn unserer Mitbürger und an den Segen des Himmels" appelliert.

Bei Syphilis nicht ins Krankenhausbett

Und so kam es ja auch. Der Frauen-Verein pflegte und beköstigte die Kranken aus Mitteln, die sie in der Bevölkerung sammelte. Die Armenärzte behandelten ohne weitere Vergütung. Die Geistlichkeit sollte die Mildtätigkeit mit wohlwollenden Worten begleiten, sprich anstacheln. Das Krankenhaus verfügte über zwei Räume im oberen Stock mit je zwei Betten und im Notfall über eine dritte Stube im Erdgeschoss: Gedacht war an „Kranke mit äußeren Schäden wie Knochenbrüche, Verrenkungen und ähnliches. Unheilbare Kranke mit Syphilis, Krätze oder anderen ansteckenden Hauterkrankungen oder Kranke mit ekelerregenden, auf die Sinne heftig einwirkenden Übeln finden in der Anstalt keine Aufnahme."

Erst St. Vincenz-Krankenhaus von 1862-1911, dann Vincenz-Waisenhaus von 1911-1967 und Vincenz-Altenheim seit 1911. Hinter diesen alten Mauern von 1717 gab es viele Schicksale und bis 1995 die Barmherzigen Schwestern. Foto: Archiv Klaus Kimna

> **Donnerstag den 11. ds. Mts.**
> wird
> die kirchliche Einweihung unsers neuen Krankenhauses und die Einführung der barmherzigen Schwestern von dem Hochwürdigsten Herrn Weihbischof FREUSBERG vorgenommen werden. — Nach dieser Feierlichkeit findet beim Gastwirth Herrn H. Beiderlinden das Festessen Statt, wozu wir die geehrten Bewohner der Stadt und des Amtes Menden freundlichst einladen. Diejenigen Herren, welche an diesem Festessen Theil zu nehmen wünschen, wollen das Circular, welches zu diesem Zwecke herumgeschickt werden wird, gütigst unterschreiben. Sollte Jemand aus Versehen übergangen sein, so wolle derselbe spätestens bis Dienstag den 9. ds. sich bei Herrn Beiderlinden melden.
>
> Menden, den 3. December 1862.
>
> Der Kirchen-Vorstand.

Mit dieser Anzeige lud der Kirchenvorstand 1862 zur Einweihung des Vincenz-Krankenhauses an der Hauptstraße ein. Foto: Archiv Klaus Kimna

Für den Magistrat unterschrieben Holzapfel, Kaufmann, Tigges und Lillotte, für den Gemeinderat Dr. Amecke, Th. Huckert. H. Beierlinden, Ph. Düllmann, Fr. Wilh. Hollmann, V. Niederstadt, Ernst Schmidt und ein Flues.

„Schallendes Lebehoch auf Hochdenselben"

Was waren die Mendener 1862 froh, an der Hauptstraße ein wohl geordnetes Krankenhaus zu bekommen, das diesen Namen auch verdiente und in der kundigen Hand der barmherzigen Schwestern des Vincenz von Paul Hilfe versprach.

Es konnte ja niemand ahnen, dass die Einweihung dieses ersten Vincenz-Hospitals am 3. Dezember 1862 der letzte öffentliche Auftritt des Mendener Bürgermeisters Holzapfel sein würde. Alle waren dabei, die Geistlichkeit mit Bischof Freusberg, Domcapitular Drobe und Dechant Hemmer, die Ordensoberin, Magistrat, Bevölkerung. Ein prachtvoller Fackelzug bewegte sich von den Höhen des Kapellenberg hinunter in die Stadt, tauchte alles in warmes Rot, Chöre sangen.

Letzte Amtshandlung für Vincenz-Hospital

Da erhob sich aus der dichtgedrängten Menge vor dem Pfarrhaus die Stimme von Bürgermeister Holzapfel. Er begrüßte „Se. Bischöflichen Gnaden" im Namen von Stadt und Amt Menden, sprach ihm den „wärmsten Dank aus für das hohe Glück und die Freude", welche er allen an diesem Tag bereitet habe. Holzapfel schloss seine Rede mit einem „schallenden Lebehoch auf Hochdenselben". Wenige Tage später war Holzapfel weg. Mitsamt Stadtkasse.

Er stürzte damit die kleine Stadt in arge Schulden, Bürger verloren ihr Geld, man sprach und schimpfte von „Holzapfel-Pleite". Bekannt ist, dass er sich in Antwerpen mit Familie auf das preußische Schiff „Königin Augusta" begab mit Ziel Valparaiso (Chile). Er soll rund 3000 Pfund Sterling in englischem Gold bei sich gehabt haben und diverse andere Wertsachen.

Holzapfel, so schildern Zeitungen, war zu seiner Zeit eine schillernde Figur. Neben seiner amtlichen Tätigkeit habe er „kräftig angeschafft", kaufmännische Geschäfte betrieben. Das habe so überhand genommen, dass die Regierung ihn offiziell verwarnte. Knapp ein Jahr nach seiner Flucht ist Holzapfel in Südamerika gestorben. Die Stadt hat ihn „ad acta" gelegt.

Pocken-Epidemie forderte viele Tote

Im Jahre 1867 wurden Stadt und Amt Menden von einer schweren Pocken-Epidemie heimgesucht. Sie forderte zahlreiche Todesopfer. Es war die Bewährung für die fünf Barmherzigen Schwestern im neuen Vincenz-Krankenhaus an der Hauptstraße. Die Leitung lag in Händen von Schwester Xaveria, die später in Menden einen legendären Ruf gehabt haben muss. Sie hatte schon in Kriegen Verletzten geholfen und war für unerschrockenen Einsatz mit der Tapferkeitsmedaille ausgezeichnet worden.

In Menden übernahm sie nicht nur die Leitung des Hospitals, sondern auch die Pflege der Kranken in der Stadt und in den Gemeinden des Amtes. Ob am Tage oder zu später Nachtstunde, so schrieben Chronisten, „ging sie die weitesten Wege nach Lendringsen, Bösperde oder Halingen zu Fuß, um zu helfen". Wenn es an Ärzten gefehlt habe, habe sie selbst mit großem Erfolg als Ärztin gewirkt.

Dechant Philip Hemmer überreichte 1862 die Schlüssel des St. Vincenz-Krankenhauses an der Hauptstraße an die Oberin der Barmherzigen Schwestern. Foto: Archiv Klaus Kimna

Hospitalrechnung von 1884

Krankenhaus am Hang des Rodenberg

Standortfrage mit Warnung vor Vincenz-Glocken und -Orgel
Schon 1860 gab es Diskussionen um den Blick auf den Friedhof

18 Jahre nach der Übergabe des Vincenz-Krankenhauses der erste Erweiterungsbau des Vincenz-Krankenhauses ab Kapellenturm nach rechts. 1929 wurde dadurch die Bettenzahl von 80 auf 160 erhöht (Quelle Wolfgang Kissmer). Ein gewaltiger aber schmucker Bau am Hang des Rodenberges. Foto: Archiv Klaus Kimna

Was klang das steif: „Am 25. Oktober des Jahres 1911 wurde nach einer allgemeinen Feier der Bürgerschaft das Krankenhaus in Benutzung genommen." So zu lesen in den alten Verwaltungsakten.

Wie anders klang das doch in den Gazetten, die ihre besten „Dichter" aufgeboten hatten: „Die Herbstsonne hob den massiven Körper des Krankenhauses vom dunklen Hintergrund plastisch ab. Geschmückt mit Grün und Fahnen trat das stolze Gebäude den zur Einweihung kommenden Gästen entgegen..."

Ja, da klang Euphorie mit, Freude über das zweite Vincenz-Krankenhaus, erst an der Hautstraße jetzt am Hang des Rodenberg.

Die Chronisten beschrieben den „Klang des Glöckleins am Kapellenturme", die stolzen Worte in der Kapelle, die den „Segen des Himmels auf diese Stätte" herabflehten.

Elektrisches Licht sorgte für den Glanz

Am Abend beim Festakt trug Konrektor Krug ein neun-strophiges Gedicht vor. In einer Strophe heißt es:

„Die Nächstenliebe trieb uns an,
Ein neues Krankenhaus zu bauen,
Daß jeder da genesen kann
Und jeder froh die Sonne schauen,
Vollendet ist der schöne Bau zu sehen,
Durch dessen Hallen Friede möge wehen".

In den Sälen der Wilhelmshöhe herrschte allenthalben nur Freude. Rektor Wimhöfer sprach vom Krankenhaus von einer „Zierde der Stadt". Die drei Worte „dem Schönen, Edlen, Guten" fänden nun ihre Geltung. Dem Edlen zu dienen sei die Aufgabe des neuen Krankenhauses, dem Guten werde das Progymnasium (1911) sein, und für das Schöne habe Menden die Kaiser-Wilhelm-Höhe. Es gab tatsächlich eine lebhafte Bauphase in der Stadt, zu der sich 1912 das heute Alte Rathaus gesellte und in der trotz des 1. Weltkrieges der Bau des Kaiser-Wilhelm-Bades mit Turnhalle in Angriff genommen wurde Dazu sorgte ab 1910 elektrisches Licht für besten Glanz.

28 Zimmer und 50 Patienten-Betten
Als das zweite Vincenz-Krankenhaus 1911 errichtet war, zählte Menden gerade mal 11 700 Einwohner. Das für heutige Begriffe recht bescheidene Hospital reichte aus und entsprach den modernen Ansprüchen seiner Zeit. 28 Patientenzimmer gab es mit 50 Betten. Dazu 12 Barmherzige Schwestern, deren weiße Hauben ihr Erkennungszeichen waren, bis diese Hauben 1964 gegen die praktische dunkle Kleidung mit dunkler Kappe getauscht wurden.

Der Bau des neuen Krankenhauses war unausweichlich, denn im ersten Vincenz-Hospital von 1862 an der Hauptstraße war die Zahl der Patienten im Jahr 1908 auf 350 angewachsen. Die Räume dort waren noch recht eng. Im neuen Vincenz-Hospital kletterte die Zahl der Kranken 1913 bereits auf über 600. Von ihnen mussten 45 operiert werden, was vorher noch gar nicht möglich gewesen war.

Dechant Boeddicker machte die Festversammlung darauf aufmerksam, wie schwierig sich doch die Baumaßnahme gestaltet habe. Aber zügig ging sie dennoch voran: Ab 29. April 1910 die Erdarbeiten, am 1. Juli Segnung des ersten Steines, am 23. Oktober 1910 Grundsteinlegung. Ende

Mendens Ehrenbürger Prof. Dr. Wildor Hollmann wäre über so viele Treppen glücklich. Er schwor auch mit 93 Jahren noch aufs Treppensteigen. Im Bild der Aufgang 1913 ab Schützenstraße zum 1911 fertiggestellten Vincenz-Krankenhaus (l.) und zur Kapelle nach oben rechts. Das Gelände ist da noch kaum bewachsen.
Foto: Sammlung Klaus Kima /Franz Rose

Die Kapelle im Altbau des Vincenz-Krankenhauses von 1911. Foto: Archiv Klaus Kimna

November 1911 Übergabe des neuen Krankenhauses nach nur eineinhalb Jahren Bauzeit.

Bürger verwundert über Stadtspitze
Die Suche nach dem Standort für das zweite Mendener Vincenz-Krankenhaus 1910 begann unwissentlich bereits 1860, als der Noch-Bürgermeister Holzapfel die Bevölkerung aufrief, Stellung zu beziehen zu verschiedenen möglichen Plätzen, an denen die Stadt ein Krankenhaus errichten könnte. Das löste Verwunderung aus, denn sonst pflegte die Stadt ihre Bürger nicht zu fragen. Das war damals noch die Zeit, als die Stadt selbst bauen wollte, aber froh zurücktrat, als die Vincenz-Pfarrei 1862 eigene Pläne im Beringschen Haus an der Hauptstraße verwirklichte.

Die Bürger nahmen Holzapfels Aufforderung auf und nahmen dabei in Leserbriefen kein Blatt vor den Mund. Wenig zimperlich warnten sie davor, ein Krankenhaus in die Nähe der Vincenz-Kirche zu setzen, weil das täglich häufige Geläute und die Glocken vom Turm die Patienten belästigen würden. Das gelte auch für das öffentliche Singen in der Kirche und das Spielen der Orgel. Nervenkranke würden das nicht ertragen.

Abgelehnt wurde auch ein Platz am „Todtenweg" gegenüber dem neuen katholischen Friedhof. Damals gab es die Werringser Straße noch nicht. Die Nähe

Das achteckige goldene Kreuz des Papst-Sylvester-Ordens für Franz Kissing und Aufnahme in den Ritterstand durch Papst Pius X.

1911 zum Ritter des Ordens vom hl. Papst Sylvester ernannt: Franz Kissing. Foto: privat

An ihren weißen Hauben waren die Barmherzigen Schwestern des Vincenz von Paul bis 1964 zu erkennen. Im Bild rechts Schwester Bertfrieda geb. Pauline Sauer (1896-1978), die 40 Jahre die Männer-Station im Vincenz-Krankenhaus leitete. 1945/46 (Bild) traf sie sich im Heimaturlaub in Rüthen mit ihren leiblichen Schwestern Willimara geb. Bernhardine Sauer, die in Wanne-Eickel eingesetzt war, und mit beider Schwester Sophie. Foto: Archiv Elfriede Hüttemeister

zum Friedhof habe zwar den Vorteil, dass man die im Krankenhaus Gestorbenen nur eine kurze Spanne zu transportieren brauche, aber ob diese Weg-Ersparnis und der tägliche Anblick der Monumente der Vergänglichkeit auf das Gemüt der Kranken belebend oder auch nur beruhigend einzuwirken vermöge, müsse doch stark bezweifelt werden. „Wir glauben, dass ein Kranker, der diesen Todtenweg nach dem Krankenhaus wandeln und sich nahe bei den Toten betten lassen muss, sich schon als halb begraben betrachten wird."

Päpstlicher Ritterorden für den „geliebten Sohn"

Die Väter des neuen Vincenz-Krankenhauses nennen seine Lage am Hang des Rodenberges eine „herrliche". Ärzte hätten schon früher diesen Standort als den allein in Frage kommenden bezeichnet. Betont wird, dass die Grundstücksbesitzer in Anbetracht des guten Zweckes ihre Ländereien zu einem niedrigen Preis abgegeben, ja zum Teil sogar unentgeltlich überlassen hätten.

Ein Raunen ging durch die Festversammlung, als Dechant Boeddicker dem Unternehmer und späteren Mendener Ehrenbürger Franz Kissing (Devotionalien / 1860-1955) eine päpstliche Urkunde überreichte als Anerkennung für seine Verdienste um die Gemeinde und um das Krankenhaus. Die Urkunde hatte folgenden Wortlaut:

„Geliebter Sohn! Gruß und apostolischen Segen. Da der ehrwürdige Bruder, der Bischof von Paderborn, Dich uns empfohlen hat als einen kath. Mann; der sich sowohl durch ein unbescholtenes Leben als auch

durch die Verdienste auszeichnet, die Du erworben hast als Mitglied des Kirchenvorstandes und als Mitglied des Kuratoriums vom St. Vincenz-Hospital, welche Ämter Du auf das sorgfältigste verwaltet hast, haben wir beschlossen, Dir eine Anerkennung zu geben. Deshalb machen wir Dich hiermit zum Ritter des Ordens vom hl. Papste Sylvester und fügen Dich der hochangesehenen Gesellschaft dieser Ritter ein. Deshalb gestatten wir Dir, das diesem Orden eigentümliche Gewand und Zeichen zu tragen, nämlich ein goldenes achteckiges Kreuz mit dem Bilde des hl. Papstes Sylvester in der Mitte.
Gegeben zu Rom unter dem Fischerringe am 30. September 1911 im 9. Jahr unseres Pontifikates. Pius X."

Nach knapp 20 Jahren die erste Erweiterung

Menden aber wuchs, das Krankenhaus musste mitwachsen. Noch gab es 1911 keine Siedlungen auf der Platten Heide, auf dem Lahrfeld und dem Rauerfeld. Aber als sie heranwuchsen, reichte die Kapazität des Vincenz-Krankenhauses schon knapp 20 Jahre nach seiner Übergabe nicht mehr aus. Durch den Anbau im Anschluss an die Kapelle erhöhte sich die Bettenzahl auf 160. „Die Zimmer und Tagesräume wurden mit allen Bequemlichkeiten ausgestattet," hieß es. Im Jahr 1930 zählte das Hospital bereits 1383 Kranke und führte 390 Operationen durch.

Menden aber wuchs weiter mit allen Folgen für das Krankenhaus.

Bogendurchgänge und Blumen auf den Stationen gaben den Patienten Wohnzimmer-Atmosphäre. Ein Bild von 1942. Foto: Archiv Klaus Kimna

Ein Kraftakt: Ab 1973 Zug um Zug zwischen Abrissbirne und Neubau
Nur der Kapellen-Turm überlebte den Komplettaustausch

Übrig geblieben ist der Turm der Kapelle mit seiner bronzenen Glocke: Treu und brav erklingt sie morgens um 7, mittags um 12 und abends um 18 Uhr, als wolle sie daran erinnern, wie es früher einmal war mit dem St. Vincenz-Krankenhaus am Hang des Rodenbergs. Als der Turm am Haken eines Krans sanft zu Boden schwebte, war das der endgültige Schlusspunkt einer Ära, die 1911 begann und in den 1970er Jahren endete. Die Abrissbirne wütete und stellte Patienten wie Ärzte und Personal auf eine harte Probe, denn gleichzeitig entstand etwas Neues, Moderneres, das bis heute Bestand hat. Was hier fiel, wurde nebenan neu errichtet. Zug um Zug, bis zur großen Einweihung 1980. Das war nicht nur ein neues Herz oder ein Kniegelenk, das war ein kompletter Körperaustausch mit allen Lebenslinien.

Es war eine gewaltige Aufgabe, die zu bewältigen war. 15 Jahre hatten Planung und Bau gebraucht, dann waren 30 Mio. DM verschlungen, standen 286 Betten und 250 Mitarbeiter uneingeschränkt bereit für die Patienten.

Land wollte die 100 Prozent-Lösung

Man schrieb das Jahr 1963, als Vertreter des zuständigen Landesministeriums und der Arnsberger Regierung zu einer Zielplanbesprechung nach Menden kamen. Zum ersten Mal fiel das Wort vom Neubau eines Bettenhauses. Noch am selben Tag wurde er von der Landesregierung

Der Turm der Kapelle ist gerettet, als einziges Teil des Krankenhauses von 1911 und 1929. Vorsichtig wird er in den 1970er Jahren abgehoben und zu Boden gebracht. Foto: Stadtarchiv

zur Auflage gemacht. Ohne wenn und aber. Für einen modernisierenden Umbau des Krankenhaus-Altbaus als einfachere Lösung wurden die finanziellen Mittel versagt. Das Land wünschte eine hundertprozentige Lösung; die für die nächsten 50 Jahre reichen müsste: Neubau.

Voraussetzung war, dass die Zahl der bisher vorhandenen 260 Betten auch während der Bauzeit erhalten blieb. Mit dem Neubau sollten zudem zusätzliche Betten geschaffen werden. Was stehen bleiben

Eine zwei Zentner schwere Kugel zertrümmert bei den Abbrucharbeiten die Wände des alten Krankenhauses. Foto: Stadtarchiv

konnte, war der Behandlungstrakt mit Ambulanz, der erst 1963 fertiggestellt worden war. Der neue Bettentrakt aber sollte acht Stockwerke hoch reichen, jedes Zimmer einen eigenen Balkon haben.

Strohballen schotten Krankenzimmer ab
Auch während der Bauzeit galt alle Sorge den Patienten. Mit Strohballen und Planen wurden die Abbrucharbeiten so abgeschottet, dass weder Staub noch Steinchen in schon neu errichtete Krankenhausteile gelangen konnten. Wo die Abrissbirne unnötig war, wurden die Wände des alten Hauses mit Seilen niedergerissen.
Startschuss zum Neubau war August 1973. Zwei alte Häuser am Stein mussten abgebrochen, gewaltige Mengen Erdmasse abgetragen werden, um ein Plateau für den Neubau zu schaffen. Es ist schwer sich vorzustellen, wie dieses Zug um Zug von Abriss und Neubau, von Patienten-Umzügen bzw. Verlegungen von statten ging. Für den Verwaltungschef des Krankenhauses, Clemens Beierle, keine leichte Aufgabe. Feststeht, dass diese Bauarbeiten auch nicht spurlos an der Stadt vorbeigingen. Sieben Bagger waren vier Wochen damit beschäftigt, Erdreich abzutragen, täglich beförderten acht LKW unentwegt 700 Tonnen Erde, beschreibt Wolfgang Kissmer den gewaltigen Aufwand.

Täglich 100 LKW auf den Straßen
Das Bettenhaus war vorrangiges Ziel, um die Patienten unterbringen zu können. 1976 war es fertig, jetzt konnte der alte Teil von 1911 abgerissen werden. Aber auch der Abriss belastete die Innenstadt. Täglich rollten im Verlauf von sechs Wochen an 30 Werktagen 100 LKW über die Straßen.
Mit dem Abriss endete auch die Geschich-

Mit zahlreichen Gästen und Barmherzigen Schwestern weihte Erzbischof Johannes Joachim Degenhardt (vorn rechts) 1980 das neue Krankenhaus ein. Foto: Klaus Kimna/Stadtarchiv

te dieses alten Gemäuers, das mehrere Erweiterungen erlebt und im 2. Weltkrieg zum Teil als Lazarett gedient hatte. Dr. Felix Höninger wirkte in dieser Zeit des Krieges als Chef der Chirurgie. Er kannte das Leid, war er doch selbst bereits im 1. Weltkrieg im Fronteinsatz gewesen.

Nur der Turm der Kapelle überlebte diese Total-Auswechselung. Heute steht er im Grünen rechts der Auffahrt zum Parkhaus, ist begehrtes Ziel neugieriger Kinder. Sein Bronze-Glöckchen trägt die Inschrift „Alles in Demut, Einfalt und Liebe 1949".

Pest-Heiliger Rochus für das Krankenhaus

Erzbischof Dr. Johannes Degenhardt weihte das neue Krankenhaus am 2. September 1980. Seine Worte machten nachdenklich: „Auf die Liebe ist alles ausgerichtet. Was sie gebietet, haben wir zu tun," zitierte er den Hl. Vincenz, den Schutzpatron des Krankenhauses.

Im Rahmen der Festeinweihung schenkte Dechant Karl-Josef Müller als Vorsitzender des Kuratoriums (eine Art Aufsichtsrat) im Namen der Vincenz-Gemeinde dem Krankenhaus die Statue des Hl. Rochus, die bislang im Garten des Alten Pastorats stand. Der Hl. Rochus von Montpellier (1295-1327) ist Schutzpatron der Seuchen- und Pestkranken. Er soll auf einer Pilgerfahrt nach Rom vielen Pestkranken geholfen haben. Seine Gebeine wurden in Venedig zu den „Ehren der Altäre" erhoben. In der Pestzeit entstandene Rochus-Bruderschaften wurden mit päpstlichen Privilegien ausgestattet. In manchen Regionen wird er zu den vierzehn Nothelfern gezählt. Sein Gedenktag ist sein Todestag 16. August.

Er wurde, so die Legende, als Sohn reicher Eltern in Montpellier geboren. Nachdem er als Zwanzigjähriger seine Eltern verloren hatte, verschenkte er sein Vermögen und trat in den Dritten Orden des hl. Franz von Assisi ein.

Dechant Müller schenkte dem Vincenz-Krankenhaus zur Einweihung 1980 die Statue des hl. Rochus, Schutzpatron der Seuchen- und Pestkranken. Foto: Archiv Klaus Kimna

Andern geholfen, selbst ohne Hilfe

Als er 1317 nach Rom pilgerte, half er unterwegs bei der Pflege von Pestkranken. Diese soll er nur mit Hilfe des Kreuzzeichens wundersam geheilt haben. Als Rochus auf seiner Rückreise 1322 selbst mit der Pest infiziert wurde, wurde er von niemandem gepflegt. Er „empfahl sich Gott" und ging in eine einsame Holzhütte im Wald. Dort wurde er von einem Engel gepflegt, und der Hund eines Junkers brachte ihm solange Brot, bis er wieder genesen war.

Als er wieder in seine Heimatstadt kam, erkannte ihn aufgrund seiner Verunstaltungen durch seine Pesterkrankung niemand, und er wurde unter dem Verdacht der Spionage ins Gefängnis geworfen. Rochus brachte geduldig fünf Jahre im Gefängnis zu, bis er starb. Nach seinem Tod erkannte man ihn anhand eines kreuzförmigen Mals, das er seit seiner Geburt auf der Brust hatte. Diese Lebensgeschichte wurde 1478 in Venedig verfasst.

Dr. Peltzer: Ratten und Flöhe bekämpfen
Was haben Pocken und Pest mit Menden zu tun? Wenige Jahre nach der Einweihung, 1987, beschrieb der Chefarzt der medizinischen Abteilung des Krankenhauses, Dr. Franz Peltzer, einige schlimme Krankheiten, die Menden mehr als einmal befallen haben. Es sind erschreckende Zahlen, die er nannte: So raffte der schwarze Tod von 1349 bis 1351 in Europa 25 Mio. Menschen hin. Das 1384 in Menden gegründete Hospiz zum Heiligen Geist, Mendens erstes Krankenhaus, ist wegen dieser und anderer Seuchen gegründet worden. Pestbefall hat es demnach 1613, 1632 und 1634 in Menden gegeben. Dr. Peltzer brachte es auf einen kurzen Nenner: Zur Verhütung der Pest sind Ratten- und Flohbekämpfung wichtig. Und wenn man dem verstorbenen Dechant Müller glauben möchte, dann hilft auch der Hl. Rochus.

In Turbulenzen drohte das gerade erst neu eröffnete Vincenz-Krankenhaus 1986 zu geraten, als sich andere Häuser auf Kosten des Mendener Hauses die Kran-

1970 besuchte Kardinal Lorenz Jäger auf seiner Firmreise am 1. Dezember auch das Vincenz-Krankenhaus. Im Hintergrund Pfarrer Ernst Brinker. Foto: Archiv Brieden

kenbetten füllen wollten. Das gab eine Protestbewegung, wie sie das Kreishaus in Lüdenscheid noch nicht erlebt hatte.

Das „ausgetauschte" St. Vincenz-Krankenhaus, 1980 eingeweiht und 2010 „bereichert" mit dem Ärzte- und Gesundheitszentrum (vorn).

Steht seit 1965: das Schwestern-Wohnheim von der Kapellenstraße gesehen. In diesem Gebäude und dem anschließenden eingeschossigen Trakt war Platz für 120 Ärzte und Schwestern. Foto: Archiv Klaus Kimna

Der restaurierte alte Kapellen-Turm aus fernen Jahren steht heute neben der Auffahrt zum Parkhaus und ist Anziehungspunkt für Kinder. Drei Mal am Tag läutet das Glöckchen. Foto: Archiv Klaus Kimna

Bemerkenswertes „Revolutionsjahr"
Als Menden 1986 rebellierte, bebten die Politiker im Kreishaus
Kampf gegen Iserlohn ums Krankenhaus und Abschied der Schwestern

Da ging die Angst um bei den Demonstranten. „Das Mendener Krankenhaus darf nicht sterben." Foto: Martina Dinslage

Da sage doch keiner mehr, Menden fühle sich nur wohl in der Rolle des Opferlamms. Zumindest nicht 1986, das zum Mendener Revolutionsjahr ausgerufen werden müsste.

Zweimal stiegen Mendener empört auf die Barrikaden, zweimal siegten sie. Unvergessen der Dienstag, 28. Januar 1986, als Hunderte mit ihren bellenden Lieblingen vor das Rathaus stürmten und dem Rat zeigten, was sie von der Anhebung der Hundesteuer hielten, nämlich NICHTS.

Und das Knurren von Mensch und Tier auf dem Rathausplatz kippte die Geldeinnahme-Pläne der Stadt (s. „Mendener Geschichten" Band 3).

Iserlohn wollte eine Höherversorgung

En halbes Jahr später am Donnerstag, 3. Juli 1986, wehrte sich Menden erneut, diesmal gegen die unentwegten Hegemonie-Pläne der Stadt Iserlohn, die sich ständig in ihrer Nabelschau den anderen überlegen fühlte. Diesmal standen den Mendenern auch die

Balver und Hemeraner zu Seite, die genauso um ihre Krankenhäuser fürchteten, denn Iserlohn wollte als größte Stadt des Kreises auch die beste Krankenversorgung haben, ohne an die Sogwirkung auf Kosten der Krankenhäuser in den umliegenden Städten zu denken. Eindrucksvolle Demonstration von Bürgern, Ärzten und Krankenhaus-Personal aus Menden vor dem Kreishaus in Lüdenscheid. Unübersehbare Transparente, Rufe, Gesänge. Der Kreistag, der Iserlohns Pläne mit 2,3 Millionen DM stützen wollte, knickte ein, setzte das Thema ab. Wieder hatte Menden gewonnen.

Das war auch um 1890 so, als im Vorfeld Iserlohn Mendens Pläne aushebeln und die Hönnetalbahn von Menden nach Balve verhindern wollte. Zum eigenen Nutzen sollte diese Verbindung über Hemer führen. Menden ärgerte sich, kämpfte dagegen an und siegte: Der erste Zug der Hönnetalbahn fuhr 1912 („Mendener Geschichten" Band IV).

In Menden schrillten die Alarmglocken

Die ersten Alarmglocken schrillten in Menden, als der Iserlohner Rat am 4. Juni 1985 den Beschluss fasste: „In der größten Stadt des Märkischen Kreises müssen die Krankenhäuser Iserlohns höherwertige Aufgaben der Krankenhausversorgung wahrnehmen. Dies ergibt sich auch aus der Einwohnerzahl…. In Übereinstimmung mit dem Märkischen Kreis hält es der Rat der Stadt Iserlohn für unbedingt erforderlich, dass das Evangelische Krankenhaus Bethanien und das Katholische Elisabeth-Hospital die Krankenhausversorgung der Versorgungsstufe II übernehmen…"

Die beiden Häuser unterschiedlicher Konfession sollten in einer GMBH neue Schwerpunkte setzen so wie bereits mit der Kinderheilkunde in Bethanien. Der

Mit zahlreichen Transparenten, flotten Sprüchen und Gesängen machten die Demonstranten aus Menden vor dem Kreishaus in Lüdenscheid auf sich aufmerksam und schafften es, dass Iserlohns Höherversorgungs-Bestreben von der Tagesordnung des Kreistags flog. Foto: Martina Dinslage

Kreis sollte und wollte diese Bestrebungen finanziell unterstützen.

In drei Bussen zur Demo am Kreishaus

Der Verwaltungschef des Vincenz-Krankenhauses, Klemens Beierle, sah schwere Gewitterwolken auf sein Haus zukommen. Menden werde durch eine Höherstufung der Iserlohner Häuser auf Dauer das wirtschaftliche Fundament entzogen. „Das Vincenz-Hospital braucht jeden Patienten. Sinkt die Belegung ist die Wirtschaftlichkeit nicht mehr gegeben. Dann muss das Haus schließen. Dann müssen kranke Menschen sich in Nachbarstädten ins Hospital legen. Dann gehen mit einem Schlag 240 Arbeitsplätze verloren."

Auch Mendens Dechant Karl-Josef Müller griff zu Feder: „Weder ist eine Höherversorgung in Iserlohn erforderlich und auch nicht im Landeskrankenhausplan vorgesehen, noch ist eine finanzielle Beteiligung des Kreises an der Krankenhaus GmbH vertretbar." Das sah Hemer mit seinem agilen Bürgermeister und früheren Gründer und Chef der Lungenklinik, Hans Meyer, genau so: „Die Neuschaffung nicht mehr bedarfsgerechter Überkapazitäten in Iserlohn ist volkswirtschaftlich nicht vertretbar," sagte er.

Politiker im Kreistag gaben entnervt auf

Donnerstag, 3. Juli 1986. Ein heißer Sonnentag. An der „Mendener Mühle" warten drei große Reisebusse, bringen kostenlos Ärzte, und Personal in ihrer Berufskleidung, Politiker und Bürger nach Lüdenscheid. In den Bussen werden kühlende Getränke gereicht. Aber die Stimmung kocht. Vor dem Kreishaus entrollen die Mendener Demonstranten ihre Transparente. Unübersehbar die Sprüche wie „Heiliger Vincenz sei uns nah, bewahr uns vor der Krankenhaus-GMBH" oder „Wirst Du krank in Menden, wohin sollst Du Dich wenden" oder „… und Menden bleibt nur das Bett im Kornfeld".

Unter den mehr als 150 Protestlern auch Bürgermeister Otto Weingarten, Dechant Müller, CDU-Chef Hermann-Josef Schulte, aber auch Hemers Bürgermeister Hans Meyer. Laut skandiert er „Lieber gesund in Menden als krank in Iserlohn."

Als die Demonstranten sich dann nicht aufhalten ließen und mit ihren Transparenten in den tagenden Kreistag drängten und die Zuschauerränge besetzten, nahmen die Kreispolitiker entnervt das Thema von der Tagesordnung. Resigniert sagte mir Iserlohns Beigeordneter Ettemyer: „Wir tragen es mit Fassung. Wenn es gegen Iserlohn geht, bieten sie eben alles auf."

Am 24. Juli ist das Vincenz-Krankenhaus aus dem Schneider. NRW-Staatssekretär Nelles lehnte auf einer Regionalkonferenz über die heimische Krankenhausversorgung kategorisch ab, Iserlohn höher zu stufen und mit einer Spitzenversorgung wie in Hagen auszustatten.

Abschied für immer von den Schwestern

Das St. Vincenz-Hospital ohne die aufopferungsvolle Arbeit der Barmherzigen Schwestern des Vincenz von Paul? Das war lange kaum vorstellbar. 147 Jahre haben sie in Menden gewirkt, sowohl ab 1862 im ersten Vincenz-Krankenhaus an der Hauptstraße als auch im neuen Hospital ab 1911 am Hang des Rodenberg. War ihr Anblick für Menden sowohl in den Spitälern als auch im Waisenhaus und im Vincenz-Altenheim eine Normalität, so zeichnete sich schon in den 1980er Jahren eine Überalterung des Ordens ab. Kaum noch fühlten sich jüngere Frauen berufen zu diesem Liebesdienst am Menschen. In Menden wirkten im Altenheim und im

Krankenhaus zwischenzeitlich 27 Barmherzige Schwestern.

Am 25. September 2009 kam der Tag des Abschieds. Die drei verbliebenen Schwestern Friedlinde, Hildegard und Reineldis, damals 82, 78 und 79 Jahre alt, verließen nach einem Dankhochamt in St. Vincenz die Hönnestadt. Friedlinde war 49 Jahre in Menden, Hildegard und Reineldis je 38 Jahre.

Tradition endet nach 147 Jahren

Der damalige Pflegedirektor im St. Vincenz-Hospital, Reinhold Jacobs, würdigte die Arbeit der Nonnen in höchsten Tönen: „Ein Stück Tradition geht nach 147 Jahren zu Ende," sagte er. „Die Ordensfrauen hatten bei allen Patienten einen Vertrauensvorschuss. Besonders bei den älteren Menschen, weil sie wussten, dass diese drei zuhören konnten, sich kümmerten und nichts an die große Glocke hingen".

Ein Abschied, der wehmütig machte. Nach 147 Jahren aufopferungsvollen Wirkens haben die letzten drei Barmherzigen Schwestern des Hl. Vincenz von Paul am 25. September 2009 Menden für immer verlassen. Im Bild der Abschied nach dem Festhochamt in der Vincenz-Kirche. Auf dem Kirchplatz viel Volk und ein Ständchen von der Schützenkapelle Oesbern für die Schwestern (v.l.) Reineldis (+ 2017), Friedlinde und Hildegard. Foto: Bonsendorf

Stefan Schulte einziger MdB aus und für Menden
1983 überraschend ins „Hochhaus Tulpenfeld" nach Bonn gezogen
Mit 26 Jahren gelang der Sprung vom Obsthof an den Rhein

Welche Gefühle durchleben Eltern, deren Sohn die Ansicht vertritt: „Der Einsatz für eine lebenswerte Umwelt ist mir wichtiger als das berufliche Fortkommen"? Vermutlich erst einmal Sorge, wohin das führen soll. So erging es Marianne und Fritz Schulte in den frühen 1980er Jahren in ihrem Heim im Obsthof. Sohn Stefan (Jhrg. 1957) war in Altena von der Kreismitgliederversammlung der noch jungen Grünen einstimmig als Bundestagskandidat nominiert worden und sollte sich am 6. März 1983 im Wahlkreis 122 zur Wahl stellen.

Mit 5,6 Prozent über die „Hürde" gehüpft

Das Frappierende für die Eltern war die Erkenntnis, dass ihr 26 Jahre alter Sohn so weit vorn auf der Liste aufgestellt war, dass er unweigerlich nach Bonn aufbrechen musste, wenn die Grünen auch nur 5,1 Prozent der Zweitstimmen auf sich vereinen konnten. Dass die Grünen sogar mit 5,6 Prozent über die 5 Prozent-Hürde „hüpften", war umso schöner für Stefan Schulte. Der Biologie-Student unterbrach sein Studium in Göttingen und ging für vier Jahre an den Rhein in die damalige Bundeshauptstadt.

Ich kannte Fritz und Marianne Schulte und ihre Kinder. Fritz Schulte (1914-1999) war mein Lehrer in der Wilhelmschule und mein Mentor im Schachverein Menden 24. Natürlich waren sie stolz auf den Filius, der als einziger Junge und Stammhalter unter fünf Schwestern sowieso schon Hahn im Korbe war. Von einem lachenden und einem weinenden Auge sprachen sie, aber auch davon, dass sie ihn unterstützen würden, wo immer es ging.

Schlicht, einfach, handlich: Der Tapeziertisch der Grünen, auf dem alles für Interessenten ausgelegt werden konnte. Auch für die „Bürgeraktion Sauerland-Stop A 46" an der Lendringser Hauptstraße Anfang der 1980er Jahre. Links mit Vollbart Stefan Schulte, 3 v.l. Günter Kopitz. Foto: Sammlung Ingrid Ketzscher

Aus Anlass einer neuen Trassenfindung für die A 46 ein weiteres Treffen von Politik und Behörden 1985, diesmal in Oesbern, B7 Richtung Wimbern an der Radarfalle. Von links nach rechts: ???, Otto Weingarten, Heinrich-Johannes Kehnen, Wendelin Günnewicht, MdB Stefan Schulte, Minister Christian Zöpel, Chef des damaligen Landesstraßenbauamtes. Foto: Sammlung Ingrid Ketzscher

1983 vom Obsthof an den Rhein gezogen

Es war eine höchst ungewöhnliche Reihenfolge: Noch bevor die Grünen 1989 in den Mendener Stadtrat einzogen, saßen sie bereits seit 1983 mit ihren Turnschuhen in Bonn am Rhein im 16-geschossigen „Hochhaus Tulpenfeld". Im „Langen Eugen", dem 115 m hohen Abgeordnetenhaus mit seinen 30 Etagen, war offenbar kein Platz für sie oder aber man wollte sie gern ein wenig ins Abseits drücken. Dabei hatte man aber wohl vergessen, dass im „Tulpenfeld" auch die gesamte Presse untergebracht war… Welch Vorteil für die Grünen.

Getagt aber wurde in der ehemaligen Pädagogischen Akademie, die als Bundeshaus diente. 10. Legislaturperiode des Deutschen Bundestags. Und mit dabei bis 1987 der Mendener Stefan Schulte. Er erlebte die wohl spannendste Zeit der jungen Partei und ist bisher der einzige Mendener, der für den hiesigen Wahlkreis jemals im Deutschen Bundestag als Abgeordneter gesessen hat. Das blieb auch über den Wahltermin September 2017 hinaus so und dürfte bei den heimischen Parteien die Frage nach dem „Warum sonst keiner aus Menden" aufwerfen und in Menden die Suche nach hellen Köpfen verstärken. 35 Jahre sind eine lange Zeit.

Letztes MdB-Jahr im „Wasserwerk" verbracht

Stefan Schulte kann von sich sagen, er habe zwei Plenarsäle erlebt, den alten, maroden im Akademiehaus und von 1986 bis 1987 den im alten „Wasserwerk". Der eine schon eng, der andere noch enger. Am 5. Juni 1987 entschied sich der Deutsche Bundestag nach lebhafter Debatte mehrheitlich für den Abriss des alten Plenarsaals im Akademiehaus und einen Neubau. Nicht eingeplant, weil nicht vorhersehbar, war 1990 die Wiedervereinigung. Der Bundestag zog 2000 nach Berlin um. Die Grünen hatten sich das Rotationsprin-

Petra Kelly und ihr Lebensgefährte Gert Bastian (General) weigerten sich 1985, die Rotation bei den Grünen mitzumachen. Unter nicht völlig geklärten Umständen wurde Kelly laut Polizeibericht von ihrem Lebensgefährten Gert Bastian mit dessen Pistole im Schlaf getötet. Bastian erschoss sich anschließend selbst. Die Leichen wurden am 19. Oktober 1992 aufgefunden. Foto: Grüne Geschichte

zip auserkoren. Ein Prinzip, das allerdings nur bis 1986 dauerte. Im Festbuch „25 Jahre Grüne Geschichte" wird aufgebröselt, was man unter dieser Rotation zu verstehen hat. So sahen sich die Grünen als die Alternative zu den etablierten Parteien. Unter der Maßgabe „keine Macht für niemand" rotierten deshalb in der Mitte der Legislatur alle Grünen-Abgeordneten. Ausnahmen waren Petra Kelly und ihr Freund Gert Bastian, die sich schlichtweg weigerten. Ziel war unter anderen, die Bildung des Berufspolitikertums zu verhindern bzw. zu erschweren.

Rotation machte alle Grünen gleichberechtigt

Vorrücker und Nachrücker bildeten eine Bürogemeinschaft. In der Fraktion galten die Nachrücker als gleichberechtigte und voll stimmberechtigte Mitglieder. Von ihren Diäten behielten die Bundestagsabgeordneten 1950 DM plus 500 DM für jede zu unterhaltende Person. Damit orientierte sich der Betrag am Facharbeiterlohn.

In der Auflistung der Mitglieder des Bundestags von 1983 bis 1985 wird Joschka Fischer, der spätere Außenminister, ebenso aufgeführt wie Otto Schily, der später zur SPD wechselte und Innen-Minister wurde. Aber noch nicht Stefan Schulte. Er steht von 1983-85 „erst" in der Mitarbeiter- bzw. Nachrückerliste. Das änderte sich 1985, als er die Stelle von Eckhard Stratmann-Mertens einnahm, der dann in den Mitarbeiterstab rückte. Im Plenum saß der Mendener Stefan Schulte mit den 26 anderen Grünen-Abgeordneten zwischen den Blöcken von CDU und SPD.

Wohl kalkulierte Ungezogenheit

Grüne-Themen jener Zeit, die Stefan Schulte so hautnah mit erlebte und mit diskutierte, waren Abrüstung („Schwerter zu Pflugscharen"), die Anti-Atomkraft-Bewegung („Atomkraft?, nein Danke"), „Ist deutsche Politik käuflich?" (Flick-Affäre), aber auch die Initiative gegen das Waldsterben. Dazu eine gehörige Portion Respektlosigkeit, die die Grünen im Bundestag selbst oder vor ihren Fernsehapparaten in den Fraktionsräumen miterlebten: Joschka Fischers parlamentarische Ungezogenheit 1984 gegen den Bundestagsvizepräsidenten Richard Stücklen, „Mit Verlaub, Herr Präsident, Sie sind ein Arschloch", ist unvergessen und schon legendär. Stefan Schulte sagte mir dazu, wie angespannt und auch amüsiert sie alle diesen offenbar wohl kalkulierten Satz von Joschka Fischer erlebt hatten. Fischer hat sich später förmlich entschuldigt. Das bundesweite Aufsehen in den Medien aber hatte er erst einmal.

Stefan Schulte engagierte sich gleich zu Anfang seiner Bonner Zeit, als er mit anderen in einen befristeten Hungerstreik für den Frieden trat, um damit an die Atombombenabwürfe von Hiroshima und Nagasaki zu erinnern. „Eine Solidaritätsfrage," sagte er dazu. Nur Kaffee, Tee und klarer Sprudel. Nebenaspekt: 5 kg abgenommen.

Erste Rede 1985 mit Angriff auf Minister
Seine erste Rede im Bundestag hielt Stefan Schulte Ende Mai 1985 in der Aktuellen Stunde. Sein Thema waren die Tiefflieger: In Bayern war eine Kirche durch ein alliiertes Flugzeug zerstört worden und hatte daraufhin eine Kampagne gegen Tiefflieger entfacht. Schulte kritisierte Bundesverteidigungsminister Wörner, weil er keinen direkten Einfluss auf die Flughöhen genommen habe. Sein Vorwurf muss Wörner schon weh getan haben als Stefan Schulte wörtlich sagte: „Ist Ihnen tatsächlich die treue Gefolgschaft zu den Verbündeten mehr wert als der Schutz unserer Menschen vor infernalischem Lärm und Schaden an Bauwerken…?"

In Bonn war der „erste sauerländische Grüne im Bundestag", wie er gern bezeichnet wurde, Mitglied im Innenausschuss und dort zuständig für die Luftreinhalte- und Energiepolitik, war auch stellvertretendes Mitglied im Verkehrsausschuss und zuständig für den Bundesfernstraßenbau.

Pikant: Aus Schwarz wurde schließlich Grün
Der politische Werdegang des Walram-Abiturienten Stefan Schulte war nicht ohne Pikanterie. Er war Mitglied der Jungen Union, engagierte sich aber auch in der Aktionsgemeinschaft für Umweltschutz im Märkischen Kreis (BNU), stellte sich gegen den Bau der A 46, gründete die Bürgeraktion „Sauerland-Stop-A 46". Nicht unbedingt CDU-Themen. In der Jungen Union engagierte er sich zudem für den Kampf gegen die Atomkraft. In Mediengesprächen betonte er, in der Jungen Union und in der CDU sei ihm mit der Zeit klar geworden, dass er in dieser Partei kein offenes Ohr dafür finden würde. Er wechselte die Farben. Statt Schwarz nun Grün.

Zur inneren Wandlung gehörte außen der Bart
Er gründete 1981 zum zweiten Mal einen Ortsverband der Grünen in Menden, nachdem der erste Versuch von 1980 nach kurzer Zeit gescheitert war. Er sagt von sich selbst, in jungen Jahren eine Wandlung durchgemacht zu haben. Auch äußerlich hatte er sich verändert: Vollbart, längere Haare, Jeans und Parka, bestückt mit Buttons, im Garten ein Ökoteich mit seltenen Pflanzen. Insgesamt eine Lebenseinstellung, die durchaus zu Konflikten in der Familie führen konnte.

Vehement machte er zusammen mit Michael Kipper und Peter Greulich deutlich, wie das Waldsterben voranschritt. Bereits 17 Prozent der Wälder sei unheilbar krank.

Treffen der Grünen Menden in den frühen 80er Jahren im damaligen Kolpinghaus am Neumarkt. Mit dabei Stefan Schulte (rechts mit Bart) und sein Vater Fritz Schulte (hinten links). Foto: Sammlung Ingrid Ketzscher

Stefan Schulte: Die Grüne Seele blieb – aber der Bart ist ab

Der Bart ist ab. In jeder Hinsicht. 1987 Schluss mit der Bundespolitik. Nochmal wollte Stefan Schulte nicht in den Bundestag: „Jetzt sollen mal die anderen ran," befand er. Den Grünen kehrte er 1988 ganz den Rücken, weil sie ihm nicht mehr ökologisch genug waren, auch wenn er zugibt, dass Realpolitik nicht zulässt, dass alle Wünsche erfüllt werden. Geblieben ist das Gefühl einer „wohlwollenden kritischen Distanz" zu seiner alten Partei und die Gewissheit, der erste und bisher einzige Mendener zu sein, der je für Menden den Sprung in den Deutschen Bundestag geschafft hat. Noch vor wenigen Jahren sagte er einer Zeitung: „Ich habe eine so grüne Seele, dass ich heute Probleme habe, die Grünen zu wählen".

Nach Bonner Zeit wieder ins Biologie-Studium

Nach der Politik war wieder Studium angesagt, das der Jüngling von damals 26 Jahren 1983 zu einem nicht gelinden Schrecken seiner Eltern und fünf Schwestern unterbrach, als die damalige Bundeshauptstadt Bonn ihn rief. Damals begründete er das Studium-Werfen mit dem schon glü-

Ganz freiwillig hat sich Stefan Schulte mit dem 13-jährigen Jasper auf seinen „elektrischen Stuhl" begeben. Sein Twike ist eines der sparsamsten Elektroautos überhaupt, heißt es in der Werbung. Ein Twike ist ein dreirädriges Leichtelektromobil für zwei Personen mit starkem Elektromotor und Fahrradpedale zum Mittreten. Wer tritt, steigert die Reichweite auf maximal 600 km. Geschwindigkeit: bis 95, neueste Modelle bis 200 km pro Stunde. Foto: privat

Das Rathaus von Wetter in Hessen. Im Erdgeschoss befinden sich die Büros des Vereins „Region Burgwald-Ederbergland", für den Stefan Schulte als Regionalmanager tätig ist. Foto: Heinrich Reh (Stadt Wetter/Hessen)

henden Hinweis: „Der Einsatz für eine lebenswerte Umwelt ist mir wichtiger als das berufliche Fortkommen".
1987 dachte er wohl nicht mehr so absolut. Er orientierte sich neu, nahm sein Biologie-Studium an der Uni Göttingen wieder auf, wurde 1991 fertig und sagte rückblickend auf seine Bonner Zeit: „Sie war fruchtbar und ich hab sie nie bereut. Wir haben einiges bewegt." Was ihn aber nicht daran hinderte, 1991 auch den letzten Überrest dieser wilden Grünen-Zeit zu entfernen: den Vollbart.

**Schröders Blicke
wollten ihn töten**
Wer jemals einen Rauschebart entfernt hat, der kennt die Schmerzen, die beim Abrasieren damit verbunden sind. „Meine Haut hat drei Tage so gebrannt, dass ich einen Kerzenschein aus 3 m Entfernung nicht ausgehalten habe", bekannte er.
Aber dieser Bart war ja Teil seiner Bonner Jahre und immer dabei, wenn was los war. Und wer kann schon von sich behaupten, mit den Politgrößen Otto Schily Schach und mit Joschka Fischer Fußball gespielt zu haben? Stefan Schulte, der Junge aus dem Obsthof, kann es. Aber damals waren Schily und Fischer noch keine Größen. Mit Fischer gründete er den Grünen-Fußball-Club die „Grüne Tulpe". Am Abend nach einer Klausur-Tagung entdeckten Otto Schily und Stefan Schulte ein Schachspiel und maßen ihre Kräfte. 1:1 endete die Begegnung.
Im „Provinz", einer links-alternativen Szene-Kneipe und Treffpunkt der Jusos und der jungen Grünen-Abgeordneten, wäre Stefan Schulte fast von Blicken getötet worden. So fragte er Joschka Fischer an der Theke nach dessen Gesprächspart-

ner. Stefan kannte den jungen Mann nicht, weil er selbst viel arbeitete und nicht so oft ausging. Es war Gerhard Schröder, der Juso-Vorsitzende, der ihm zwar dem Namen nach ein Begriff war aber nicht vom Aussehen. „Schröder hat mich nur böse angeschaut," lacht Schulte heute. Das „Provinz" an der Willy-Brandt-Allee wurde 1988 abgerissen.

Otto Schily empfahl ihm eine neue Jacke

In den ersten Jahren seiner Bonner Zeit wohnte Stefan Schulte bei seiner Schwester Brigitte und seinem Schwager Helmut Stahl. Das gab Diskussionen bis in die Nächte, denn Helmut Stahl war CDU-Politiker, Sekretär von Heiner Geißler, gehörte 10 Jahre dem NRW-Landtag an und war später CDU-Fraktionsvorsitzender.

An Tips hat es Stefan Schulte nicht gemangelt. Als er ständig seine alte Adidas-Regenjacke trug, riet ihm Otto Schily einmal im Aufzug, sich doch mal eine neue Jacke anzuziehen. Der frühere CDU-Abgeordnete Alfred Dregger rief ihm sogar zu: „Machen Sie erst mal Ihr Studium fertig."

Schulte ist der grünen Zielsetzung in seinen Berufen treu geblieben, wenn auch ohne politisches Diktat. „Für die Menschen das machen, was für sie vernünftig ist," lautet heute seine Devise. Er ist seit 1995 Geschäftsführer bzw. Regionalmanager der Region Burgwald-Ederbergland e.V., eine, wie er schwärmt, „wunderschöne Region" am Rande des Nationalparks Kellerwald.

Ein riesiges Gebiet von 878 qkm. 15 Gemeinden und 94000 Bewohnern umfasst der Aufgabenbereich des Vereins Burgwald-Ederbergland und seines Regionalmanagers Stefan Schulte.

Menden ließ sich nicht bevormunden
Luftwaffenausstellung zwingt Bürgermeister zum Spagat
Grüne, SPD und UWG wollten 1990 die Bundeswehr ausladen

Die Kampflugzeuge Tornado und Alpha-Jet „landen" auf Battenfeldwiese. Im Schlepptau ein Hubschrauber, Flugabwehrsysteme, ein Informationszelt und jede Menge Programm. In welchen Städten sich die Bundeswehr mit ihrer Luftwaffenschau auch zeigte, sie zog die Massen an. Mindestens 10 000 Besucher an viereinhalb Ausstellungstagen wurden jedesmal gezählt. Damit rechnete man auch in Menden. Aber es kam ganz anders.

Selten sind die Standpunkte im Mendener Stadtrat so hart aufeinander geprallt und selten hat es im Blätterwald der Zeitungen so gerauscht wie im August und September 1990, als zusätzlich eine Leserbriefflut die Redaktionstische überschwemmte. Dagegen war das, was die Menschen 1989/90 bei der öffentlichen Diskussion um die „KM"-Diskothek (s. „Mendener Geschichten" Band V) bewegte, fast nur ein Lüftchen. Und selten ging ein Schuss so nach hinten los und stellte seinen Schützen so bloß. Das politische Gerangel um die Ausstellung „Unsere Luftwaffe 90" vom 23. bis 27. August 1990 auf Battenfeldswiese nahm Züge an, die die Stadt Menden bundesweit blamierten.

Neue Ratsmehrheit mit Grünen-Hilfe
Die neue Ratsmehrheit von SPD und UWG wollte unter Führung der Grünen per Ratsbeschluss diese Luftwaffenschau verhindern, weil sie glaubte, dass deren Geräte eine unheilvolle Anziehungskraft auf viele Kinder und Jugendliche ausübten. Die Grünen hatten es im ersten Anlauf bei den Kommunalwahlen am 1. Oktober 1989 geschafft, auch in den Mendener Rat einzuziehen. Im Bundestag saßen sie

Bereits mehr als 700 Besucher und geladene Gäste erlebten schon um 10 Uhr die Eröffnung des Luftwaffenschau mit. Unter ihnen die Spitzen der Stadt und der umliegenden Einheiten der Bundeswehr, zahlreiche Ratsmitglieder, Kreisvertreter und die früheren Verwaltungschefs Dr. Rips und Franz Vaßen. Foto: Günter Reinhold

Ein Luftbild von Menden als Gastgeschenk überreichten Ausstellungsleiter Major Werner Hinz (links) und General Hermann Adam (rechts) dem Mendener Bürgermeister Dr. Volkhard Wrage. Foto: Günter Reinhold

ja schon 1983 mitsamt ihrem Mendener Abgeordneten Stefan Schulte. Die erste Ratssitzung nach der Kommunalwahl zeigte am 18. Oktober 1989, wie es zukünftig sein würde: Turbulent. Die absolute Mehrheit der CDU war gebrochen. Sie kam nur noch auf 23 Sitze, SPD (19) und UWG (6) auf gemeinsam 25. Jetzt gaben die drei Sitze der Grünen den Ausschlag und die wussten mit ihrem Pfund zu wuchern.

SPD, UWG und Grüne gingen eine Listenverbindung ein. Die SPD erreichte ihr Ziel, mit Dr. Volkhard Wrage (1944-2016) den Bürgermeister zu stellen. Die Grünen ließen sich im Gegenzug dafür zusichern, dass SPD und UWG die Vorhaben der Grünen unterstützten. Ergebnis: Menden erhielt ein Umweltamt, eine Baumschutzsatzung, rettete den Klostergarten und verabschiedete eine Resolution gegen den Weiterbau der Autobahn A 46.

Stadtdirektor musste Vertrag überprüfen

Wie „entsetzt" und wie spät informiert die Grünen so kurz vor der Schau wirklich waren, lässt sich nicht mehr herausfinden, aber die Fraktion ging auf die Barrikaden, als sie in der Stadt Plakate entdeckte, die auf die Luftwaffenschau hinwiesen. Offen gestellte Frage: „Wer bei der Stadt hat das genehmigt? Das hätte in den politischen Gremien diskutiert werden müssen."
In der Ratssitzung vom 14. August heftiger Schlagabtausch über mehr als eine Stunde zwischen der „Liste" und der CDU. 20-minütige Unterbrechung; dann setzte sich die „Liste" mit ihrer Mehrheit durch. Sie forderte Stadtdirektor Mäurer auf, alle rechtlichen Möglichkeiten auszuschöpfen, die Luftwaffe mit ihrer vom 23. bis 28. August auf Battenfeldswiese geplanten Luftwaffenschau wieder auszuladen, Zudem müssten zukünftige Anträge dieser Art dem Rat vorgelegt werden.

Um 10.30 Uhr am Aufbautag hing der „Tornado" schon am Haken und wurde vorsichtig an seinen Standort geschwenkt. Foto: Stadtarchiv

Den Vertrag mit der Bundeswehr hatte die Stadt durch Eckhard Mäurer schon zu Zeiten der absoluten Mehrheit der CDU geschlossen. Eindringlich warnten Mäurer und sein Beigeordneter Ernst Hamer vor Vertragsbruch.
Die Bundeswehr hatte für 75 Soldaten für sieben Nächte Hotelzimmer in Eisborn reservieren lassen. An Regressansprüchen würden auf die Stadt Menden Kosten von mehr als 30 000 DM zukommen. Für die Grünen offensichtlich kein Problem: „Verträge kann man auch wieder auflösen."

Eine „Ausstellung von Kriegsgerät" ?
Die Grünen als Antragsteller betonten, die „geplante Ausstellung von Kriegsgerät" wolle für die Bundeswehr und damit für die gewaltsame Beilegung von Konflikten werben. Ihnen sprangen Mitglieder von SPD- und UWG-Fraktion in teilweise persönlichen Erklärungen zur Seite wie: „Ich habe fünf Jahre lang beim Schweigen für den Frieden draußen gestanden. Ich kann diese Zeit nicht einfach für nichtig erklären". Oder: „Waffen sollten nicht verherrlicht werden."
Aufgebracht reagierte die CDU. Sie sprach von einer beschämenden Situation. Die Bundeswehr habe 40 Jahre im Auftrag der Verfassung den Frieden geschützt und verdiene nicht, so heruntergemacht zu werden. Es sei eine Diskriminierung der Bundeswehr und äußerst empörend.
Die Bundeswehr selbst argumentierte, es sei doch positiv, wenn eine Armee sich nicht abkapsele, sondern transparent sei.

Hardthöhe in Bonn
zeigte sich verärgert
Auf den Zuschauerrängen im Ratssaal saß auch Major Hinz, Leiter der Ausstellung. Ihm stand die Betroffenheit ins Gesicht geschrieben. Ich hörte, wie er fassungslos murmelte: „Das darf ich den Kameraden gar nicht erzählen."
Die geforderte Prüfung des Vertrages mit der Bundeswehr zeigte, dass er wasserdicht war. Das Bundesverteidigungsministerium auf der Hardthöhe in Bonn

war entschlossen, die Schau stattfinden zu lassen. Die Parlamentarische Staatssekretärin Agnes Hürland-Büning zeigte sich verärgert über die Ratsforderung, die Luftwaffe auszuladen. „Die Bundeswehr hat auch heute noch einen Verfassungsauftrag," schrieb sie. „Es sind unsere Söhne, denen die Mehrheit des Parlaments einen klaren Auftrag erteilt hat." Gleichzeitig forderte sie den heimischen SPD-Abgeordneten Heinz-Alfred Steiner (Sümmern) auf, sich für eine Rücknahme des Ratsbeschlusses einzusetzen.

Besucherandrang erstaunt Major Hinz

Bürgermeister Dr. Volkhard Wrage (SPD) hatte gehofft, der Luftwaffe einen freiwilligen Rückzug empfehlen zu können und damit dem politischen Willen in der Stadt nachzukommen. Nutzte alles nichts, die Schau würde stattfinden. Aber würde der Bürgermeister ein Grußwort sprechen? Spontan schloss er das erst einmal aus. Er wand sich, Hilfe fand er auch nicht in der Nachbarstadt Soest, wo der neue SPD-Bürgermeister mit den Grünen keinerlei Schwierigkeiten hatte, die Bundeswehr zu begrüßen. Dr. Wrage knickte ein: „Ich werde mein Pflicht tun und zur Ausstellungseröffnung ein Grußwort sprechen."
Donnerstag, 23. August 1990: Schon um 10 Uhr zur Eröffnung drängen 100 geladene Gäste und die ersten 600 Besucher auf das Ausstellungsgelände. Unter ihnen Hemers stellv. Bürgermeisterin Doris Ebbing. „Ich hatte ein Bedürfnis zu kommen," sagte sie mir. „Ich habe drei Söhne bei der Bundeswehr gehabt. Sie sind nicht zum Kriegseinsatz erzogen worden, sondern zum Verteidigungsauftrag."
Am Ende des ersten Tages sind es bereits 3186 Besucher, fast das Doppelte von Soest, das wenige Tages vorher mit 1700 Besuchern den bis dahin besten ersten Tag aller Ausstellungen hatte. Major Hinz strahlte: „Wenn das Wetter so bleibt, kommen wir in Menden auf 15 000 Besucher". Unfassbar.

Dr. Wrage Pazifist und ein Realist

Aber das Thema Luftwaffenschau hat nach den Debatten in Rat und Medien die Lufthoheit über Stammtische und Theken gewonnen. Überwiegender Tenor: Wir lassen uns nicht vorschreiben, was wir sehen dürfen. Die Grünen führen doch die „Liste" mit SPD und UWG wie am Nasenring durch die Manege.
Ein Übel, mit dem die Grünen kämpfen mussten: Lange glaubten 32 Prozent der Deutschen, dass die Grünen ihnen vorschreiben möchten, wie sie zu leben haben.
Bürgermeister Dr: Wrage war nicht zu beneiden, hielt sich bei seiner Ansprache aber bravourös: „Ich soll Sie, die Ver-

treter der Luftwaffe, hier in dieser Stadt willkommen heißen, und das vor dem Hintergrund eines Ratsbeschlusses. Der Rat der Stadt Menden lehnt die Luftwaffenschau ab. Um den nun erforderlichen Spagat beneidet mich niemand," bekannte er. „Aber mir wäre eine Welt ohne Waffen und Soldaten lieber – das ist der Pazifist in mir. Seit Kain und Abel hat es eine solche Welt nicht gegeben, solange Menschen existieren – das ist der Realist in mir." Versöhnlich fügte er an: „Eine Armee, die nachweislich ihren Beitrag zur Sicherung des Friedens in Europa geleistet hat und leistet, verdient unseren Respekt." Beifall und Rufe: „Na endlich." Gleichzeitig betonte Wrage, seine „eigene Vergangenheit nicht zu verleugnen". Er war Leutnant der Reserve.

Grünen-Gegendemo
abends zum Ehrenmal

Die Grünen in der Zwickmühle. Überrascht vom Beharrungsvermögen der Hardthöhe stellten sie fest: „Wenn jetzt alles klar ist, werden wir uns überlegen müssen, was zu tun ist.." Mit Genehmigung des Stadtdirektors (und ohne Diskussion und Beschluss im Rat) war das Ehrenmal gegenüber Battenfeldswiese erlaubtes Ziel ihrer Gegendemo. Am Eröffnungstag der Luftwaffenschau zogen um 17 Uhr ab Rathaus 250 Demonstranten mit Transparenten durch die Fußgängerzone. Der Zeitpunkt war so klug gewählt, dass ihre Mikrofone am Ehrenmal die Schau auf Battenfeldswiese nicht stören konnten, denn dort endete das Geschehen geplant um 18 Uhr.

Auf einer Abschlussveranstaltung am Ehrenmal bezeichneten Demonstranten die Luftwaffenausstellung 1990 gegenüber auf Battenfeldswiese als falsches Signal für die Entspannung in Europa. 250 Mitglieder der Grünen und verschiedener Friedens-Gruppierungen waren durch die Fußgängerzone gezogen und hatten mit Transparenten auf ihr Anliegen aufmerksam gemacht. Foto: Martina Dinslage

Politischer Eklat war die beste Werbung: 23 512 Besucher eine schallende Ohrfeige

Das fing ja gut an. Den ersten „Anranzer" handelte sich die Luftwaffe schon am Anreisetag Mittwoch, 22. August 1990, ein. Für 9.22 Uhr hatte sie sich selbst angekündigt, um die viereinhalb Tage dauernde Ausstellung „Unsere Luftwaffe 90" auf Battenfeldswiese aufzubauen. Und was registrierten die schon 100 Zuschauer? Ankunft drei Minuten zu spät!

Ausstellungsleiter Major Werner Hinz schmunzelte. Das Interesse tat ihm offensichtlich gut. Er hatte gerade seinen Antrittsbesuch bei Bürgermeister Dr. Volkhard Wrage (SPD) hinter sich gebracht und Mendens Stadtoberhaupt gesagt, dass er sich ganz besonders freue, „dass wir jetzt in Menden sind". Der Bürgermeister habe darauf geantwortet, es sei alles nicht so einfach.

„Tötungsmaschinen" lockten die Massen an

Was von Wrage wie ein Seufzer klang, war nachvollziehbar nach dem mehr als achttägigen politischen Schlagabtausch in der Öffentlichkeit, in dessen Verlauf die „Liste" mit den Grünen an der Spitze und SPD und UWG im Schlepptau den Ratsbeschluss durchdrückte, die Luftwaffe nur wenige Tage vor Beginn der Schau wieder auszuladen, weil sie die „Tötungsmaschinen" nicht in Menden sehen wollte. Das scheiterte bekanntlich, weil der Vertrag zwischen Stadt und Luftwaffe wasserdicht war und das Bundesverteidigungsministerium hart blieb. Aber der Eklat war da. Mit Werbeeffekt.

Um 8.30 Uhr am Morgen hatte der Luftwaffenkonvoi Soest verlassen, wo die Schau mit 13 707 Besuchern einen neuen Ausstellungsrekord verzeichnete. Was sich da Menden näherte hatte schon imposante Ausmaße: 60 Fahrzeuge mit 160 Tonnen Ausstellungsstücken, mit den Kampfflugzeugen Tornado und Alpha-Jet, dem Rettungshubschrauber Bell-UH 1 D, nur der „Teppichklopfer" genannt ob seiner blubbernden Geräusche, mit Flugabwehrsystemen, Flugplatzlöschfahrzeug und Sanitätsausstellung. Dazu ein „fliegendes Klassenzimmer", für das sich - so viel wie nie zuvor - 16 Klassen aus Menden und Umgebung angemeldet hatten, sowie ein Rundzelt mit Filmangeboten. Mehr als 70 Soldaten schwitzten sieben Stunden lang beim Aufbau. Den Tornado hatten sie be-

Schönes Ergebnis vom Konzert des Luftwaffenmusikkorps 3 Münster auf der Wilhelmshöhe. Je 500 DM überreichte Major Hinz (2.v.l.) an Wolfgang Papenburg (links) für die Jugendhilfe Pohlmann-Heim und Bernd Schmidt vom DRK Menden. Rechts Bürgermeister Dr. Wrage. Foto: Dinslage

Flüge über Menden im Bundeswehr-Hubschrauber: Der Andrang war enorm. Alle wollten mit. Foto: Stadtarchiv

reits um 10.30 Uhr unter den wachsamen Augen der Zuschauer am Haken.

Politik sorgte selbst für die Werbung

Als „Rummeltage" waren der Samstag und Sonntag vorhergesagt worden. Aber dass es schon vorher solch einen Andrang geben würde, damit hatte niemand gerechnet. Start mit 3186 Besuchern, viel mehr als vorher anderswo. Am zweiten Tag erneute Steigerung. Diesmal kamen 3 472 Besucher, an den ersten beiden Tagen zusammen schon 6658 Männer und Frauen. Aber das wars immer noch nicht. Am Rummeltag Samstag kamen 6003, am Rummeltag Sonntag sogar 10 300 Besucher. Mit dem halben Tag am Montag waren es schließlich 23 512 Besucher, nahezu mehr als das Doppelte aller bisherigen Ausstellungen.

Menden übertreffe im Ergebnis; so Major Hinz, sogar Bayern, wo bekanntlich die Uhren noch ganz anders ticken. Es gab nach dem politischen Schlagabtausch in aller Öffentlichkeit auch wohl keinen mehr, der nicht informiert und jetzt neugierig war.

Beobachter werteten das Ergebnis als schallende Ohrfeige für den Ratsbeschluss, mit dem die Luftwaffe ausgeladen werden sollte, als machtvolle Demonstration gegen Bevormundung. Major Hinz freute sich über Zurufe wie „Fein, dass Ihr nicht gekniffen habt" oder „wir wollen es denen zeigen, die sich im Rat gegen Euch entschieden haben". Das habe er auch gehört am Abend, als das europäische Projekt „Theatrium" unterm Zeltdach eröffnet wurde, sagte Hinz.

**Bei Hubschrauberflug
Waldbrand entdeckt**

Es gab überall nur Superlative, nicht nur bei den Temperaturen. Offenkundig war, wie die Menschen begierig nach Informationen waren. Mindestens 4000 Zuschauer sahen die gemeinsame Katastrophenübung am Sonntag von Luftwaffe, Polizei, Feuerwehr und DRK.

Riesiger Andrang auf die Flüge mit dem Hubschrauber. Dabei wurde bei einem dieser Flüge ein Brand im Apricker Waldgebiet entdeckt und der Feuerwehr gemeldet. Viel Freude für einen 15-jährigen Jungen, der zu seinem Geburtstag mit seinen Freunden mitfliegen durfte. Fliegen durften auch Bewohner des Kinderheimes Hönnetal. Eine besondere Aufgabe musste Major Hinz bestehen, als ihm eine junge Mutter, die unbedingt fliegen wollte, ihren Dreijährigen zum Verwahren in die Arme drückte. „Damit hatte ich keine Schwierigkeiten," lachte Hinz. „Ich bin schon Opa." Mit 42!

Es herrschte eine gelöste Stimmung an allen Ausstellungstagen. Neugierde und Wissensdurst bei den Besuchern. Ich muss gestehen, auch ich war gespannt, wie es sich anfühlt, mal einen Tornado anzufassen, den man sonst nur am Himmel sieht.

älterer Mann drückte einem Sanitätssoldaten 5 DM für die gemeinsame Kasse in die Hand. Kleine, liebenswerte Gesten.

Schon am Eröffnungstag hatten abends beim Konzert des Luftwaffenmusikkorps 3 Münster auf der Wilhelmshöhe mehr als 300 Zuhörer für 1000 DM Erlös für wohltätige Zwecke gesorgt. Je 500 DM erhielten das DRK und das ev. Gottfried-Pohlmann-Heim für die Jugendhilfe.

16 Klassen löcherten die Jugendoffiziere

Enormer Zuspruch auch durch Schüler mit einem schier unerschöpflichen Fragenkatalog. Die Fragen hatten es in sich: „Was machen Soldaten den ganzen Tag," war eine. Jugendoffizier Walbert geriet ins Schwitzen angesichts der gut vorbereiteten Klassen. Fragen nach der Notwendigkeit der Bundeswehr gehörten genauso dazu wie nach dem Ansehen der Soldaten im In- und Ausland. Dürfen auch Neo-Nazis zum Bund? Oder die ganz banale Fra-

Apfelkuchen für Soldaten gespendet

Bei steigender Hitze hatte die Soldaten eine Menge Strapazen auszuhalten. Bis jeweils 18 Uhr standen Feldjäger mit Zählgeräten am Eingang zur Ausstellung. Zwischendurch erhielten die Soldaten „Tröstungen" aus der Zivilbevölkerung. Eine Frau brachte ein Blech mit Apfelkuchen, der Vater des aus Hemer stammenden Hubschrauberpiloten Oberleutnant Fritz Retkam kam mit einer Kühltasche voller Yogourth. Ein

„Fliegendes Klassenzimmer" für Schulen. 16 Klassen wollten Informationen, jeder einmal im Cockpit des „Tornado" sitzen. Foto Stadtarchiv

ge nach dem Aussehen: Wie kurz müssen Haare beim Bund sein? Gefragt wurde nach Berufen bei der Bundeswehr, nicht nur für Jungen, auch für Mädchen. Und kaum ein Schüler ließ es sich nehmen, einmal im Cockpit eines Kampfflugzeugs zu sitzen.

Besonders emsig war ein 17-Jähriger unterwegs, der einen solchen Haufen Prospektmaterial mit sich schleppte, dass Oberleutnant Werther überrascht fragte: „Junge, da liest Du ja eine Woche dran." Der junge Mann war „finster entschlossen", alles zu lesen. Er war extra aus Werl gekommen.

Auf Tornado-Flügel ein züchtiger Strip

Entgehen lassen wollte sich auch kaum jemand die Modenschauen auf den Tornado-Flügeln am Samstag und Sonntag. Soldaten, Koch, Mechaniker und Pilot zeigten ihre Kleidung vom Gesellschaftsanzug bis zur luftwaffenblauen Badehose. Modenschau mit züchtigem aber Beifall umrauschten Striptease.

Auch nach dem Ende der Luftwaffenschau kehrte noch keine Ruhe ein im politischen Streit der Parteien. Die CDU wollte unbedingt die Umkehrung des Ratsbeschlusses gegen Bundeswehr und Luftwaffe. Mit einem überraschenden Ende.

oben: Sieht nach Schlafanzug mit Zipfelmütze aus. Freundliches Winken von oben, Beifall von unten. Modenschau auf Flugzeugflügel. Foto: Stadtarchiv

links: Beifall umrauscht der züchtige Strip auf dem Tornado-Flügel. Den Leuten gefiel es. Foto: Stadtarchiv

Frustrierte „Liste" boykottiert die neue Rats-Abstimmung
Gemütslage in der Politik ließ noch keinen Frieden zu

Heute nach fast 30 Jahren fragt man sich, wie das damals passieren konnte. Ließen sich SPD und UWG von den Grünen vor den Karren spannen, um ja das zarte Pflänzchen „Liste" und die damit verbundene Mehrheit im Rat zu pflegen? Heute, nach so langer Zeit, wird von einigen, die damals verantwortlich dabei waren, genickt.

Laut Aussage aus dem Bundesverteidigungsministerium in Bonn gab es jedenfalls keinen Parallelfall zu den Ereignissen in Menden. Der Versuch der „Liste", die Luftwaffen-Ausstellung auf Battenfeldswiese per Ratsbeschluss am 14. August 1990 zu verhindern, ist für die erstmals im Rat vertretenen Grünen (3 Sitze), SPD (19) und UWG (6) so brutal daneben gegangen, dass auch für die „Ratssitzung danach" am 11. September nicht mit Frieden zu rechnen war.

An der Grenze zur Bürger-Schelte
Die „Liste" hatte nach der Kommunalwahl im Herbst 1989 mit ihrer neuen Stimmen-Mehrheit zwar ihr Ziel durchgesetzt, die bisherige absolute Mehrheit der CDU zu brechen, in der Ratssitzung am 14. August 1990 die CDU überstimmt, der Luftwaffe ihr Unwillkommen entgegen

Schon ein beeindruckend bedrückendes Bild: die Flugabwehrsysteme, die auf Battenfeldswiese von den Besuchern bestaunt wurden. Foto: Stadtarchiv

geschleudert und klar gemacht, dass man keine „Tötungsmaschinen" in Menden sehen wolle. Doch der wasserdichte Vertrag zwischen Stadt und Bundeswehr stand dem entgegen und die Reaktion der Bevölkerung war so deutlich, dass SPD und UWG in einer Art reagierten, die schon an Bürger- und Medien-Schelte grenzte. 23 512 Besucher in den vier Ausstellungstagen vom 23. bis 27. August auf Battenfeldswiese waren offensichtlich zu viel für die Gemütslage der „Liste".

Die CDU hatte nicht locker gelassen, wollte in der Ratssitzung am 11. September 1990 in namentlicher Abstimmung eine genaue Umkehrung des Ratsbeschlusses vom 14. August. Den SPD-Bürgermeister Dr. Wrage hatten die Christdemokraten aufgefordert, den Antrag mit folgendem Wortlaut auf die Tagesordnung zu setzen: „Der Rat anerkennt den grundgesetzlichen Auftrag der Bundeswehr und räumt der Bundeswehr deshalb auch das Recht ein, Informationsveranstaltungen in Menden durchzuführen."

Zur Luftwaffe wie zu den Marktschreiern

Ich war damals während der gesamten Wochen hautnah am Geschehen, habe die Spitzfindigkeiten gehört und habe mich im Nachhinein vor allem über die Reaktion von Juristen in SPD und UWG gewundert. Die SPD machte früh klar, dass sie an der Abstimmung nicht teilnehmen werde. Aufgebracht stellte sie im Rat die Frage, warum die CDU sie unbedingt über den Tisch ziehen wolle angesichts der Wirkung in der Öffentlichkeit. Für die SPD sei der Antrag gegenstandslos, da sie ja die Bundeswehr nie ausgeladen habe, denn das würde voraussetzen, dass man sie vorher auch eingeladen habe.

Angesichts des großen Publikumszu-

Da staunten die Mendener: Pilot des „Tornado" in der Hönnestadt war der gebürtige Mendener Major Hubert Mauk (damals 37). Stationiert war er in Jever. Foto Reinhold

Grüne wollten die Entmilitarisierung

Die Grünen machten klar, worum es ihnen eigentlich ging und warum sie die Diskussion um die Ausstellung überhaupt entfacht hatten: „Es ist das Bestreben der Partei, die Bundesrepublik zu entmilitarisieren."

Die CDU-Fraktion hielt es für viel gefährlicher, wenn Waffen der Bundeswehr geheim in einer Ecke des Kasernengeländes stehen würden. Militär sei auch für sie „kein Objekt der Liebkosung, aber wir sind geschützt vor den Dingen, die leider immer noch vorkommen".

Auch diese September-Ratssitzung 1990 wird wie ihre Vorgängerin vom August in die Geschichte der Mendener Politik eingehen. Der Tagesordnungspunkt „Aufhebung des Ratsbeschlusses Bundeswehr-Ausladung" forderte namentliche Abstimmung. Die UWG-Vertreter nannten den Beschluss als „nicht zulässig", auch SPD und Grüne nahmen an der Abstimmung gar nicht erst teil. Bürgermeister Dr. Volkhard Wrage (SPD) als Leiter der Ratssitzung enthielt sich,

So frei waren die Kampfflugzeuge der Ausstellung nur beim Aufbau und nach Feierabend zu sehen. Sonst waren sie ständig dicht umlagert. Foto: Stadtarchiv

so dass der Antrag der CDU mit ihren 23 Ja-Stimmen durchging. 23 : 0.

SPD: Es war ein Antrag der Grünen

Aufhorchen ließ wenige Tage nach der 2. Ratssitzung ein Statement der SPD-Fraktion. Darin hieß es u.a.: „Es wurde nicht über einen Antrag der SPD, sondern der Grünen abgestimmt. Die Grünen müssen als junge Partei sicher noch lernen zu unterscheiden zwischen politischem Wollen und rechtlich Machbarem."

Ihr Vorgehen gegen die Luftwaffenschau begründete die Grünen-Fraktion wie folgt: „Symbolische Schritte reichen heute nicht mehr aus. Die demokratisch gewählte Mehrheit des Mendener Rats hat diese Zeichen durch die Ablehnung einer Zurschaustellung von Mordgeräten erkannt. Allen Anfeindungen und Angriffen zum Trotz: Ein Beschluss, auf den Menden stolz sein kann."

In einer Stellungnahme zu den Ratssitzungen sagte der Leiter der Ausstellung, Major Hinz, es sei ein seltsames Gefühl mitzuerleben, wie gewählte Volksvertreter über eine Institution des Staates debattierten. „Die Volksvertreter hätten wohl bewusst den Gedanken daran unterdrückt, dass die Bundeswehr in erster Linie eine Ansammlung von Menschen ist, die bereit sind, für die Freiheit eines der liberalsten Länder der westlichen Welt notfalls ihr eigenes Leben einzusetzen."

Der Major unterstrich die Bedeutung des Auftrages, der in der Verfassung des deutschen Volkes verankert sei. Man führe Waffensysteme mit, die zur Zeit noch erforderlich sind, um zu verhindern, dass es je zu bewaffneten Auseinandersetzungen komme.

Tornado-Crew mit Mendener Pilot Mauk

Die Geräte, so betonte Hinz, sollten in keinem Fall als Kinderspielzeug missbraucht werden können, sagte er und verwies auf Hinweistafeln, auf denen Eltern gewarnt wurden, dass das Ausstellungsgelände nachts von Fallschirmjägern aus Iserlohn mit scharfen Waffen bewacht werde.

Bei allen Scharmützeln in der Politik gab es während der viereinhalb Tage unter Mendens Sonne etliche Überraschungen. So stellte sich heraus, dass der Pilot des „Tornado" der Mendener Major Hubert Mauk war, der seine fliegerische Laufbahn in Barge bei den Segelfliegern begann. An seiner Seite ein Waffenoffizier, der aus Altena stammte. Eine märkische Crew also. Schon drängten ihre Mendener Besucher zu ihr und wollten alles wissen über den Faltflieger „Tornado". Drei Standardfragen: Wie schnell ist er, wie hoch kann er fliegen. Wieviel PS hat er? Mauk musste umrechnen: „Einige zigtausend PS werden es wohl sein," lachte er.

Und einfach mal so fliegen, das geht offenbar auch nicht, denn die technischen Systeme sind so kompliziert, dass der Zeitraum einer normalen Wehrdienstzeit nicht ausreicht, weder als Pilot noch im

High-Technikberuf, als Triebwerkmechaniker oder Elektroniker. Um eine Hausnummer zu nennen: Bis man den „Tornado" im Verband fliegen kann, vergehen 5 Jahre.

Barger Segelflieger luden Major ein
Für Major Hinz gab es am Rande der Ausstellung eine Überraschung. Die Barger Segelflieger mit ihrem Vorsitzenden Andreas Breidenbach luden ihn und ihr ehemaliges Mitglied Hubert Mauk ein zu einem Flug im Segelflugzeug über Menden. Als Gegenleistung durften die Segelflieger später im Hubschrauber eine ganz andere Art des Fliegens kennen lernen.
Diese Luftwaffen-Ausstellungen gab es vorher schon rund 30 Jahre. Das Ergebnis von Menden mit 23 512 Besuchern ist Rekord mit weitem Abstand vor Soest (13 709) und Papenburg (13 558). Während seines Abschiedsbesuchs bei Bürgermeister Dr. Wrage stellte ich Major Hinz die Frage, wann denn die Schau wieder nach Menden kommen könnte. „Frühesten in drei Jahren," antwortete er, was ihm Wrages Schreckensruf einbrachte: „Das wäre ja mitten im Kommunalwahlkampf!"

Inspekteur der Luftwaffe dankt
Hinz dankte ausdrücklich der Mendener Bevölkerung, dass sie sich solidarisch gezeigt habe. Höchstes Lob aber kam per Fax vom Inspekteur der Luftwaffe, Generalleutnant Jungkurth, woran sich zeigte, welche bundesweiten Wellen das Polit-Theater in Menden geschlagen hatte. Jungkurth gratulierte „zum überragenden Ergebnis der Ausstellung" und sprach „allen Angehörigen des Teams meinen Respekt und meine Anerkennung aus". Es freue ihn besonders, dass die Bevölkerung. in so großer Zahl ihre Verbundenheit mit der Luftwaffe und der Bundeswehr bewiesen habe.

Überraschung für Major Hinz. Er durfte im Segelflugzeug aus Barge über Menden fliegen. Foto: Stadtarchiv

Wie Bleistifte sehen die Abwehrsysteme aus. Führung geladener Gäste im Rahmen der Eröffnung. Foto: Stadtarchiv

Vor 160 Jahren aus Beckum und Menden aufgebrochen
Als päpstliche Zuaven für den Kirchenstaat in die Schlacht um Rom gezogen
Zwei junge Männer kämpften in christlicher Fremdenlegion für Papst Pius IX

Päpstliche Zuaven in den 1860er Jahren in einem Bajonettangriff. Das Bild als Postkarte stammt aus dem Zuaven-Museum Oudenbosch/NL. Foto: Sammlung Günter G. Giese

Man kann es kaum glauben, so ungewöhnlich war das: Zwei heimische junge Burschen kämpften vor 160 Jahren in der „christlichen Fremdenlegion" von Papst Pius IX.
Das katholische Oberhaupt in Not und seine Stimme schallte über den großen Teich bis Kanada, bis Frankreich, in die Niederlande, eigentlich in die ganze christliche Welt, war auch in Menden und Balve-Beckum zu hören. Soldaten und Geld brauchte er. Damit wollte er seinen Kirchenstaat gegen den Freiheitskämpfer Garibaldi und gegen König Viktor Emanuel II verteidigen, die nichts anderes im Sinn hatten, als Italien zu einigen und dem Papst seinen weltlichen Machtbereich wegzunehmen. Das war in den 1860er Jahren.

Räumlich nur durchs Hönnetal getrennt schnürten zwei junge Burschen von 23 und 24 Jahren ihre Ranzen und machten sich unabhängig voneinander auf den Weg nach Rom: Johannes Riese aus Beckum und Peter Molitor aus Menden. Sie wollten sich den päpstlichen Zuaven anschließen, die sich einen überaus guten Ruf ob ihrer Tapferkeit im Kampf für den Kirchenstaat erworben hatten.

Der Kirchenstaat in höchster Gefahr
Dieser Papst Pius IX (1792-1878) war ein ganz besonderer Papst. Er sollte der letzte Papst-König sein, der letzte, der weltlich wie geistlich herrsche. Seine Amtszeit dauerte fast 32 Jahre von 1846 bis 1878, so lange wie bei keinem anderen. Er ver-

Peter Molitor (1845-???). Er kam laut Stammrolle in Rom aus Menden zu den Zuaven, brach ein halbes Jahr später als Johannes Riese nach Italien auf. Sein Todesjahr ist nicht bekannt. Im Bild trägt er die reguläre Zuaven-Uniform. Foto: Archive Kimna/Hempelmann

Johannes Riese (1844-1921) in der Uniform der Zuaven. Er folgte aus Balve-Beckum dem Ruf des Papstes nach Rom, um im Zuaven-Regiment den Kirchenstaat gegen Garibaldi und König Viktor Emanuel II zu verteidigen. Foto: Archive Kimna/Hempelmann

kündete das Dogma von der Unbefleckten Empfängnis Mariens und setzte sich gegen alle Widerstände durch, als er die Unfehlbarkeit des Papstes in Glaubens- und Sittenfragen verkündete.

Klang gut, stimmte sogar: Ultra-Montanimus. So bezeichneten die misstrauischen Preußen im 19. Jahrhundert die Haltung politisch engagierter Katholiken in deutschen Landen, weil sie dem Papst Pius IX „hinter den Bergen" (ultra montes) angeblich mehr gehorchten als der eigenen Regierung. So ganz falsch lagen sie damit nicht, denn der Einfluss von Papst Pius IX „von jenseits der Alpen" war groß. Junge Männer in der ganzen Welt eilten nach Rom, um ihm und seinem Kirchenstaat zu helfen. Auch Deutsche. Und alle kamen freiwillig.

Einheitsgedanke hatte Italien gepackt

Pius IX hatte das Pech, dass um 1860 in Italien eine Einheitsbewegung einsetzte. Plötzliches Nationalbewusstsein. Militärische Operationen von Freiheitskämpfer Garibaldi und König Viktor Emanuel II gegen seinen mächtigen Kirchenstaat in Mittelitalien stückelten nach und nach wichtige päpstliche Provinzen ab, Provinzen, aus denen er bislang Einnahmen schöpfte. Aufrufe an die Christenheit, ihm Geld zu leihen, fruchteten nicht, dafür kamen junge Burschen als Soldaten aus der Christenschar zur Unterstützung seiner französischen Schutzmacht. Hauptstadt des mächtigen Kirchenstaates – nicht von Rest-Italien - war Rom.

Wer waren die päpstlichen Zuaven, zu

Papst Pius IX (1792-1878), letzter Papstkönig. Ihm entriss König Viktor Emanuel II 1870 den weit verbreiteten Kirchenstaat und ließ ihm nur den kleinen Vatikan-Staat übrig. Foto: Archiv Klaus Kimna

König Viktor Emanuel II (1820-1878), aus dem Hause Savoyen. Foto: Archiv Klaus Kimna

deren Regimentern Johannes Riese und Peter Molitor geeilt waren? Ich muss gestehen, ich hatte vorher von „päpstlichen Zuaven" noch nie gehört. Als erstes erfuhr ich, dass es sich hauptsächlich um junge, unverheiratete Männer katholischen Glaubens handelte. Sie dienten freiwillig in dieser 1861 gegründeten Papst-Armee.

Eine Fremdenlegion christlicher Prägung

Schon der Name lässt aufhorchen: Zuaven. Der pensionierte Mendener Studienrat Günther G. Giese hat sich näher damit befasst, spricht gar von einer „päpstlichen Fremdenlegion Freiwilliger". Der Name Zuave geht zurück auf den Kabylenstamm „Zuavas" und einen gleichnamigen District in einer algerischen Provinz, der schon zu Zeiten osmanischer Herrschaft Söldnertruppen gestellt hatte.

Die beiden heimischen Burschen wurden also Teil der „Fremdenlegion" christlicher Prägung. Sie wurden auch Teil von kleinen deutschen und preußischen Gruppen, die dem Papst helfen wollten.

Die Zuaven-Regimenter waren höchst international. Alle Befehle wurden auf französisch erteilt, schließlich waren ja Truppen von Napoleon III die Schutzmacht des Papstes. Unter den anno 1868 verzeichneten 4592 Rekruten der Zuaven-Regimenter bildeten die Niederländer (1910) und Franzosen (1301) das Hauptkontingent, gefolgt von 686 Belgiern und 157 Römern. Unter den katholischen Papst-Kriegern auch Engländer, Iren, Spanier, Schweizer, Amerikaner, Polen, Schotten, Tunesier. Dazu sage und schreibe 135 Kanadier von Übersee (!) und viele andere.

Johannes Riese bereits 1868 bei den Zuaven

Da Günter G. Giese eigens nach Rom gereist ist und im italienischen Staatsarchiv Rom, Außenstelle Via Galla Placidia, die Namen Riese und Molitor in der Stammrolle „Zuaven" gefunden hat, ist jetzt klar, dass Johannes Riese 1868 bereits in dieser Aufstellung mit aufgezählt ist. Peter Molitor kam erst ein halbes Jahr später dazu. Beide aber dürften die Niederlage des Papstes und die Kapitulation des Kirchenstaates 1870 miterlebt haben. Den Papst gab es fortan nur noch im Vatikan. Rom wurde Hauptstadt des geeinten Italiens.

Laut Stammrolle der Zuaven ist Johannes Riese aus Beckum/Preußen als Nr. 7920 am 15. August 1868 eingetreten. Beruf Schreiner, Größe 1,70 m, Haarfarbe blond, Augen blau, geb. 11. Januar 1844 in Beckum. Vater Bernhardt, Mutter Catharina. Johannes Riese wurde Zuave II. Klasse, auf zwei Jahre verpflichtet. Anfangs wohl den Carabinieri Fuori Roma (vermutlich außerhalb Roms) zugeteilt, ab August 1869 bei den Carabinieri I.

Aber bei seiner Registrierung bei den Zuaven hat Riese ein wenig geflunkert und verschwiegen, dass er ein Kind der unverehelichten Catharina Riese, Tagelöhnerin aus Beckum, war (Kirchenbuch St. Blasius Balve). Vermutlich aus Sorge, dass die katholische und offensichtlich streng gläubige Papst-Armee ihn nicht aufnehmen würde, weil „in Sünde geboren", gab er einen Bernhard als Namen seines Vaters an. Ob es diesen Bernhard gab, ist nicht bekannt.

Für Günter Giese ist eine uneheliche Geburt „in älteren Zeiten nicht ungewöhnlich". Er hat das besondere Leben des Johannes Riese, des Peter Molitor und der Zuaven untersucht und in einer bemerkenswerten 40-seitigen Broschüre festgehalten. Leider nur in einer Auflage von 30 Exemplaren.

Peter Molitor sechs Monate später in Rom

Peter Molitor ist in der Stammrolle als Nr. 8410 aufgeführt, freiwillig auf zwei Jahre verpflichtet in Rom, steht da geschrieben. Eingetreten bei den Zuaven am 2. Februar 1869 und wie Riese ein Zuave II. Klasse. Geboren am 24. November 1845 in Sieperling/Preußen (bei Eslohe). Vater Wilhelm, Mutter Franziska Wehner. Beruf unbekannt, vermutlich Schreiner, Größe 1,55 m. Haarfarbe braun (dunkelblond), Augen blau. Letzter Wohnort Menden/Preußen

Staunen ließ mich, dass bei den Zuaven drei Farbige und sogar ein Chinese gedient haben. Aber fassungslos bin ich, dass zwischen 1868 und 1870 die Anzahl von kanadischen Freiwilligen sprunghaft gestiegen ist auf über 500 Mann. Sie stammen überwiegend aus der katholisch geprägten Provinz Quebec. Die Stimme des Papstes reichte weit.

In Holland gibt es ein Zuaven-Museum

In Beckum (Balve) haben Karl Hempelmann (Jahrg. 1938) und seine Frau Monika geb. Künder die Erinnerung an Johannes Riese aufrecht erhalten, der in ihrem Haus gestorben ist.. Während Rieses Werdegang weitgehend dokumentiert ist, weiß man von Peter Molitor wenig. Es gibt als Bild-Zeugnis aus ihrer Zuaven-Zeit nur die hier gezeigten Fotos in Zuaven-Uniform. Die Originale dieser Bilder befinden sich in der Sammlung von Klaus Kimna.

Mehrere Denkmäler erinnern an den mutigen Kampf der päpstlichen Zuaven. Eines der bedeutendsten ist das niederländische Museum in der Nähe der Basilika von Oudenbosch.

Franzosen verließen den Kirchenstaat
Ohne Napoleons Schutzmacht kapitulierte Papst Pius IX.: Er wollte ein Blutbad unter seinen 10 000 Zuaven verhindern

Es war eine groteske Situation 1870 in Rom. Vergeblich waren Truppen von König Viktor Emanuel II und Giuseppe Garibaldi bisher gegen die Mauern der Stadt angerannt. Die päpstlichen Zuaven, unter ihnen der Beckumer Johannes Riese und der Mendener Peter Molitor, verteidigten das päpstliche Rom und den 1000 Jahre alten Kirchenstaat. An ihrer Seite die französischen Schutztruppen von Napoleon III.. Sie warfen die Gegner immer wieder zurück. Innerhalb der römischen Mauern tagte zur selben Zeit das Erste Vatikanische Konzil, auf dem Papst Pius IX. die Unfehlbarkeit des Papstes verkündete.

Vatikan kleinster Staat der Welt
Man muss zwei Mal hingucken, um zu begreifen, was dann geschah: In einer Sitzungspause des Konzils erklärte Frankreich den Preußen den Krieg und zog seine Truppen aus Rom ab. König Viktor Emanuels Armee nutzte die Gunst der Stunde und zog fast kampflos in Rom ein. Als eine Bresche in eine Mauer geschlagen war, sich die noch 10 000 päpstlichen Kämpfer und die 50 000 Soldaten des Königs unmittelbar gegenüber standen, gab der Papst den Befehl, die weißen Fahnen zu hissen. Er wollte nicht, dass sein Name mit einem immensen Blutbad in Verbin-

Johannes Riese und seine Adoptivtochter Wilhelmine Hempelmann 1915 mit Wilhelmines Kindern (v.l.) Johannes, Elisabeth (verh. Mühling), Mienchen (verh. Kißner), Sofie (verh. Wortmann), Maria (verh. Schlotmann) und Johanna (verh. Harbecke). Wilhelmines Ehemann Karl war 1915 an der Front. Foto: Archiv Hempelmann

dung gebracht wurde. Der Papst kapitulierte und zog sich hinter die Mauern des Vatikan in die innere Emigration zurück, verließ den Vatikan nicht mehr. Es gab keinen Kirchenstaat mehr.

Rom wurde Hauptstadt des geeinten Italiens. Das Lob für die päpstlichen Zuaven ob ihrer Tapferkeit aber wurde sogar in der Neuen Welt in Amerika verkündet.

Erst fast 100 Jahre später überschritt mit Paul VI. ein Papst wieder die Grenzen des Vatikan-Staates. Er ist der kleinste Staat der Welt und der letzte mit der Amtssprache Latein, hat eine Fläche von 0,44 Quadratkilometern und ist mit rund 1000 Einwohnern auch der Staat mit den wenigsten Einwohnern. Paul VI., Papst von 1963-1978, unternahm als erstes katholisches Kirchenoberhaupt weltweite Auslandsreisen. Bis heute sind 307 Päpste registriert, von denen nach Abzug von 31 Gegenpäpsten und vier Päpsten zweifelhaften Ursprungs, 265 als Nachfolger Petri anerkannt sind.

Pfarrer sollten Geld bei Reichen besorgen

Letzter lebender europäischer Zuave war Petrus Verbeek. Er starb 1946, gehörte noch zu den Soldaten, die bis 1870 mit Riese und Molitor für den letzten Papst-König Pius IX kämpften.

Vor 150 Jahren hatte der Klerus einen ganz anderen Einfluss auf die Menschen als heute. Nur so lässt sich er- und begründen, warum die beiden jungen Männer Johannes Riese aus Beckum und Peter Molitor aus Menden in den späten 1860er Jahren nach Rom aufbrachen und sich bei den päpstlichen Zuaven verdingten. Sie wollten Papst Pius IX und sein weltliches Territorium, den Kirchenstaat, verteidigen gegen König Viktor Emanuel II und den Freiheitskämpfer Giuseppe Garibaldi.

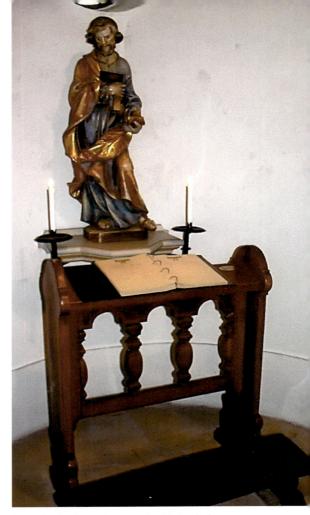

Diese Betbank vor der Figur des hl. Josef, dem Zimmermann, hat Johanes Riese angefertigt. Die Familie Karl Hempelmann hat sie der Beckumer Kirche gestiftet. Foto: Archiv Hempelmann

Auf der einen Seite brauchte der Papst Geld, um seine Machtgebilde aufrecht zu erhalten, auf der anderen Seite auch Männer, die für ihn in einer reinen Verteidigungsarmee zu den Waffen griffen. In Paderborn, das hat der Mendener Studienrat Günter G. Giese herausgefunden, hatte 1865 ein Komitee aufgerufen, „Mittel zur Erhaltung der weltlichen Herrschaft" des Papstes zu spenden. Pfarrer wurden ermuntert, persönlich bei wohlhabenden Gemeindemitgliedern vorstellig zu werden.

Sammelbilder von „Liebig Fleischextract" gab es seit 1890. Dieses Bild zeigt König Viktor Emanuel II und seine Garde, eine Mischung aus Werbung und Geschichte: Foto: Archiv Klaus Kimna

Paderborner Bischof warb massiv für den Papst

Aber es kam noch intensiver über die Katholiken jener Zeit. Bischof Konrad von Paderborn (Bischof von 1856 bis 1875) ließ in den Pfarrgemeinden, also auch in Menden und Beckum, im September 1866 von den Kanzeln einen diesbezüglichen Hirtenbrief verlesen, in dem er auf die bedrohliche Lage des Papstes hinwies.

Ein Jahr später, im Oktober 1867, wurde Bischof Konrad in seiner Formulierung massiv: „Wir verdienen den Namen, den wir tragen (Christen) nur dann, wenn wir ihm (dem Papst) in diesem, seinem heiligen und heldenmütigen Kampf ... bis ans Ende treu zu Seite stehen." Im Amtlichen Kirchenblatt der Diözese Paderborn schreibt Konrad von teuflischer List und schnöder raubgieriger und kirchenschänderischer Gewalt gegen den Heiligen Vater.

Giese hat sicherlich Recht, wenn er feststellt, dass solche Aufrufe die beiden jungen Burschen Riese und Molitor ermuntert haben könnten, nach Rom aufzubrechen. Bleibt die Frage; wie kamen die beiden nach Italien?

Wie kamen Riese und Molitor nach Rom?

1867/68 gab es schon längere Eisenbahnstrecken, so dass Riese und Molitor, die ja unabhängig voneinander und in einem Abstand von einem halben Jahr aufbrachen, den 1500 km langen Weg nicht komplett zu Fuß bewältigt haben. Aber Bahnfahren kostete Geld, und das hatten Handwerksburschen nicht. Möglicherweise begaben sie sich auch zu Sammelplätzen im Ausland, eingerichtet von Rekrutierungskomitees für das päpstliche Heer, und wurden unter sachkundiger Führung in Gruppen nach Rom eingeschleust. Sie mussten an den Grenzen

Das Denkmal von Viktor Emanuel II auf dem Kapitolinischen Hügel in Rom, seit 1861 König von Italien. Er wird als Begründer des vereinten Italiens auch „Vater der Nation" genannt. Sein Gegner war Papst Pius IX, der ihn zwischenzeitlich exkommunizierte. Das Denkmal wurde 1911 eingeweiht, aber erst 1927 fertiggestellt. Es ist 80 m hoch und 120 m breit. Zu Füßen der Reiterstatue befindet sich das „Grabmal des unbekannten Soldaten". Foto: Archiv Klaus Kimna

zum Kirchenstaat auf der Hut sein, denn die italienischen Einheitskämpfer von Viktor Emanuel II sahen es nicht gern, wenn junge Männer nach Rom anreisten.

Peter Molitor bleibt „im Dunkel der Zeit"

Als Datum der Kapitulation des Papstes wird der 20. September 1870 angegeben. Die Zuaven wurden nach Hause geschickt. Ob und wann Peter Molitor dort angekommen ist, lässt sich nicht mehr ergründen. Molitors gibt es in Menden und in der Melscheder Mühle (Balve). Molitor ist der lateinische Name für Müller. Einen Hinweis auf Peter Molitor gibt es dort nicht, lediglich, dass er laut Stammrolle in Menden gewohnt hat. Günter G. Giese nach vergeblichen Forschungen bedauernd: „Nach dem Ausgang des Kirchenstaates verbleibt der eine Weile ins helle Licht der Historie getretene Ex-Zuave Peter Molitor für unseren suchenden Blick im Dunkel der Zeiten".

Anders sieht das für den 1921 verstorbenen Johannes Riese aus, dessen Andenken sein Verwandter Karl Hempelmann (Jahrg. 1938) in Beckum hoch hält.

Johannes Riese als Spion festgesetzt

Nach der Schulzeit hat Johannes Riese in Hüingsen bei Schreinermeister Westhoff gelernt und sich im Verlauf seiner Gesellenjahre zu einem respektablen Kunst- und Möbelschreiner entwickelt. Nach seiner Rückkehr aus Rom hat er 1874 die Dienstmagd Theresia Honert geheiratet. Nach Rieses Tod stiftete Karl Hempelmann Rieses Betbank, die Riese selbst geschaffen hatte, der Beckumer Kirche.

Sie steht unmittelbar an der Statue des Zimmermanns hl. Josef. In der Kirche gibt es eine eigene Gedenkkapelle und ein Hinweisschild auf die Zuaven-Zeit Rieses. Aus dessen Handwerkszeit in Beckum stehen noch etliche kunstvoll gestaltete Möbel in Häusern der Gemeinde.

Ganz ohne Abenteuer verlief Rieses Leben auch in der Heimat nicht. Zu Beginn de 1. Weltkrieges wurde überall vor ausländischen Spionen gewarnt. Als Johannes Riese am 12. August 1914 zur Beisetzung seines Lehrherrn Westhoff nach Lendringsen wollte, musste er zu Fuß schon um 5 Uhr von Beckum aufbrechen, damit er um 7 Uhr das Seelenamt mitfeiern konnte. Mit Gehrock, Zylinder und Kranz fiel er unterwegs einem Wachposten auf, der ihn als Spion festsetzte. Erst Beckumer auf dem Weg zur Arbeit konnten ihn eine Stunde später entlasten. Während Karl Hempelmann die Erinnerung an Johannes Riese in Beckum lebendig hält, ist auch Papst Pius IX in Balve nicht vergessen. Auf dem Husenberg steht seit dem 16. Juni 1871, dem Tag des 25-jährigen Papst-Jubiläums, eine Kapelle, die seinen Namen trägt. Sie soll „Zeugnis des Balver Widerstands gegen preußisch-staatliche Bevormundung der Kirche" sein.

Kunstschreiner Johannes Riese hat nach seiner Rückkehr aus Rom u.a. diesen Schrank angefertigt. Foto: Archiv Hempelmann

Karl Hempelmann, in dessen Haus Johannes Riese 1921 starb, hält die Erinnerung an den päpstlichen Zuaven hoch. Foto: privat

Von Menkenwacht bis Obriste Porte
„Menden um 1620" war das Menden der Hexenverfolgung
Rickert-Zeichnung schafft es sogar auf Pralinenschachteln

Zweifellos eine idealisierte Darstellung der Stadt, aber eine, die sich bis heute gehalten und zigfache Vervielfältigung erfahren hat. „Menden um 1620". Diese Zeichnung von Karl-Heinz Rickert im Stile Merians (1593-1650, Kupferstecher) entstand im Januar 1957, zeigt die große Zahl von Stadttürmen samt Befestigungsmauer und löst Bedauern aus, dass es davon heute nur noch drei erhaltene Türme und ein Stückchen Mauer gibt. Entstanden ist die zeichnerische Rekonstruktion im Auftrag des Heimatmuseums unter fachlicher Betreuung von Museumsleiter Wilhelm Dortmann (1879-1962). Das Original ging später in das Eigentum des Mendener Museums über, während das Museum für Kunst- und Kulturgeschichte (Münster), das Heimatmuseum in Arnsberg, das Haus der Heimat in Iserlohn und das Hellweg-Museum in Unna Abzüge erwarben.

Aufhorchen auch auf Landesebene
Die Verbreitung der Rickertschen Zeichnung war grandios: Die Stadt Menden vergab die Zeichnung als offizielle Gratulationsgeschenke. Abzüge gingen an Schulen und private Sammler und zierten, so Museumsleitern Jutta Törnig-Stuck (Jahrg. 1963), lange Jahre auch die Pralinenschachteln von Cafe Rössler. Höhepunkt war zweifellos die Aufnahme der Zeichnung als geschichtlicher Beitrag für den Westfälischen Heimatkalender.
In den späten 1950er Jahren interessierte man sich auch auf Landesebene für die Rekonstruktion. In einem Pressebericht vom Dezember 1959 tauchen Namen von Türmen der Stadt „Menden um 1620" auf,

„Menden um 1620" zeichnete Karl-Heinz Rickert 1957. Das Bild fand große Anerkennung bis auf Landesebene.

Künstler und Pädagoge: Karl-Heinz Rickert.
Foto: Stadtarchiv

Der frühere Museumsleiter Wilhelm Dortmann.
Foto: Stadtarchiv

die es zwar gegeben hat, die aber teils in Vergessenheit geraten sind. Anspruch auf geschichtliche Genauigkeit von Lage und Ansicht kann das Rickert-Werk nur vage erheben, wohl aber weckt es die Phantasie mit der Gewissheit, dass Menden als „kurkölnische Grenzfeste" mit den Rickertschen Türmen, Mauern und der Kirche mal genau so ausgesehen haben könnte.

Der gebürtige Schwittener Karl-Heinz Rickert (1926-1998) war Lehrer von 1948-1952 an der Westschule, von 1952-1971 an der Bonifatiusschule, von 1971-1979 Konrektor an der Hindenburgschule und von 1979-1985 Rektor der Josefschule Menden. Der engagierte Pädagoge und Künstler brachte 1967 seinen ersten Skizzenband mit 67 Zeichnungen typisch Mendener Objekte heraus. Weitere folgten. Sein Sohn Dr. Michael Rickert stiftete 2008 die Werke seines Vaters dem Mendener Museum.

Von „Ueding-Turm" und „Schmale Turm"

Bei „Menden um 1620" handelt es sich um eine „nördliche Ansicht der Stadt". Zumindest von der Außendarstellung kann sich „Menden um 1620" sicher mit dem Touristen-Kleinod Rothenburg ob der Tauber messen. Die Chronisten, die vor fast 60 Jahren diese Rickert-Zeichnung vorstellten, griffen auf eine glaubwürdige Quelle zurück, auf Studienrat i.R. Wilhelm Dortmann, Mendens Museumsleiter von 1930 bis 1959. Danach formulierten Chronisten folgende Beschreibung der Stadtansicht mit für heute teils überraschenden Namen:

Im Vordergrund die von zwei Türmen flankierte „Niederste Porte", rechts davon der „Ueding-Tum", links der „Schmale Turm". Zu beiden Seiten dieser Türme der „Graue Turm" und der „Pönige-Turm". Den Anschluss bilden der „Kumpe-Turm", außerhalb der Stadtmauer, aber innerhalb

Der Rentschreiber-Turm blieb übrig von der mächtigen Burg-Schloss-Anlage an der heutigen Bahnhofstraße. Die Fundamente stammten aus dem 14. Jahrhundert. Foto: Archiv Klaus Kimna

des Walles und des Grabens das Schloss mit dem Rentschreiberturm. Links vom Schloss die „Porte an der Mühle" mit ihren zwei Türmen. Es schließen sich an der „Turm Menkenwacht", der „Filler Turm" und der „Pulver-Turm". Dann anschließend die durch zwei Türme geschützte „Obriste Porte", der „Trumpe-Turm" und (im Bild durch St. Vincenz verdeckt) der „Wiedenhofs-Turm". Links neben der Kirche in der Bergstraße der „Teufelsturm". Nur drei von ehemals 12 Türmen stehen noch.

Das Schloss wurde 1979 abgerissen

Der Rentschreiber-Turm an der heutigen Bahnhofstraße mit seinen Fundamenten aus dem 14. Jahrhundert. Hinter ihm der achteckige Treppenturm aus dem letzten Viertel des 16. Jahrhunderts (etwa 1575). Es sind die Reste der einst so mächtigen Burg-Schloss-Anlage mit integriertem Amtshaus der Erzbischöfe von Köln. Also von militärischer und verwaltungsmäßig hoher Bedeutung." Das Schloss wurde 1979 abgerissen, der Turm „gerettet".

Der Poenige-Turm an der Turmstraße stammt aus dem 14. Jahrhundert und ist 2,50 m höher als alle anderen Stadttürme. Galt als „Verhör-Turm für peinliche Befragungen" (Folter) und Aufenthaltsort für Delinquenten. Hier wurde wohl auch die Namensstifterin der Stadtbücherei, Dorte Hillecke, gefoltert. Die Mendener Stiftung

Denkmal und Kultur hat die Sanierung des Turmes innen wie außen übernommen und eine Treppenanlage mit Podesten auf zwei Ebenen errichtet. Übergabe war am 19. Juli 2011. Der Turm ist nun wieder begehbar. Vorher hieß es in Beschreibungen nur: „Der mittelalterliche Wehrturm zwischen Neuem Rathaus und Westwall am Ende der Turmstraße beherbergte schon seit langem nur noch eine Schar Dohlen".

Name „Duivels-Turm" wegen der Hexen

Dritter noch verbliebener Stadtturm ist der Teufelsturm. Auch er stammt aus dem 14. Jahrhundert und war früher der Scharfrichterturm. Seinen heutigen Namen soll er erst in der Zeit der Hexenverfolgung erhalten haben: „Duivels- oder Düfelsturm". In ihm wurden die der Hexerei angeklagten Frauen und Männer eingekerkert. 1978 übernahm die Mendener Karnevalsgesellschaft „Kornblumenblau" das Gebäude und machte daraus das „Heim der Westfälischen Fastnacht".

Der Poenige-Turm an der Turmstraße. 14. Jahrhundert, 2,50 m höher als alle anderen Stadttürme. Galt als „Verhör-Turm für peinliche Befragungen" (Folter).
Foto: Archiv Klaus Kimna

Der Teufelsturm an der Pastoratstraße stammt aus dem 14. Jahrhundert und war früher der Scharfrichter-Turm. Heute Heimat der Karnevalisten.
Archiv: Klaus Kimna

Der Trunk am „Unteren Tor"
1842 großartige Geste von König Friedrich Wilhelm IV.
Ehren-Jungfrauen kredenzten Wein in der Schützenkanne

Zwei, die nur mit Rebensaft in Verbindung stehen, nicht mit Bier. Zwei edle Trinkgefäße haben den weiten Weg aus ferner Vergangenheit bis in die Jetzt-Zeit geschafft und dürfen sich im Städtischen Museum „ausruhen". Zwei, die so gar nicht zu überwiegend Bier trinkenden Schützen passen wollen und doch so viel über sie aussagen: Die Mendener Schützenkanne von 1606 und der Kristall-Pokal, mit dem Mendener Schützen 1842 König Friedrich Wilhelm IV. nahe dem „Unteren Tor" begrüßten.

Schlanker Hals und anmutiger Wuchs
51 cm hoch, ausgeprägter Bauch, schlanker Hals und anmutiger Wuchs: Mendens zweitältestes Schützen-Utensil mit einer edlen Vergangenheit. Mehr als 400 Jahre alt ist die Mendener Schützenkanne, vermutlich gibt es sie seit mindestens 1606. Das sagt die Gravur am Kannenhals aus. Dass es Schützen in Menden bereits 1604 gegeben hat, beweist eine Gravur in der Medaille der alten Königskette. Dass aber beide Jahreszahlen mit großer Sicherheit nichts über das tatsächliche Alter der damaligen Schützengesellschaft aussagen, dass es Schützen schon viel früher bei uns gegeben hat, dürfte ebenfalls feststehen, aber Stadtbrände haben das Archiv von

Die alte Mendener Schützenkanne von 1606, aus der das neue Königspaar und das Vizekönigspaar Wein als Ehrentrunk nahmen. Seit 1999 befindet sich die wertvolle Schützenkanne im Museum. Foto: Archiv Klaus Kimna

Die Schützenkanne durfte nach dem Königsschuss nicht fehlen, auch nicht 1914, als die Ehrenjungfrauen sie in ihren Armen bereit hielten für den Ehrentrunk. Im Bild auf der Wilhelmshöhe das Königspaar Apotheker König, „Fräulein" Else Förster (verh. Spaethe), Hofstaat und Offizierskorps. Foto: Schützenarchiv MBSV

Menden zerstört und damit auch die Vergangenheit.

Umso bedeutsamer ist das Ergebnis einer Dokumentation, mit der der Mendener Bürger-Schützen-Verein von 1604 dem Schützenwesen in Menden auf den Grund gegangen ist, um das Wissen für die Nachwelt zu erhalten. „Bürger und Schützen, Könige und Feste" heißt das 270 Seiten starke Buch, das Mendens mit Abstand ältester Schützen-Verein bereits 2004 zum Jubiläum unter Federführung von Willy Stehmann und Horst Heering herausbrachte. Viel Lesenswertes über Geschichte, Tradition und Hintergründe, an denen alle heimischen Schützenvereine mitgewirkt und mitgeschrieben haben.

Zum Ehrentrunk gabs auch ein Gedicht

Die Schützenkanne ist weit älter als das von Anfang der 1900er Jahre stammende Gedicht, das junge Mädchen, die Ehren-Jungfrauen, aufsagten, wenn sie dem neuen Königs- und Vizekönigspaar den „Ehrentrunk" reichten. Vier Strophen hat es, die dritte reicht, um die Wonnen zu begreifen, die nach dem Königsschuss die Schützen ergriffen haben:

*„Festesglanz und frohe Lieder
Ja, sie gelten heut nur Dir!
Bringest uns die Freude wieder
Königspaar, Dir danken wir.*

*Laß den Ehrentrunk Dir reichen
Im Pokal mit goldenem Wein
Und der Freude Siegeszeichen
Zieh in unsere Reihen ein!"*

Nach dem Wein den Durst mit Bier löschen

Zu Schützen passt demnach nicht nur Bier, sondern auch Wein. Wenns feierlich wird, zum Wein greifen, danach, wie mir ein Mosel-Winzer gestand, den Durst mit Bier löschen. Das deckt sich mit den Erkenntnissen aus Umfragen. Wenn die Deutschen zwischen Wein und Bier wählen müssen, greifen 57 Prozent zum

So veröffentlichte die Kölnische Zeitung 1842 die Annäherung von König Friedrich Wilhelm IV. und seinem Tross an das Mendener „Untere Tor" (später Mendener Hof, heute Ariston). Da hatte die St. Vincenz-Kirche noch einen niedrigen Turm. Bild: Archiv Klaus Kimna

Wein. „Aber", so stellt Holger Geißler, der ein Umfragen-Buch herausgegeben hat, fest: „Von der Masse her liegt Bier vorn". Im Schnitt werden pro Person jährlich rund 107 Liter Bier, aber nur 21 Liter Wein getrunken.

Im Schützen-Lagerbuch stand 1716 vermerkt, wie kräftig der Durst beim Schützenfest war. An jenem Fest sind 42,5 Tonnen Bier getrunken worden. Eine Mendener Tonne machte ca. 140 Liter aus. Das ergibt einen Verzehr von 60 Hektolitern, also 6000 Litern Bier. Und das bei einer Mitgliederzahl der damaligen Schützengesellschaft von gerade mal 130 Mann. Das Fest muss mehrere Tage gedauert und ganz Menden muss mitgetrunken haben, sonst kann man das nicht begreifen.

In Köln hergestellt
Heute im Museum

Die Schützen geraten ins Schwärmen, wenn sie ihr alte Kanne beschreiben: „Sie zeichnet sich aus durch ihre eigenwillige und elegante Form. Der weit ausholende, in Form eines S geschwungene Henkel hat die Gestalt eines Fabeltieres mit vogelähnlichem Kopf. Sein Schwanz endet in einer doppelgesichtigen bärtigen Maske…"

Und: „Fabelwesen schmücken die Kanne. Die Taube in der Rolle des Schützenvogels. Der Löwe als Sinnbild von Macht und Gerechtigkeit, Mut und Kraft. Der Drache als Bewacher eines Schatzes."

Hergestellt wurde die Kanne mit ihren reliefgeschmückten Zinnarbeiten im Rheinland. Köln war damals eine der wichtigsten Umschlagplätze für Rohzinn. Dort ließen sich die Zinngießer nieder. Im Besitz des Kölner Stadtmuseums befindet sich die Ratskanne der Stadt Rheinberg. Sie gleicht der Mendener Kanne, ist offensichtlich nach demselben Modell gegossen worden. Lediglich der Vogel auf dem Bauch der Mendener Kanne macht den Unterschied und die Mendener Kanne zu einer Schützenkanne.

Inzwischen gibt es eine neue Schützenkanne. 1999 wurde die alte ins Museum gegeben. „Konservatorische Bedenken" werden dafür ins Feld geführt. Die „alte Dame" soll geschont werden.

1842 staunte selbst „Allerhöchst"

Furore machte vor 175 Jahren ein 12 cm hohes, kelchförmiges Glas, das sich heute ebenso wie die alte Schützenkanne im Museum befindet. Die Kölner Zeitung vom 8. März 1842 hat in Wort und Bild festgehalten, was dreieinhalb Wochen vorher, am 13. Februar 1842, geschah, als König Friedrich Wilhelm IV. auf seiner Reise durch Westfalen in Menden ankam. Das Bild zeigt die Vincenz-Kirche noch ohne ihren hohen Turm von heute. St. Vincenz wurde erst von 1868 bis 1870 erneuert und erweitert. Nicht verwundern dürfte die späte Berichterstattung der Kölner, aber damals war technisch das „Heute passiert, Morgen in der Zeitung" noch nicht möglich.

Ein weiteres in Schützenkreisen berühmtes Trinkgefäss steht ebenfalls im Musuem. Aus diesem Glas trank König Friedrich Wilhelm IV. am 13. Februar 1842 in Menden den Willkommenstrunk des Obristen Caspar Flues. Foto: Archiv Klaus Kimna

In Köln war jedenfalls folgendes zu lesen: „Der Post-Expediteur und Steuer-Einnehmer Flues zu Menden, welcher freiwillig in den Freiheitskriegen (1812-1815) mitgefochten und das Erinnerungszeichen daran auch seine Brust schmückt, dessen zum König in Verehrung, wenn es möglich und gestattet wäre, fast in Anbetung übergehen könnte, hatte sich vorgenommen, bei der Reise Seiner Majestät durch Menden, eine Stadt im Kreise Iserlohn, Allerhöchst denselben zu begrüßen."

Caspar Flues hielt Königlichen Wagen an

Fürwahr ein Bandwurmsatz, aber so schrieb man damals. Und weiter: „Bei der Annäherung des königlichen Wagens zum Eingang der Stadt trat Flues ehrerbietungsvoll zu demselben. Seine Majestät der König ließ anhalten. Flues überreichte Seiner Majestät dem König ein Glas von Krystall mit Wein, Folgendes sprechend: „Erlauben Eure Königliche Majestät, daß ein alter Veteran einen Labetrank gereicht."

Mit huldvoller Leutseligkeit, so berichtet die Kölner Zeitung weiter, nahm der König das Glas entgegen, trank daraus, dann es ihm wiederreichend mit den Worten „Das Übrige trinken Sie auf meine Gesundheit."

Flues trank nun auf die Gesundheit Seiner Majestät des Königs und brachte ein Lebehoch aus, in welches die Umstehenden jubelnd einstimmten. Noch ist der Hochbeglückte voll von der Ehre, die ihm widerfahren. Der freundliche Blick, die Worte des Königs werden nie seinem Geiste entschwinden, und das Glas, aus welchem der König trank, welches er einfassen lässt mit der Devise „Aus diesem Glase trank mein König am 13. Februar 1842", ist ihm ein theurer Schatz geworden, der als eine Reliquie bei seiner Familie aufbewahrt bleiben wird. Wenn, was der Herr verhüte, und woran nicht zu denken, der König sein Volk ruft, um gegen den Feind zu ziehen, dann nimmt auch der Flues, obgleich Vater von elf Kindern, den Hirschfänger von der Wand und kämpft mit Gott für König und Vaterland."

Eine eindrucksvolle Schilderung, wie die Menschen, nicht nur die Mendener, vor 175 Jahren dachten und fühlten.

Tiefes Erbeben: „Mein König trank hieraus"

Die Presseleute der Kölner Zeitung haben bereits modernen Journalismus praktiziert, indem sie aktuell vor Ort die Menschen befragten, was sie nun tun würden. Wie von ihnen danach beschrieben, hat Obrist Caspar Flues später das Glas mit einem Metallband umzogen. Dazu ließ er die Worte eingravieren: „Mein König trank hieraus am 13. Februar 1842, C. Flues."

Dem Schützenbuch ist zu entnehmen, dass zur Ankunft des Königs auch das Mendener Schützenbataillon angetreten war. Das Treffen mit dem König fand am Gasthof Niederstadt vor dem „Unteren Tor" (heute Unnnaer Straße) statt. Die Gaststätte Niederstadt befand sich neben dem späteren Standort der damals noch nicht existierenden evangelischen Schule (heute Deutsche Bank). Zuletzt wurde aus Niederstadt die Gaststätte Harre, dann der Westfalenhof. 1966 wurde das Gebäude abgerissen, dort steht heute das Textilhaus Dieler

Der befestigte „Uedings Hof". Sah so in Alt-Menden (1400-1800) früher das „Untere Tor" (Ausgang) mit Mauern und Türmen unweit des späteren „Mendener Hofes" aus? Außerhalb der Mauern stand der „Gasthof Niederstadt" (heute etwa Deutsche Bank) an der Straße nach Unna und Werl haben die Mendener Schützen König Friedrich Wilhelm IV. 1842 einen Willkommenstrunk gereicht. Bild: Archiv Klaus Kimna

„Heil Dir im Siegerkranz"
Die ganze Stadt feierte den 100. Geburtstag des toten Kaisers „Wilhelm I. der Große" und das Hotel „Zum Fürsten Bismarck"

Kaiser Wilhelm I. war schon neun Jahre tot, aber unvergessen im Volk. Ein Kaiser, dessen Beliebtheit nach seinem Tod anzuwachsen statt abzunehmen schien. März 1897. Menden bereitete sich auf die Centenar-Feier seines verstorbenen Kaisers vor. Am 22. März 1897 wäre Wilhelm I. 100 Jahre alt geworden. In allen Städten des Landes ergingen Aufrufe an die Bürger, diesen Tag nicht zu vergessen, Flaggen aufzuziehen und „Wilhelm den Großen" zu feiern.

Und die Mendener feierten sein Andenken. Kaiser Wilhelm I., der „Helden-Kaiser", der „Deutschland groß und ewig gemacht hat, der uns aber auch in seinem Willen und Streben als hehres Vorbild dient". Die Presse jener Tage überschlug sich vor Begeisterung und hingebungsvoller Erinnerung.

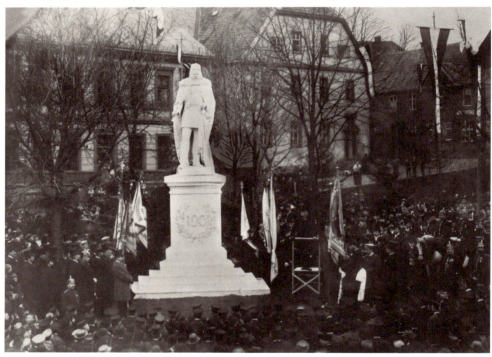

Gipsmonument des Kaisers Wilhelm I, der zwar schon 1888 gestorben war, dessen 100. Geburtstag im März 1897 aber in Menden auf einer Centenar-Feier festlich begangen wurde. Das Monument war 21 Fuß und somit 6,4 m hoch, stand für kurze Zeit auf dem Vincenz-Kirchplatz und wurde bald darauf wieder abgebrochen. Im Hintergrund des Bildes das Gebäude, in dem später die Stadtbücherei untergebracht war. Foto: Archiv Willy Stehmann

Festakt mit Bannern und Glockenklang

Das Festprogramm hatte es in sich. Festzug der Vereine durch die geschmückte Stadt, Festakt auf dem Marktplatz, auf dem heute Alten Rathausplatz. Die vereinigten Männerchöre sangen gemeinsam ein Festlied. Bürgermeister Papenhausen sprach als Vertreter der Stadt. Anschließend sangen alle gemeinsam den Ambrosianischen Lobgesang „Großer Gott wir loben Dich" und die Nationalhymne „Heil Dir im Siegerkranz". Und dazu wehten die Banner und Fahnen und läuteten die Glocken.

Ganz Menden war unterwegs, da hatte sich kaum einer ausgeschlossen. Die Presse listete alle auf, die dabei waren: Musik- und Trommlerkorps, Zugkommando, Ehrengäste, Geistlichkeit, Bürgermeister, Amtsrichter, Stadtverordnete, Landwehrverein, Mendener Turnverein, Schützenverein, Fabrikdeputationen mit ihren Fahnen, evang. Männer- und Jünglingsvereine, kath. Volksverein, kath. Gesellenverein, Männergesangverein Menden und die Sänger der übrigen Vereine, Turnverein Jahn, Gewerkverein... Haben wir jemanden vergessen? Ja: Die Arbeiter bekamen frei, damit auch sie dabei sein konnten.

Gips-Monument mit Statue des Kaisers

Auf dem Kirchplatz war ein 6,40 m hohes Gipsmonument mit der Statue des Kaisers aufgestellt. Fahnen und Kränze schmückten es., Bildhauer Wagner hatte es in einem Atelier an der Oberen Promenade geschaffen. So wichtig war diese Statue, dass Fotografenmeister August Bockelmann mehrere Motive dieses Monuments „schoss". In der Presse hieß es dazu: „Versäume keiner, sich diese wohlgelungenen Photographien als bleibende Erinnerung an diesen denkwürdigen Tag in unserer Stadt anzuschaffen, zumal der Preis pro Bild von Mk. 1,25 ein geringer ist."

Der „Dramatische Verein" gab Konzerte und Theateraufführungen und bot Gesang. Mit Bedauern wurde festgestellt, dass wegen der Fastenzeit der Ball zwar ausfallen musste, aber es dennoch ein genussreicher Abend gewesen sei. Überall im Stadtgebiet war viel los. Viel Festlichkeit in den Vereinslokalen: Landwehr-, Turn- und Männergesangverein feierten bei der Witwe Falke, im Kolpinghaus der Gesellen- und Volksverein, vor dem Vikar Evers die Festrede hielt und das Lied von der „Wacht am Rhein" angestimmt wurde. Turnverein Jahn feierte bei Knoke, und der Gewerkverein bei der Witwe Kissing. Der Schützenverein feierte im Saal des Hotels „Zum Fürsten Bismarck", der Kavallerie-Verein bei Battenfeld.

Feuer auf dem Galbusch für Kaiser wider Willen

Die Centenar-Feier war von der Stadtverordneten-Versammlung ausgegangen, die auch die Kostenübernahme aus der Stadtkasse bewilligte. Neben der Feier auf dem Markplatz und in den Lokalen der Stadt gab es auf dem höchsten Punkt der Stadt, auf dem Galbusch, ein Freudenfeuer nebst Feuerwerk.

Wilhelm I. (1797-1888) war nicht immer Kaiser. Seit 1868 war er „lediglich" König von Preußen und hatte dabei erstmals mit Otto von Bismarck (1815-1898) zu tun, der in eben diesem Preußen ab 1862 Ministerpräsident war.

Die Franzosen dürften sich im Nachhinein verzweifelt Vorwürfe gemacht haben, Krieg mit den Preußen angefangen zu haben, denn innerhalb weniger Wochen im Spätsommer 1870 war es vorbei mit

Am 22. März 1897 trat eine Abordnung des Mendener Bürger-Schützen-Vereins vor dem „Hotel zum Fürsten Bismarck" an der Hauptstraße 55 an, um am Festzug zur „Centenar-Feier", zum 100. Geburtstag von Kaiser Wilhelm I teilzunehmen. Foto: August Bockelmann/Archiv Klaus Kimna

88 Jahre nach der Centenar-Feier von 1897 für Kaiser Wilhelm I stellten die MBSV-Schützen 1985 die Szene aus demselben Blickwinkel nach. Das Hotel zum Fürsten Bismarck gab es nicht mehr, an seiner Stelle befand sich bis 1993 das Cafe Ries (mit gesamter oberer Front). Foto: Christian Bockelmann

Napoleon III. und seinem Heer. In der berühmten Schlacht von Sedan siegten die Preußen. Ausgerechnet im Spiegelsaal von Versailles in Paris wurde am 18. Januar 1871 das Deutsche Kaiserreich mit Wilhelm I. als Kaiser proklamiert. In Menden wurde in Erinnerung an Sedan das Kriegerdenkmal „Hagelbette" aufgestellt (s. „Mendener Geschichten", Band 4).

Man spricht von Wilhelm I. auch von einem Kaiser wider Willen, von einem Mann, der gar nicht Kaiser werden wollte, aber vom Fürsten Bismarck dazu gedrängt wurde. Bismarck war, kaum dass Wilhelm zum Kaiser aufgestiegen war, zum Reichskanzler geworden. Geschichtsschreiber sprechen von einer konstitutionellen Monarchie mit ausgeprägten Rechten der Krone.

**Wilhelm Ries machte
aus dem Hotel ein Cafe**

Ein Foto aus dem Jahr 1897 verdient hohe Aufmerksamkeit. Bestaunt habe ich es erstmals im Buch „400 Jahre Schützenwesen" in Menden. Es zeigt eine Abordnung der Mendener Schützen am Centenar-Tag 22. März vor dem Hotel „Zum Fürsten Bismarck" an der Hauptstraße 55. Kaiser Wilhelm I. und sein Reichskanzler in Menden zumindest mit ihren Namen vereint. Josef Ries erwarb das Hotel 1919, sein Sohn Konditormeister Willi Ries (geb. 1921) gestaltete es 1948 zum Cafe Ries um. Er hat das 120 x 80 cm große Bild dem MBSV geschenkt.

Das Hotel werden kaum noch Mendener kennen. Es stand an bevorzugter Stelle. 88 Jahre später, anno 1985, hat das Fotostudio Bockelmann aus gleichem Blickwinkel die Situation wiederholt mit einem ganz anderen Hintergrund: Wo einst das Hotel stand, befand sich jetzt das Cafe Ries und das direkt neben dem Textilhaus Sinn.

Aufruf an die Mendener Bürger, den Festtag zum 100. Geburtstag des verstorbenen Kaisers Wilhelm I drei Tage lang zu feiern und die Stadt zu beflaggen. Foto: Archiv Klaus Kimna

Wilhelm I war ein im Volk beliebter Kaiser, lebte von 1797-1888, war ab 1861 König von Preußen und ab 1871 deutscher Kaiser. Foto: Archiv Klaus Kimna

Aus dem „Fürsten Bismarck" wurde später Cafe Ries

„Seine Durchlaucht" war gnädig und wurde zum Namensgeber
Aus Wein- und Bierwirtschaft entstand ein führendes Hotel

„Eure Wohlgeboren". Klingt toll, so möchte man doch in alle Zukunft angesprochen oder angeschrieben werden. Das „Spezial-Bureau" des Reichskanzlers Bismarck hat Gustav Köllmann so genannt und dem Mendener Gastronomen im Auftrag „Seiner Durchlaucht" die Erlaubnis erteilt, seinen Betrieb „Zum Fürsten Bismarck" zu nennen. Das war am 8. Mai 1879 und betraf dessen Wein- und Bierwirtschaft an der Hauptstraße/Ecke Turmstraße.

Steter Wandel an der Hauptstraße. Damals wie heute. Die Wein- und Bierwirtschaft an der Hauptstraße 55 hatte Gustav Köllmann von Nachkommen des in hohem Alter verstorbenen Franz Tigges erworben. Die Familie Tigges hatte das gastronomische Unternehmen über mehrere Generationen in Menden betrieben (heute u.a. Bereich „Weltbild").

Gustav Köllmann durfte mit Erlaubnis „Seiner Durchlaucht" sein Hotel „Zum Fürsten Bismarck" nennen. Foto: Archiv W. Beierle

Werbe-Ansichtskarte des Hotels „Zum Fürsten Bismarck" 1906 mit dem legendären Spruch Bismarcks: „Wir Deutsche fürchten Gott und sonst nichts in der Welt". Diese Freifläche vorn konnte beschriftet werden. Foto: Archiv Klaus Kimna

„Seine Durchlaucht" gab seinen Namen her

So ganz ohne Bedingungen hat Otto von Bismarck seinen Namen allerdings nicht vermarkten lassen. Man darf davon ausgehen, dass vermutlich gegen eine Gebühr nur als seriös angesehene Betriebe ihn führen durften und auch nur so lange, wie sich an den Lokalitäten nichts änderte. Das aber geschah nur zwei Jahre später, als Köllmann aus der Wein- und Bierwirtschaft ein Hotel machte. Und erneut stellte er den Antrag, mit dem Namen „Fürst Bismarck" werben zu dürfen. Am 18. November 1881 kam wiederum eine frohe Botschaft nach Menden: „Seine Durchlaucht hat die Genehmigung dazu erteilt, auch dem von Ihnen erworbenen Hotel die Bezeichnung „Zum Fürsten Bismarck" beizulegen".

„Ächt Salvator Bräu" kam aus München

Gustav Köllmann, so geht aus Unterlagen hervor, die mir Willy Stehmann, ein Kenner der Mendener Geschichte, zur Ver-

Kaiser Wilhelm II (1859-1941, Kaiser von 1888-1918) war im Volk längst nicht so verehrt wie sein Vorgänger. Unter Wilhelm II war Bismarck nur noch zwei Jahre als Reichskanzler tätig. Foto: Archiv Klaus Kimna

fügung stellte, zeigte sich für diese Auszeichnung stets dankbar und vergaß nie, am Geburtstag des Reichskanzlers einen Glückwunsch zu senden, wofür Bismarck sich jedes Mal bedankte und so einiges zur Bereicherung eines üppig belegten Urkundenschranks beitrug.

Das Hotel „Zum Fürsten Bismarck" muss eines der führenden Häuser in der Innenstadt gewesen sein. Im Anstich war laut Werbeanzeige aus dem Jahr 1894 „ächt Salvator-Bräu" von den Gebr. Schmederer in München. 1894 war auch das Jahr, als das Hotel einen Saal erhielt und damit für viele Vereine und Gesellschaften einen zusätzlichen Anreiz bot. Beim „Fürsten Bismarck" wurde am 1. Juli 1909 auch der unvergessene Sportverein SuS Menden 09 gegründet, dessen Vorsitzender Köllmann 1911/1912 war.

Josef Ries aus Menden erwarb das Hotel im Januar 1919 von der Witwe des Gustav Köllmann, betrieb es vorerst weiter. Nachfolgebetrieb des Hotels wurde nach Umbau das Cafe Ries, das Sohn Wilhelm Ries ab 1948 für 23 Jahre als Cafe und Konditorei führte, 1953 noch einmal groß umbaute, bevor es 1971 an Helmut und Martha Witteck verpachtet wurde, die es bis 1993 mit viel Erfolg weiterführten. Das Ehepaar Ries verließ Menden und zog ins Salzburger Land nach Oesterreich.

Das Hotel „Zum Fürsten Bismarck" (links) war bis 1881 eine Wein- und Bierwirtschaft, wurde dann in ein Hotel umgewandelt. Das Kaufhaus der jüdischen Familie Ludwig Reifenberg (rechts/ ab 1930er Jahre Sinn) steht in dieser Form als Neubau mit seinen Putten seit 1914. Ein Bild von vor 1930. Das rechts in die Hauptstraße ragende Gebäude wurde erst 1930 abgerissen. Foto: Archiv Klaus Kimna

Ehepaar Bauer flüchtete vor den Nazis
Das mächtige Reifenberg-Haus prägte ab 1915 die Hauptstraße
Geschreddert: Die Sinn-Engel schwebten 2003 endgültig zu Boden

In unmittelbarer Nachbarschaft des Hotels „Zum Fürsten Bismarck" (später Cafe Ries) erhebt sich seit 1915 der imposante Geschäftsbau der jüdischen Kaufmanns-Familie Reifenberg. Beide Gebäude sind getrennt durch die von der Hauptstraße abzweigende Turmstraße. Ein Haus müssen die Reifenbergs schon vor 1895 an jener Stelle gehabt haben, aber ein wohl bedeutend kleineres. 1895 beantragten sie, dieses Haus umbauen zu dürfen. Laut Unterlagen beim Bauordnungsamt handelte es sich um ein 9 m breites, zweigeschossiges Haus, in dessen Erdgeschoss sie ein Geschäft betrieben. Ihre neue Planung umfasste Eingangsbereich und zwei zur Hauptstraße liegende Schaufenster.

Aber schon 1904 sollen die Reifenbergs einen Neubau geplant haben, reichten die Pläne aber erst im April 1914 ein. Das Königliche Hochbauamt in Hagen hat diese Pläne schon ein halbes Jahr später im Oktober 1914 genehmigt. Baubeginn war wohl unmittelbar danach. Aus Unterlagen von Willy Stehmann geht nicht hervor, wann das im neuklassizistischen

Die Engelsfiguren auf dem Dach des Sinn-Leffers-Geschäfts (vormals Reifenberg) wurden 2003 vom Dach gehievt wegen angeblicher Standunsicherheit. Inzwischen sind die Putten „geschreddert". Foto: Archive Willy Stehmann/ Klaus Kimna

Stil gebaute Geschäftshaus Reifenberg fertiggestellt wurde. Das Bild, das noch Hotel „Zum Fürsten Bismarck" und Geschäftshaus Reifenberg zeigt, ist die Ursprungsform des Hauses, in das später die Unternehmen Sinn und Sinn-Leffers einzogen. Auf dem Gebäude sind noch die Putten zu erkennen, die den Mendenern lieb geworden waren.

Sieben Engel auf dem Kaufhaus-Dach

Die Reifenbergs gaben ihr Geschäftshaus in den 1930er Jahren auf. Die Gefahr für die jüdischen Besitzer des Textilhauses war nach der Machtergreifung durch Hitler zu groß geworden.

Waldemar Beierle (Jhrg. 1928) hat in seinem Fundus Unterlagen gefunden, die mehr Licht in die Geschichte der Reifenbergs bringen. So gehörte das Mendener Textilgeschäft zwischen 1919 und 1936 dem Ehepaar Bauer. Unter den etwa 20 Mendener jüdischen Familien, so heißt es in seinen Aufzeichnungen, gehörten Hermann Bauer und seine Frau Laura Hermine „als besonders wohlhabend und einflussreich".

Laura Bauer wurde am 16. Dezember 1882 in Steinheim Kreis Höxter geboren und starb am 27. Juni 1967 in New York. Sie hatte das Mendener Geschäftshaus über ihre Mutter Rosalie Weil geb. Reifenberg geerbt. Ihr Großvater Josef Reifenberg stammte aus Neheim und hatte 1837 nach Menden geheiratet und als Textilkaufmann sein Unternehmen zu Größe geführt.

Welch Kontrast zu den Jahren 1915 bis 1930, als das Kaufhaus Reifenberg gebaut war und es gleich daneben schon das Hotel „Zum Fürsten Bismarck" gab. Aus „Bismarck" wurde das Cafe Ries (links nach Umbau 1953). Das Foto oben stammt vermutlich aus dem Jahr 1954. Da war das Kaufhaus Sinn schon auf Stelzen gestellt, da gab es im Anschluss an Sinn das Hotel „Mendener Hof", in dem die Fa. Gries & Steinhof 1948 ihr 25-jähriges feierten, bevor die Partner sich 1953 trennten und rechts 1954 das Modehaus Steinhof (s. „Mendener Geschichten" Band 3) entstand. Foto: Archiv Klaus Kimna

Hermann Bauer führte in Menden bis 1936 das Textilhaus Reifenberg an der Hauptstraße. Foto: Archiv W. Beierle

Laura Bauer geb. Weil hatte das Kaufhaus von ihrer Mutter Rosalie Weil geb. Reifenberg geerbt. Foto: Archiv W. Beierle

Dieser Josef Reifenberg muss in Menden ein bedeutender Mann gewesen sein. Er wurde nach dem damals geltenden Dreiklassenwahlrecht zwischen 1861 und 1874 mehrmals zum Stadtverordneten gewählt und soll neben den Mendenern Brüdern Samuel, Lazar, Moses und Aaron Rothschild zu den prominentesten Persönlichkeiten der jüdischen Gemeinde gezählt haben.

Die Reifenberg-Erbin Laura Weil heiratete Hermann Bauer, geboren am 5. August 1881 in Castrop-Rauxel, gestorben am 12. September 1936 in München. Er ist in Menden beigesetzt. Im Ersten Weltkrieg war er als Offizier mit dem Eisernen Kreuz 1. Klasse ausgezeichnet worden.

Laura Bauer emigrierte in die USA, die Kaufhausgruppe Sinn übernahm und baute das Gebäude innen wie außen um.

1997 entstand aus den zwei kleineren Modehäusern Sinn und Leffers das Unternehmen Sinn-Leffers, das zwischenzeitlich zum Essener Karstadt/Quelle-Konzern gehörte. 2009 schluckte Modehändler Wöhrl die Modekette Sinn/Leffers.

Ein eigenes betrübliches Schicksal hatten die sieben Putten auf dem ehemaligen Reifenberg-Dach. Die Engel-Figuren sind für immer verloren. Sie waren nicht verankert, sondern allein getragen durch ihr Eigengewicht. Aus Sorge um mangelnde Standsicherheit und Gefährdung für Passanten an der Hauptstraße schwebten die „Engel" am 29. Oktober 2003 zu Boden. Die Betonfiguren wurden von einem Kran vom Kaufhausdach geholt. Damals wurde der aufgeschreckten Bevölkerung noch versprochen, sie würden restauriert und wieder aufgestellt.

Nach 90 Jahren hatten die Putten ausgedient

Die Fa. Storck legte die Skulpturen auf dem eigenen Bauhof ab, legte der Modegruppe Sinn/Leffers ein Angebot für die Restaurierung der Putten vor, erhielt aber keinen Auftrag. Das Angebot der Fa. Storck, die Putten zurückzubringen nach Menden, lehnte Sinn/Leffers erschrocken ab, hatte aber nichts einzuwenden gegen eine Entsorgung der Putten, die den Bauhof von Storck blockierten. Der Steinschredder beendete das bald 90-jährige Engel-Kapitel.

Größter Baumkuchen Deutschlands
Cafe Ries und WP sorgten für Bäume in der Steinwüste Neumarkt
BM Eisenberg „opferte" sich für mehr Grün in der Innenstadt

Abbruch, Umbruch, Aufbruch, egal wie man es nennt, die Mendener Innenstadt war in Stein erstarrt. 1982 ein gewaltiger Klotz, der Bau des neuen Rathauses an der Bahnhofstraße. Am Neumarkt fielen die alten Fachwerkhäuser, mussten Platz machen für moderne, mehrgeschossige Geschäftshäuser und eine Neugestaltung des kompletten Geländes. Im Herbst 1984 war auch die neue, flächendeckende Fußgängerzone vollendet. Stein, Stein und nochmals Stein, aber kein Grün mehr in der Innenstadt.

Neu war auch der Baudezernent der Stadt, Werner Velte. Er spürte, dass die Bürger sich fast erdrückt fühlten in dieser Betonwüste. „Menden braucht Bäume," sagte er und nannte sogleich die Grenzen dieser Wünsche: Es war kein Geld da. Menden saß auf einem Schuldenberg von fast 100 Mio. DM. Gesucht wurden Spender, die nicht nur die jungen Bäume selbst stifteten, sondern gleich auch die Schutzgitter für noch zarte Stämmchen. Beides riss ins Geld, und das war nicht vorhanden.

Bundeskanzleramt um einen Meter übertroffen

In dieser Situation rief die Westfalenpost die Aktion Wald 2000 aus. Einer der Ersten, die dem Aufruf folgten, war Helmut Witteck, der zusammen mit seiner Frau Martha das Cafe Ries (ehemals Hotel „Zum Fürsten Bismarck") in der Mendener Innenstadt gepachtet hatte. „Wir backen den höchsten Baumkuchen Deutschlands" versprach er. Stück für Stück sollte er verkauft und das Geld dem Waldkonto gut geschrieben werden. Ein ganz schön ehrgeiziges Vorhaben, denn zuvor hatte es im Bundeskanzleramt in Bonn einen schon 3 m hohen Baumkuchen gegeben. Der in Menden sollte ihn mit 4 m Höhe übertreffen.

Für Helmut Witteck ging es auch um das Image der Konditoren. Der Baumkuchen ist das Gütezeichen ihrer Innung. Für den Rekord musste Witteck erst einmal eine Halte-Vorrichtung schaffen. Frage: Wer sollte den Kuchen denn in 4 m Höhe anschneiden?

Ries-Belegschaft sorgte für riesigen Andrang

Die Idee zum Baumkuchen kam aus der Cafe-Belegschaft selbst. Die Damen und Herren aus Konditorei und Cafe hatten ihrem Chef kurz und knapp gesagt, es müsse was geschehen, damit es mit den Bäumen in der Stadt wieder aufwärts gehe. An ihrer Spitze Helmut Wittecks Ehefrau Martha, dazu die Damen Susanne Habrink, Ute Disse, Brigitte Wächter, Sabine Drenkelfuß, Debbie Laurenson, Heidi Maffey und Edith Schindler, ferner die Herren Stefan Baron, Michael Förster und Christoph Trippe. Sie alle stellten sich an diesem Rekord-Samstag, 12. Mai 1984, ab 9.30 Uhr vor dem Cafe an die

Einen Teller im Mund, das Messer in der Hand, so schwebt Bürgermeister Ernst Eisenberg im Mai 1984 im Korb der Feuerwehr-Drehleiter dem 4 m hohen Baumkuchen entgegen und schneidet ihn an. Foto: Rainer Bartolain

Straße. Und wieder einmal bewahrheitete sich die Weisheit: Wo Aktionen stattfinden, strömen die Bürger auch zu „Nacht schlafender Zeit" herbei. So voll war die Hauptstraße zu so früher Stunde schon lange nicht mehr. Nur mit Polizeihilfe ließ sich die Straße weitgehend von Fahrzeugen frei halten.

Aber damit war das Problem in 4 m Höhe noch nicht gelöst. Die Feuerwehr musste helfen mit ihrer Drehleiter DL 30. Und ein Mann musste her, der mutig und schwindelfrei war. Die Feuerwehr rollte ihr Drehleiter-Ungetüm in die noch nicht fertige Fußgängerzone. Mit Bürgermeister Ernst Eisenberg fand sich der gesuchte Held der Lüfte. Er schloss die Augen und ließ alles über sich ergehen.

Anschnitt aus der Drehleiter DL 30

Ihm war schon mulmig zumute, als er in den Korb der Drehleiter kletterte und sich von den Feuerwehrleuten hochheben ließ. Zwischen den Lippen hielt er einen Teller fest. Jetzt nur nicht vor Angst schreien. Mit einer Hand umkrampfte er das lange Messer, mit dem er den Baumkuchen anschneiden sollte. Die Feuerwehr nutzte ihre Chance, fuhr die Leiter mal eben auf 20 m aus, quälend langsam, oder war es doch eher behutsam? Unten frozzelten die Blauröcke Hubert und Werner Bartmann. Die Zuschauer nicht minder guter Laune: „Jetzt entschwebt er uns doch noch" oder „Das hat der Eisenberg aber auch noch nicht oft gemacht". Unter ihnen auch Stadtdirektor Eckhard Mäurer ganz pragmatisch: „Jetzt können die Jungs von der Feuerwehr mal beweisen, was sie können."

Regungslos stand Eisenberg in 20 m Höhe im Korb mit Teller und Messer, ließ sich dann herab und weiter unten in 4 m Höhe Millimeter für Millimeter an die Spitze des Baumkuchens heranfahren, genoss jetzt offensichtlich das Winken der Leute drunten am Boden, schnitt den klebrigen süßen Kuchen an. Als er endlich wieder festen Boden unter den Füßen hatte, leckte sich Eisenberg genüsslich die Finger.

Riesiger Andrang und 1600 DM Erlös
Das war auch das Zeichen für den Sturm auf den Baumkuchen. Das Treiben draußen am Baumkuchenstand war überwältigend. Weitere Portionen mussten über offenem Feuer gebacken werden. So schnell wurden zusätzliche Kuchen verlangt, dass sie kaum so rasch hergestellt werden konnten. Stück für Stück für 2,50 DM wurde der Baumkuchen verkauft, die Tasse Kaffee für eine DM.

Auf die Kuchenkäufer warteten zusätzliche Leckereien wie Torten und Gebäck. Dazu die Hoffnung auf Losglück bei mehr als 50 Preisen, bei Musik von Fernseh-Preuß und Getränken von der Schlossbrennerei. So mancher zog reich beschenkt wieder von dannen. Am Ende durfte sich die Baum-Aktion von Ries und WP über 1600 DM allein aus dem Baumkuchen-Verkauf freuen.

Marzipan-Urkunde für neuen Ehrenkonditor
Und es gab Zuwachs in der Konditoren-Innung. Helmut Witteck überreichte dem Bürgermeister in Anerkennung seines Mutes in luftiger Höhe eine Marzipan-Urkunde und ernannte ihn zum Ehren-Konditor.

„Kenner kaufen beim Konditor", war das Motto von Cafe Ries. Wie schön, dass auch die Geschichte bei diesem Motto mithalf. Kaiser Wilhelm I, hoch verehrt in Menden, und sein Kanzler Otto von Bismarck, der dem Vorgänger von Cafe Ries, dem Hotel „Zum Fürsten Bismarck", seinen Namen lieh, hatten einen Konditor zum Hoflieferanten bestimmt, weil er einen Baumkuchen besonders schmackhaft hergestellt hatte.

Was mit dem Geld der Mendener Bürger geschehen ist? Damit wurde vor rund 30 Jahren u.a. der Neumarkt mit Bäumen bestückt, die heute noch unverzichtbar sind.

Per Marzipan-Urkunde ernennt Konditormeister Helmut Witteck Mendens Bürgermeister Ernst Eisenberg zum Ehrenkonditor. Foto Rainer Bartolain

Riesenandrang am Samstag, 12. Mai 1984, auf den Baumkuchen. In der noch nicht ganz fertiggestellten Fußgängerzone (Oktober) ließen sich die Massen auch nicht von noch vorbeifahrenden Autos irritieren. Die Baumkuchenaktion für Grün in der Stadt wurde zum sensationellen Erfolg. Foto: Rainer Bartolain

Die Mendener Konditoren sind immer bereit für gute Werke, nicht nur für Bäume in Menden, auch für Seniorenfeiern wie am 29. September 1985 im Saal des Altenheims St. Vincenz. Im Bild die fünf beteiligten Konditoren (v.l.) Hans Rössler, Hermann Niehaves sen., Helmut Witteck (Cafe Ries), Rudi Huf und Gerhard Lödige. Foto: Archiv Klaus Kimna

Gemütlich sitzen im Cafe Ries im 1. OG. Eine Aufnahme von 1958. Foto: Archiv Klaus Kimna

Vergessene Gaststätte Albert/Krekeler
Gerühmt für den eigenen Turm mit ungestörter Aussicht
Drama um die vier Burschen aus dem Maurerdorf an der Weser

Die meisten Gebäudeteile der einst attraktiven Ausflugs-Gaststätte Albert/Krekeler stehen noch, sind aber als solche nicht mehr zu erkennen. Den Aussichtsturm, der vielen Mendenern wunderschöne Blicke bis ins Ruhrtal und Hönnetal erlaubte, gibt es nicht mehr. Aber wer die Unnaer Landstraße aus der Innenstadt Richtung Bösperde befährt und sich in Höhe des früheren Hotels Slamic (verkauft) befindet, der sollte den Blick rasch nach links auf die andere Straßenseite lenken, denn dort auf der kleinen Anhöhe stand seit vermutlich 1870/80 die Gaststätte Albert mit ihrem stattlichen Turm. Heute werden die ehemaligen Gaststättenräume gewerbemäßig anderweitig genutzt.

Freier Blick von der Zuschauer-Plattform

Ja, Menden hatte einen weithin bekannten Aussichtsturm mit einer recht großen Plattform. Freier Blick nach allen Seiten. Kein Haus störte, nichts verstellte den staunenden Blick. Schon damals pilgerten viele Mendener und auswärtige Gäste zur

Als Franz Johann Krekeler 1904 das Frl. Franziska Lisette Albert ehelichte und so in deren Gaststättenbetrieb einheiratete, baute er außer einem Saal auch einen Vorbau an und gab dem Gaststättenbetrieb seinen Namen „Restauration Franz Krekeler". Foto: Archiv Klaus Kimna

So frei und stolz lag die „Gaststätte zum Aussichtsturm" der Familie Albert vermutlich schon Ende des 19. Jahrhunderts auf der Anhöhe der Unnaer Straße 67 (gegenüber ehemals Hotel Slamic). Weit und breit kein anderes störendes Haus.
Foto: Archiv Klaus Kimna

Gaststätte Albert mit der schönen Aussicht. Mit Fug und Recht durfte man sagen: Das Lokal „brummte". Die Gaststätte gehörte einem Ehepaar Wilhelm Albert aus Holzen. Das bekam am 1. Weihnachtstag 1876 als einziges Kind eine Tochter und gab ihr den Namen Franziska Lisette.

So dunkel es bei verlässlichen Zahlen für die Gaststätte Albert ist, so dunkel ist es teilweise auch bei exakten Angaben über vier Brüder aus dem kleinen Ort Lüchtringen bei Höxter an der Weser. Alle vier waren Maurer. Die Brüder Friedrich (Jahrg. 1871), Franz (Jahrg. 1873), Josef und Anton Krekeler wanderten allem Anschein nach um 1890/91 nach Menden aus, gründeten die Bauunternehmung Friedrich Krekeler und versuchten in der Hönnestadt Fuß zu fassen.

Tödlicher Sturz vom „van Bömmelschen Haus"

Das missfiel den ortsansässigen Bauunternehmern, die verständlicherweise lästige Konkurrenz von außerhalb nicht liebten. Auch die Stadt gab den Krekelers keine Aufträge. Die vier Brüder griffen daraufhin zur Selbsthilfe, bauten Häuser in Eigenregie und boten sie dann Kaufwilligen an. Ein offenbar florierendes Geschäftsmodell. Eines dieser Gebäude, das die Krekelers selbst entwarfen und bauten, ist das in Menden heute noch so genannte „van Bömmelsche Haus", das um 1900 fertiggestellt und nachhaltig bei der Jugend bekannt wurde, als Ötte Schulze-Bentrop (heute Mallorca) dort Mitte der 1980er Jahre die Diskothek „Dreispitz" betrieb. Um 1900 gab es das Blumen-Dreieck noch nicht.

Das „van Bömmelsche Haus" der Krekelers stand unter einem unglücklichen Stern. Friedrich Krekeler, Chef der Bauunternehmung, stürzte im Januar 1900 am Neubau ab. Ein Unfall, über den weiter kaum etwas zu finden ist. Im Sterbebuch im Stadtarchiv steht ein kurzer Polizei-Eintrag, dass Friedrich abends um 7 Uhr nach einem Unglücksfall verschieden sei. Er wurde nur 29 Jahre alt. Mehr sagt die Todesanzeige des Turnvereins „Germania" Menden aus über seinen Präses, den Bauunternehmer Friedrich Krekeler, der „unausgesetzt bestrebt war, unseren Verein zu fördern". Das „unausgesetzte Streben" muss also über Jahre angedauert haben. Zur Beisetzung wurden die Mitglieder gebeten „in Mütze zu erscheinen".

Franz Johann Krekeler (1873-1959) kam als Maurer nach Menden und wurde Gastronom.

Franziska Lisette Albert (1876-1915) heiratete Franz Johann Krekeler 1904, bekam sechs Kinder und führte mit ihm das elterliche Gasthaus an der Unnaer Landstraße 67 (gegenüber ehemals Haus Slamic). Foto: Archiv Franz-Josef Krekeler

Franz Krekeler baute „Schöne Aussicht" aus

Die Mendener Bauunternehmung Krekeler war durch Unfall ihres Kopfes beraubt. Die Liebe sorgte kurz darauf für einen weiteren Verlust. Franz-Johann, der zweitälteste der vier Brüder, verliebte sich in Franziska Lisette Albert, die die elterliche „Gaststätte zum Aussichtsturm" betrieb. Als die beiden 1904 heirateten, war Franziska schon 28 Jahre alt, Franz Johann 31. Fürs Baugeschäft dürfte er seitdem nicht mehr allzu viel Zeit gehabt haben, auch wenn er baulich angesichts starker Gästezahlen noch für eine Erweiterung der Gaststätte durch Veranda und einen großen Saal mit Kegelbahn gesorgt hatte. Fortan hieß die Albert-Gaststätte „Restauration Franz Krekeler".

Der Saal, den Franz Krekeler baute, muss wohl ein Mittelpunkt für Mendener Vereine und Veranstaltungen geworden sein. Er hatte eine große Bühne und Platz für rund 400 Besucher. Im Restaurant gab es linker Hand ein elektrisches Klavier, rechts war die Theke. Es gab zudem diverse Nebenräume. Im Sommer wurde auch draußen unter einer Linde serviert.

Aus der Mitte der unteren Gaststättenräume führte eine Treppe zu den oberen Gaststättenräumen, zum Saal und zum Hinterausgang Richtung Klevesberg. Dem Aussichtsturm wurde übrigens sogar Spuk-Qualität mit Geistern zugeschrieben.

Zwei Ehefrauen und Vater von 12 Kindern

Sechs Kinder bekamen Franziska Lisette und Franz Johann. Das erste Kind 1905. Als 1914 der 1. Weltkrieg ausbrach, wurde Franz Johann einberufen und musste an die Front. In dieser Zeit stand Franziska mit Maria Sommer (Jahrg. 1886), ebenfalls aus Holzen, ein Kindermädchen zur Seite, denn neben der Kindererziehung lief auch der Gaststättenbetrieb weiter.

Es ist nicht bekannt, woran Franziska Lisette im Oktober 1915 mit nur 39 Jahren starb. Die sechs Kinder aber waren plötzlich ohne Mutter, der Vater im Krieg. Das

Vier Brüder der Familie Krekeler aus Lüchtringen kamen in den 1890er Jahre als Maurer nach Menden und bauten Häuser. Weltweit ist Lüchtringen bei Höxter an der Weser als „Maurerdorf" bekannt. Zur Erinnerung haben die Lüchtringer den Maurern ein Denkmal gebaut. Foto: Archiv Klaus Kimna

Kindermädchen umsorgte die Kinder, das älteste war gerade mal 10 Jahre alt.
Sechs kleine Kinder brauchen eine Mutter. Franz Johann machte aus der Not eine Tugend. Im Mai 1917 heiratete er das Kindermädchen Maria Sommer und bekam auch mit ihr noch einmal sechs Kinder. Insgesamt war er damit Vater von 12 Kindern, von sieben Söhnen und fünf Töchtern. Zwischen dem ältesten und dem jüngsten lagen 22 Jahre. Leider gibt es kein Foto von Ehefrau Maria.
Franz Johanns zweite Ehefrau wurde 44 Jahre alt, starb 1930. Da war Heinz Jakob, das jüngste Kind, erst drei Jahre alt. Franz Johann überlebte beide Ehefrauen, starb 1959. Er soll 1927 noch an führender Stelle am Bau des Waldfreibades Leitmecke mitgewirkt haben. Sein jüngster Sohn Heinrich Jakob erzählt mir: „Mein Vater konnte alles, auch kochen und backen."

Maurer-Denkmal erinnert auch an Krekeler-Brüder

In den schweren Kriegszeiten und schon nach dem Tod der ersten Ehefrau war die „Restauration Krekeler" kaum noch zu halten. 1923 war Schluss. Das Anwesen kaufte die Mendener Besteckfabrik Pollmann, Singerhoff & Co., die ihre Fabrikationseinrichtungen in den Krekeler Restaurationskomplex verlegte. Vom Enkel des Firmengründers Ernst Pollmann stammt das Wissen um den Krekeler-Saal und den Aussichtsturm. Ernesto-Augusto E. Pollmann (Jahrg. 1954) ist (Groß-) Cousin des Mendeners Reinhard Bonnekoh (Jahrg. 1951) und hat mir über ihn bemerkenswerte Aufzeichnungen zur Verfügung gestellt.
Dass die vier Krekeler-Maurerburschen aus Lüchtringen nach Menden auswanderten, ist wenig verwunderlich, wenn man die Geschichte Lüchtringens kennt, die eng mit dem Kloster Corvey verknüpft ist. Nach dem 30-jährigen Krieg wurden

für den Wiederaufbau Corveys Maurer aus Tirol geholt, die sich in Lüchtringen ansiedelten. Seit dieser Zeit ist der Großteil der Gemeinde im Baugewerbe tätig. Im 20. Jahrhundert, über 100 Jahre lang, sollen dort bis zu 90 Prozent der jungen Männer eines Jahrgangs das Maurerhandwerk erlernt haben. Kein Wunder, dass einige ihre Verdienstmöglichkeiten außerhalb ihres Dorfes, also auch in Menden, suchten. In Erinnerung an diese Zeit, als Lüchtringen weltweit bekannt war als das „Maurerdorf", errichteten die Bürger 1999 ein Maurer-Denkmal.

In Eigenregie bauten die vier Brüder Krekeler in Menden Häuser und verkauften sie an Interessenten. Dazu gehörte auch das van Bömmelsche Haus (links), das sie 1900 fertigstellten und das von einem tragischen Unglücksfall überschattet wurde. Friedrich Krekeler (Jahrg. 1871) stürzte ab und erlag am 29. Januar 1900 seinen Verletzungen. Eine Aufnahme von 1920, noch ohne Blumen-Dreieck. Foto: Archiv Klaus Kimna

Zwischen dem ältesten Kind aus erster Ehe des Franz Johann Krekeler mit Franziska Lisette geb. Albert und dem jüngsten Kind aus 2. Ehe mit Maria geb. Sommer liegen 22 Jahre. Im Bild v.l. Sohn Fritz aus 2. Ehe, Vater Franz Johann, Sohn Peter (2. Ehe), Sohn Heinz Jakob, jüngstes Kind von 12 (aus 2. Ehe, geb. 1927), und das älteste aller 12 Kinder, Willi, geb. 1905 in erster Ehe. Foto: Archiv Franz Josef Krekeler

Vor den Nazis nachts ins Ausland geflohen
Ab 1908 Messer, Gabeln und Löffel als Besteck aus Mendener Produktion
„Klamme" Fa. Pollmann, Singerhoff & Co. zahlte aber auch in „Naturalien"

So ungewöhnlich war das gar nicht, was Eberhard Frohne im Jahr 1919 erlebte, und es soll selbst heute noch so gehandhabt werden, wenn Mini-Jobber durch Mehrarbeit die 450 Euro-Verdienstgrenze im Monat zu überschreiten drohen. Man gibt ihnen als Bezahlung einfach Ware aus dem Geschäft mit. Unterschied zwischen 1919 und heute: Eberhard Frohne (1898-1971), der Vater des 2017 verstorbenen Schuhmacher- Meisters und langjährigen Chefs der Mendener Cripinus-Gilde Werner Frohne, hatte in jenem ersten Jahr nach dem 1. Weltkrieg keinen Mini-Job in der Metallwarenfabrik Pollmann, Singerhoff & Co, sondern eine Festanstellung als Schleifer. Als diese Firma klamm war, gab sie ihm als Bezahlung mit, was er selbst durch sein Schleifen erst ansehnlich und gebrauchsfertig gemacht hatte: Besteck.

Geschichtsträchtiges Entlassungsschreiben

Menden hat für einige Zeit eine Firma beherbergt, die für Messer, Gabeln und Löffel auf dem Mittags- und Abendtisch sorgte. Aus der Zeit dieser Besteckfirma existiert zum Glück mehr als nur ein Briefkopf. Auch ein „Steckbrief" über das Unternehmen liegt vor. Reinhard Bonnekoh hat ihn mir von seinem Groß-Cousin Ernesto-Augusto Pollmann, Enkel des

Messer, Gabel und Löffel. Sie stammen aus dem Nachlass des verstorbenen Schuhmachermeisters Werner Frohne. Der hat sie von seinem Vater Eberhard übernommen, der 1919 als Schleifer für die Mendener Besteckfirma Pollmann tätig war und mit diesen „Naturalien" bezahlt wurde, als die Firma „klamm" war. Foto: Museum Menden

Firmengründer Ernst Pollmann aus Sundwig (Jhrg. 1884) und seine Frau Elisabeth geb. Wiggeshoff aus Oesbern (Jhrg. 1891). Das Bild ist nicht datiert. Foto: Archiv Ernesto-Augusto Pollmann

Firmengründers Ernst Pollmann, besorgt. Pollmanns Enkel wohnen heute in Porto in Portugal.

Bislang kannte ich nur einen Briefkopf der Firma und ein kurzes Schreiben vom 18. Juli 1919. Darin heißt es: „Hierdurch bescheinigen wir, daß der Arbeiter Eb. Frohne vom 13. März 1919 bis 18. Juli 1919 als Schleifer bei uns in Arbeit gestanden hat. Derselbe war Mitglied der Allg. Ortskrankenkasse und wird hiermit ordnungsgemäß entlassen. Menden/W. 18. Juli 1919". Eine an und für sich nur kurze Arbeitsanstellung Eberhard Frohnes von gerade mal vier Monaten, die aber plötzlich verständlich wird, als ich von Schwiegertochter Elisabeth Frohne erfuhr, dass sein Arbeitgeber klamm war, den Lohn kaum noch in bar in die Lohntüte stecken konnte und als Ausgleich in „Naturalien" bezahlte. Eberhard Frohne war danach bei der Fa. Schmöle tätig.

Bestecke hergestellt in ehemaliger Gaststätte

Dieses kurze Entlassungsschreiben aber ist geschichtsträchtig. Es beweist, dass das Unternehmen Pollmann nicht nur eine Metallwarenfabrik war, sondern als Spezialität Bestecke herstellte, Mendener Bestecke. Um 1900 umfasste ein gutbürgerliches Besteck an die 100 verschiedene Einzel- und Sonderteile.

Gegründet wurde das Unternehmen 1908 mit dem Ziel Bestecke sowie Reit-

An ihren Röschen im Griffbereich zu erkennen: Mendener Besteck aus der Zeit um 1919.
Foto: Klaus Kimna

Eberhard Frohne und Josefa Böckelmann im Verlobungsjahr 1924. Der Vater des verstorbenen Gildemeisters der Crispinus-Gilde Werner Frohne war 1919 als Schleifer bei der Besteckfirma Pollmann tätig, seine spätere Frau fertigte in Heimarbeit Stoffhüllen für Messer, Gabel und Löffel an. 1925 heirateten sie. Foto: Archiv Elisabeth Frohne

und Fahrgeschirr herzustellen und zu vertreiben. Das ging anfangs aber nur für wenige Jahre gut. Der Erste Weltkrieg machte Ernst Pollmann einen Strich durch die Rechnung. Einberufung der Arbeiter sowie Dienstverpflichtung erzwangen eine Pause für die Firma.

Erst 1918 nach der Rückkehr aus dem Krieg konnte die Fabrikation wieder aufgenommen werden. Die entsprechenden Einrichtungen befanden sich da noch im hinteren Gebäude des Hauses Jordan an der Balverstraße (ehem. Lampenfabrik). Auf der anderen Straßenseite in einem Gebäude an der Ecke Balverstraße/Schützenstraße waren Schleiferei, Packstube und Versand untergebracht.

Pollmann-Arbeiter zuerst in die Kneipe

Die so verstreuten Produktionsteile wollte Ernst Pollmann unter einem Dach vereinen. Gelegenheit dazu bot sich um 1921, als Pollmann das Restaurant Krekeler an der Unnaer Straße 67 (gegenüber ehemals Hotel Slamic) kaufen konnte. Zwar wurde das Restaurant unter Leitung eines Herrn Kalthoff noch bis 1923/24 weitergeführt, doch dann geschlossen, Konzession und Einrichtung verkauft. Die Gründe für die Schließung waren eigentlich kaum zu glauben: Es gab Schwierigkeiten mit den Arbeitern, die die Gaststätte schon vor Arbeitsbeginn aufsuchten. Eine unhaltbare Situation.

Das Ende der beliebten Gaststätte mit dem Aussichtsturm war damit besiegelt. Der Vorbau der Gaststätte wurde umgebaut zu Garagen, der Turm verlor ebenfalls seine Bedeutung, verschwand komplett. Bis dahin sprach die Pollmannsche Verwandtschaft nur von der „Burg von Onkel Ernst".

Die Bichmann-Brüder und das Dürkopp-Auto

In der Chronik der Pollmanns ist aber auch die Geburt eines Mendener Autohauses zu erkennen. Ernst Pollmann hatte sich ein Auto der Marke Dürkopp zugelegt, Fahrer war Karl Bichmann, auch als Schlosser im Betrieb tätig. Er war der Bruder von Joseph Bichmann, der „rechten

Hand" von Ernst Pollmann. 1926/27 kauften Karl und Joseph Bichmann den „Dürkopp", schieden aus der Firma Pollmann aus und bauten sich ein Taxi-Unternehmen auf. Danach gründeten sie das heute bestens bekannte Autohaus Bichmann.

Der Kreis schloss sich, als Willi Krekeler als Nachfolger von Joseph Bichmann die neue „rechte Hand" von Ernst Pollmann wurde. Willi Krekeler war der erstgeborene Sohn von Franz Krekeler, der die Aussichtsgaststätte seiner Frau Franziska Lisette Albert ausgebaut und von da an „Restauration Franz Krekeler" genannt hatte. Bis daraus das Zuhause einer Besteckfirma wurde…

In der Nacht vor der Gestapo geflüchtet
Eigentlich wollte das Unternehmen Pollmann 1933 sein 25-jähriges Bestehen feiern. Pläne für ein neues Besteck waren in Arbeit. Doch den „braunen" Machthabern der NS-Zeit gefiel die politische Einstellung von Ernst Pollmann nicht. Die Firma bekam Schwierigkeiten , die 1935 in einer „Hals-über-Kopf-Aktion" gipfelten. Dem Ernst Pollmann hatte ein ihm gesonnener Nazi gesteckt, dass er am nächsten Morgen von der Gestapo abgeholt und verhaftet werden würde. Grund waren Geschäfte mit jüdischen Kaufleuten.

Noch in der Nacht flüchtete Ernst Pollmann vermutlich zuerst nach Amerika, lebte dann in Portugal. Seine Frau hatte ihm alles verfügbare Geld in das Mantelfutter eingenäht. Er flüchtete erst allein, holte Frau und Kinder, die damals um 15 bis 17 Jahre alt waren, nach.

**Die Röschen-Muster
waren charakteristisch**
Firmengründer Ernst Pollmann wurde am 1.1.1884 in Sundwig geboren. Er heiratete Elisabeth Wiggeshoff (geb. 12.9.1891) aus Oesbern. Gesellschafter der Firma waren offenbar Kaufmann Ernst Pollmann und die Witwe Wilhelmine Singerhoff. Telefonisch waren sie unter den Nummern 358 und 467 zu erreichen. Ihre Konten hatten sie bei der Creditbank Menden, die später von der Deutschen Bank geschluckt wurde.

Das Unternehmen Pollmann, Singerhoff & Co warb als Spezialität mit Alpacca- und alpacca-versilberten Bestecken. Alpacca ist Neusilber und die Bezeichnung für eine Kupfer-Nickel-Zink-Legierung mit hoher Korrosionsbeständigkeit, Festigkeit und silberähnlichem Aussehen.

Möglicherweise befindet sich in weiteren heimischen Haushalten Besteck der Mendener Fa. Pollmann, Singerhoff & Co. von vor rund 100 Jahren. Charakteristisch sind Röschen-Muster im Griff-Bereich.

**Neues Industriemuseum
erfreut über Zuwachs**
Das vernickelte und versilberte Besteck, das Eberhard als Ersatzlohn mit nach Hause genommen hat, war bei Frohnes später durchaus in Gebrauch. Werner Frohne zeigte mir das Besteck, gab es mir in die Hand: Es waren keine leichten Ess-Instrumente, sie hatten Gewicht. Gewichtig sind sie auch für die geschichtliche Aufarbeitung der Mendener Industrie: Werner Frohne hat das Besteck an Museumsleiterin Jutta Törnig-Struck übergeben, damit es der Nachwelt erhalten bleibt. Sie hat es bereits zum Thema Industriegeschichte in einer Museumsvitrine ausgestellt, es wurde dann aber im ehemaligen Hospiz am Kirchplatz St. Vincenz zwischengelagert. Ihren endgültigen Platz werden Messer, große und kleine Löffel und Gabeln im neuen Industrie-Museum in Haus Rödinghausen finden. Inzwischen ist weiteres Besteck dazugekommen, das die Pollmann-Enkel aus Porto gestiftet haben.

Unterstützungskasse half den Arbeitern

Besonderheit jener Zeit: Die Besteckfirma Pollmann hatte eine eher private Unterstützungskasse für ihre Arbeiter. Das sagen Unterlagen aus, die Eberhard Frohne in seinem Nachlass hatte. Demnach war jeder Arbeiter des Unternehmens verpflichtet, dieser Kasse anzugehören.

Im Krankheitsfall sollte jedes Mitglied ab 7. Krankheitstag 25 Prozent seines Tariflohnes erhalten für die Dauer eines halben Jahres. Dauerte die Krankheit länger als 14 Tage, so wurde schon ab dem 3. Tag gezahlt.

Starb ein Mitglied, so erhielten die Angehörigen 20 Mark, starb die Ehefrau gab es 10 Mark.

Als Beitrag waren pro Monat zwei Tarifstunden festgesetzt.

Die Verwaltung der Kasse oblag der Fa. Pollmann, die das Geld per Sparbuch bei der Sparkasse Menden festlegte und dem Betriebsrat das Recht auf Einsicht einräumte. Alles in allem eine durchaus vorzeigbare Regelung.

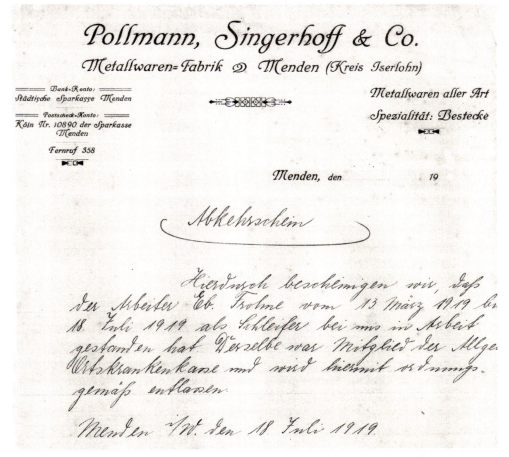

Für die Metallwaren-Fabrik Pollmann, Singerhoff & Co war Eberhard Frohne vom 13. März bis 18. Juli 1919 als Schleifer tätig. Aus jener Zeit stammt diese Bescheinigung, die belegt, dass in Menden tatsächlich im ehemaligen Saal der „Restauration Franz Krekeler" Mendener Bestecke hergestellt wurden. Foto: Sammlung Werner Frohne

Und bist Du nicht willig…
Üble Tierquälerei im Mendener Schlachthof und nackte Leiche in der Hönne-Mündung

Nachrichten dieser Art sind keineswegs immer „das Beste am guten Morgen" (Eigenwerbung einer Ruhrgebiets-Zeitung). Sie sind manchmal sogar eher dazu geeignet, dem Leser den Appetit auf Frühstücks-Kaffee und Brötchen zu verderben. Nutzt aber nichts, denn es ist passiert. Leid tragend war nicht nur die Hönne.

Dieser Fluss mitten durch Balve, das Hönnetal und Menden ist wahrlich keineswegs immer ein sauberer gewesen. Im April 1958 war es, als die Schlagzeilen gar nicht zimperlich Abscheu beschrieben: „Tote Hunde und Katzen treiben Hönne abwärts. Wasser durch Tierfelle und Gedärme ekelhaft verschmutzt."

Kanuten entdeckten ekeliges Treibgut

Kanuten, die in den 1950er Jahren den Mündungsbereich Hönne/Ruhr befuhren, hatten ob ihrer Beobachtungen Zeter und Mordio gerufen. Was da mit den Wassern der Hönne in die Ruhr bei Fröndenberg schwamm, war alles andere als angenehm. Außer den Katzen und Hunden fanden sie sogar ein halbes Kalb. Das Ufergesträuch der Hönne-Mündung war widerlich verschmutzt. Nicht schön für die Kanuten, die die untere Hönne als Slalom-Strecke nutzten. Ihre Saison hatte erst wenige Tage vorher begonnen. „Wenn wir doch in diesem Jahr von solchem Treibgut verschont blieben," klagten sie. Sie erlebten das also nicht zum ersten Mal. Für die Kanuten stand fest, die Verschmutzung kam aus Richtung Menden, denn solches „Gut" konnte mit der Hönne nur flussabwärts treiben.

Als Verursacher kamen Bauernhöfe entlang der Hönne infrage oder aber der Schlachthof auf Mendener Gebiet. Die Sorge der Kanuten war, dass ihnen die Hönne nicht mehr als Slalomstrecke genehmigt werden würde. Die Stadt Fröndenberg fürchtete zudem Verseuchung. Die Verursacher sind nie entdeckt worden. Gegen die Verschmutzung ist die Beobachtung, die meine Frau Helga 1955 als Kind machte und nicht vergessen hat, fast schon harmlos. Bei Spaziergängen mit ihrer Mutter an der Oberen Promenade entdeckte die damals 6-Jährige rostig rote Flecken im Flussgrund und am Hönne-Ufer unterhalb eines Ablassrohres am Schlachthof. Daraus war vermutlich nicht nur einmal beim Säubern des Schlachthof-Bodens Blut per Wasserschlauch nach draußen abgespült worden.

Schlachthof von 1892 bis 1981

Gebaut wurde der Schlachthof im November 1892 an der heutigen Walramstraße. Sein Einzugsgebiet war Menden, Balve, Fröndenberg und Hemer. Die Bauern brachten ihr Schlachtvieh in die Hönne-Stadt. Die Auslastung war so, dass der Schlachthof wirtschaftlich überleben konnte. Laut Verwaltungsbericht 1963 wurden in einem einzigen Jahr 12 000 Schlachtungen vorgenommen, darunter immerhin 200 Schweine pro Woche. Als der Schlachthof allerdings begann, rote Zahlen zu schreiben, war das „Aus" vorprogrammiert. 1981 wurde der Betrieb eingestellt, 1983 das Gebäude abgerissen. Man könnte dem damaligen Stadtrat das

Kompliment machen, dass er weitsichtig handelte, als er dem Begehren widerstand, die frei gewordene Fläche sofort wieder zu bebauen. Er stimmte dafür, aus dem Areal einen Parkplatz zu machen. Wie sehr man den stadtnah braucht, kann man heute jeden Tag sehen.

Ein grausamer Metzgergeselle
Wer auf einem Schlachthof arbeitet und die Aufgabe hat, Tiere vom Leben in den Tod zu befördern, muss schon ganz schön Schwielen auf der Seele haben. Ich wollte und durfte als Kind von 10 Jahren mal mit zum Schlachthof Neheim und erleben, wie Schweine, Kühe und Kälber geschlachtet wurden. Das lag deshalb nahe, weil mein Onkel Viehhändler war und ich auf seinem Hof in Langenholthausen meine Ferien verbrachte. Offensichtlich hatte ich schon damals einen Sinn für Realität und für das, was sein muss. Ich hatte auf diesem Neheimer Schlachthof nie das Gefühl, dass die Menschen dort unnötig grausam zu den Tieren waren. Warum ich das vorbringe, hat zu tun mit dem Schlachthof Menden und mit Vorgängen, über die die Zeitungen im August 1958 groß berichteten.

Ich zitiere: „Ein Metzgergeselle aus einer Gemeinde des Amtes Menden war zur Schweineschlachtung erschienen. Als eines der Tiere nicht willig seinen rauhen Rufen folgte, griff er zu einem starken Widerhaken der Entborstungsanlage, der an sich dazu dient, dem bereits getöteten Tier die Klauen abzuziehen. Diesen Haken schlug er dem Tier mehrere Male

Die Bauzeichnung für den Mendener Schlachthof, der 1892 an der Hönne gegenüber der Oberen Promenade gebaut wurde. Unschwer zu erkennen ist das Rohr, durch das Abwasser nach draußen geleitet wurde. Die damals 6 Jahre alte Helga Berends sah bei Spaziergängen mit ihrer Mutter, wie Ufer und Hönne dort rot gefärbt waren. Offensichtlich wurde der blutige Gebäudeboden mit Wasser gereinigt und das Wasser nach draußen in die Hönne gespült. Foto: Archiv Klaus Kimna

kräftig ins Hinterteil." Das Schwein habe fürchterlich geschrieen.

Schlachthof-Chef wütend auf Polizei

Es kommt noch schlimmer. In einem anderen Fall hat man einem Schwein, um es gefügig zu machen, „mit den Fingern die Augen durchstochen." Auch beim Abladen der Tiere von den LKW sei es zu Quälereien gekommen. Die Tiere würden roh heruntergestoßen und kämen nicht selten mit schon gebrochenen Knochen im Schlachthof an. Tagelang müssten sie dort herumstehen, ohne Streu und mit kaum Futter.

Entsetzte Zeugen haben die Polizei geholt, die Vorgänge geschildert und auch die Zeitungen informiert. Die Empörung in der Leserschaft war groß, jetzt auch über den damaligen Leiter des Schlachthofes. Anstatt sofort tätig zu werden, sah er eitel seine Zuständigkeit verletzt: „Die Polizeigewalt auf dem Schlachthofgelände habe ich", sagte er der Westfalenpost und drohte mit einem Nachspiel. Er schimpfte, dass der Vorfall keine Sache der Polizei sei. Wenn jemand sich beschweren wolle, solle er zu ihm kommen. Für alle Umstehenden entstand der Eindruck, als ob der Schlachthaus-Direktor das grausame Geschehen decken wollte. Zum Glück ließ sich die Polizei nicht zurückhalten. Als ein Zeuge den üblen Metzgergesellen entdeckte, machte er einen Beamten auf ihn aufmerksam. Bevor der Missetäter entfleuchen konnte, nahm die Polizei seine Personalien auf und machte die Sache aktenkundig. Auch der Tierschutzverein Menden war empört. Dass Tiere zur Schlachtung gebracht würden, sei selbstverständlich, betonte er, aber man sollte doch Achtung haben vor der Kreatur.

Nackte Leiche in der Hönne-Mündung

Jetzt könnte es das gewesen sein vom Ufer an Hönne und Ruhr. Aber zur selben Zeit in jenem August 1958 schreckte ein „Leichenfund" in der Ruhr bei Bösperde im Mündungsgebiet der Hönne die Polizei auf. Nicht ohne Hintergrund, denn Kanalschiffer hatten im selben Monat in Bergkamen-Rünthe die Leiche einer Kellnerin aus Hamm entdeckt, aber den Mörder noch nicht gefasst. Die Leiche, die in Bösperdes Wassern trieb, war nackt. Wieder ein Verbrechen? Als die Polizei die entblößte Gestalt ans Ufer holte, war bei allen die Erleichterung spürbar. Es war keine Leiche, es war eine Schaufensterpuppe, die aus einiger Entfernung durchaus mit einem menschlichen Körper verwechselt werden konnte.

*Die Schlachthofmauer stand an der verlängerten Walramstraße zum Mühlengraben hin. 1983 wurde das Gebäude abgerissen. Dort befindet sich heute ein großer innenstadtnaher Parkplatz für Dauerparker.
Foto: Archiv Klaus Kimna*

Am Ende der Menschenkette
Wassereimer kam am Brandherd oft schon leer an
Feuerwehr Bösperde guter „Nährboden" für Bischöfe

Die Feuerwehr Bösperde als guter „Nährboden" für Bischöfe: 1997 zum 300-jährigen Jubiläum der Magdalenen-Prozession Weihbischof Reinhard Marx, später Kardinal, und Pfarrer Karl-Heinz Wiesemann, später Bischof von Speyer, inmitten der Feuerwehr. Foto: Archiv Feuerwehr

Guter „Nährboden" für Bischöfe? In der Feuerwehr zu sein, heißt nicht nur, Feuer zu löschen, bei Katastrophen zu helfen, es bedeutet auch, Bestandteil des öffentlichen Lebens zu sein. Das ist in allen Mendener Ortsteilen so, die über eine Freiwillige Feuerwehr verfügen wie die Gemeinden des ehemaligen Amtes Menden. In einem ganz ausgeprägten Maße ist das in Bösperde der Fall. Die Freiwillige Feuerwehr Bösperde besteht seit 1909, ist also eine der ältesten in Menden. Die katholische Kirche St. Maria Magdalena grenzt direkt an das Gerätehaus der Feuerwehr. In der Chronik zum 100-jährigen Bestehen heißt es demnach folgerichtig: „Daher ist es selbstverständlich, dass die Wehr ihren Fahnenspruch <Gott zur Ehr, dem Nächsten zur Wehr> aktiv lebt... Dazu gehört unter anderem die Teilnahme... an der jährlichen Magdalenen-Prozession."

Einer wurde Kardinal der andere Bischof
Es ist ja auch schon wieder Jahrzehnte her, dass diese Prozession 1997 ihr 300-jähriges Bestehen feierte. Natürlich

*Die Feuerwehrmänner in Bösperde im Gründungsjahr 1909 ihrer Freiwilligen Feuerwehr. Vorgänger war die „Brandwehr", die in ältesten Unterlagen von 1844 erwähnt wird.
Foto: Archiv Feuerwehr*

mit großem kirchlichen Gepräge und der Feuerwehr mittendrin. Beim Festakt entstand ein Foto, das im Gerätehaus einen besonderen Platz hat. Inmitten der Blauröcke der Bösperder Wehr sitzt Reinhard Marx, damals noch Weihbischof in Paderborn. Er hielt die Festansprache zum Magdalenen-Jubiläum. Keiner ahnte zu jener Zeit, dass aus ihm mal der „Reinhard Kardinal Marx" werden würde, Erzbischof von München und Freising sowie Vorsitzender der Deutschen Bischofskonferenz und der Kommission der Bischofskonferenzen der Europäischen Gemeinschaft. Und neben ihm saß der Pfarrer der Bösperder Gemeinde St. Maria-Magdalena, Dr. Karl-Heinz Wiesemann, der später der 96. Bischof von Speyer werden sollte. Im Grußwort zum 100-jährigen Bestehen der Feuerwehr schrieb Bischof Wiesemann aus Speyer: „Ich denke noch gern zurück an die wunderschöne Zeit; als ich Ihr Nachbar sein durfte und manches Feuerwehrfest mitgefeiert habe." Er dürfte alle Feuerwehrleute in Menden mit einbezogen haben, als er anfügte: „Es ist großartig, wie viele Menschen ehrenamtlich zur Rettung von Haus und Hof und auch so mancher Menschenleben beigetragen haben und sich ehrenamtlich engagieren…"

Schulungsraum wurde zum Klassenzimmer

Hier passt er wirklich, der abgedroschene Werbesatz: „Mittendrin, nicht nur dabei." In den 70er Jahren fehlte der Grundschule Bösperde in ihrem Gebäude ein Klassenraum. Völlig unbürokratisch, so haben die Chronisten festgehalten, stellte die Bösperder Wehr ihren Schulungsraum zur Verfügung, befestigte eine Schultafel an der Wand und sorgte so dafür, dass für einige Jahre Grundschulunterricht bei der Feuerwehr möglich wurde.
Ähnliche Beispiele gibt es sicherlich bei allen Feuerwehren. Auch bei ihren Spielmannszügen. Speziell bei dem in Bösperde. Der wurde von „Tante Thea", Leiterin des katholischen Kindergartens, gebeten, doch den Martinszug musikalisch zu begleiten. Offensichtlich konnte man „Tante Thea" (Thekla Warmanski) nichts abschlagen. Folge: Seit Jahrzehnten wird der Martinszug von den Musikanten der Feuerwehr begleitet.

Gasspritzen-Löschwagen 1910. Bereits 1911 fand die erste Alarmübung in der jungen Bösperder Wehr statt. Da gab es in Bösperde auch schon einen eigenen Sanitäter. Foto: Archiv Feuerwehr

Bösperder lehnten Pflichtfeuerwehr ab

In Bösperde war es nicht anders als in Schwitten, Halingen, Lendringsen, Oesbern oder Menden-Mitte. Brandbekämpfung erfolgte früher mit primitivsten Mitteln, mit Ledereimern, Holzbottichen und Kübeln. Wasserleitungen waren nicht vorhanden. Jeder Hauseigentümer besaß einen eigenen Löscheimer, der sorgfältig aufbewahrt wurde. Die Bösperder Chronik beschreibt den Löschvorgang schon fast amüsant: „Bei Bränden mussten lange Menschenketten gebildet werden, damit die Behältnisse von Bächen, Brunnen oder Flüssen an den Brandherd befördert werden konnten. Mancher Eimer kam durch das dauernde Weiterreichen leer am Brandherd an…."

Bevor die Freiwillige Feuerwehr 1909 gegründet wurde, gab es in Bösperde eine „Brandwehr", sie dürfte gleichbedeutend einer Pflicht-Feuerwehr gewesen sein. Aber es gab seit dem 5. November 1880 auch schon die Werkfeuerwehr der Firma Neuwalzwerk. Das muss etwa zu der Zeit gewesen sein, als die Werkfeuerwehr von Schmöle gegründet wurde, die bekanntlich 1882 bei einem Brand in Schwitten tätlich angegriffen wurde, weil sie löschen und nicht durch Untätigkeit einen Versicherungsbetrug unterstützen wollte (s. „Mendener Geschichten" Band 5).

Der damalige königliche Landrat wollte ursprünglich in Bösperde Anfang der 1900er Jahre eine Pflichtfeuerwehr ins Leben rufen. Dagegen wehrten sich die Bösperder Bürger. Sie wollten keine Pflicht-, sie wollten eine Freiwillige Feuerwehr. Wie gefordert, so getan, Laut Protokollbuch war der 15. Dezember 1909 der Gründungstag. Erster Löschgruppenführer und Brandmeister ab 1909 war Caspar Rohe. Ihm stand „eine Anzahl mutiger junger Männer" zur Seite. In Bösperde war das Alarmieren der Feuerwehrleute nur durch Hornisten möglich und durch Meldung bei der „Feuermeldestelle", denn eine Kirche hatte Bösperde damals noch nicht. Folglich konnten auch keine Alarmglocken läuten (Notkirche ab 1912, Einweihung neue Kirche 1922, Einweihung Turm 1955).

Weihe der Steigertürme
Festtage für die Gemeinde

1924 freute sich das ganze Dorf mit, als ein hölzerner Steigerturm eingeweiht wurde. 1952 wurde unter Leitung von Karl Maffei ein neuer Steigerturm gebaut und feierlich übergeben. Es waren Tage der Jubiläen, der Ehrungen, der Fahnenweihen und Festzüge. Und wieder fei-

Brandmeister und Wehrführer Karl Maffei 1952 bei einem Trinkspruch zur Einweihung des zweiten Steigerturms in Bösperde. Foto: Archiv Feuerwehr

erte die ganze Gemeinde mit. Der Steigerturm, auch Schlauchturm genannt, ist „oft markantes Zeichen einer Feuerwache oder eines Feuerwehrhauses. Hauptsächlich dient er zum Trocknen von Druckschläuchen nach einem Einsatz. In erster Linie wurden Steigertürme zum Ende des 19. Jahrhunderts und Anfang des 20. Jahrhunderts zu Übungszwecken für Feuerwehren im Anstellen und Erklimmen von Leitern, insbesondere zu Rettungs- und Löscheinsätzen, gebaut". Entsprechende Übungen wurden 1952 den staunenden Bürgern gezeigt.

Offensichtlich gab es für einige Zeit auch die „Freiwillige Feuerwehr der Gemeinde Holzen bei Bösperde". Deren Satzung aus dem Jahr 1927 zeigt, welche Anforderungen an Mitglieder einer Freiwilligen Feuerwehr gestellt wurden: „Die Freiwillige Feuerwehr ist eine Vereinigung gesunder kräftiger Männer, welche freiwillig die Ehrenpflicht übernehmen, sich die nötige Fertigkeit, Sachkenntnis und Gewandheit in der Handhabung der Feuerwehrlöschgeräte zu erwerben, um bei Feuersgefahr möglichst schnell und in zweckmäßiger Weise Hilfe zu leisten." Wer also dabei sein wollte, musste bereit sein, Leistung zu erbringen.

1933 zählte die Feuerwehr Bösperde bereits 58 Mitglieder. Eine agile und aktive Wehr also. Doch staatliche Verordnungen verlangten ab 1933 eine Verminderung auf 27 Mitglieder pro Löschzug. Und die wurden noch dazu zur Hilfspolizei, später Feuerlöschpolizei, „befördert". Fast mutet es an wie ein innerer Streik, dass es von der Bösperder Feuerwehr von 1933 bis 1947 keine Protokolle gibt.

Karl Maffei bleibt für alle unvergessen
Nach dem 2. Weltkrieg ist der Werdegang der Bösperder Wehr eng verbunden mit Karl Maffei, der die Blauröcke als Wehrführer von 1947 bis 1958 zu neuem Aufschwung führte und sogar eine Jugendgruppe gründete. Ein weiterer wichtiger Schritt in Richtung Sicherheit für Bösperde erfolgte am 26. August 1949, als sich Wilhelm Voß, Chef der Werkfeuerwehr Neuwalzwerk, und Karl Maffei beim

Mit solchen Ledereimern waren im 18. Jahrhundert Löschfahrzeuge bestückt. Foto: Chronik Feuerwehr Bösperde

Amtsdirektor trafen. Thema war die Anerkennung der Werkfeuerwehr als offizielle Feuerwehr im Sinn des Gesetzes: Voraussetzung war, dass sich eine Gruppe der Werkfeuerwehr zur Löschhilfe außerhalb des Neuwalzwerkes verpflichtete. Als willkommene Ergänzung der Feuerwehr Bösperde. Werkfeuerwehren wie in Menden, Lendringsen und in Bösperde gibt es heute in Menden nicht mehr. Einzig KME Kabelmetal hat noch eine eigene Wehr, aber eine Betriebsfeuerwehr, keine Werkfeuerwehr. Die Betriebsfeuerwehr ist beschränkt auf innerbetriebliche Störfälle. Eine Betriebsfeuerwehr besteht in der Regel aus Freiwilligen einer Firma, die im Notfall alarmiert werden. Der Betriebsfeuerwehr fehlt im Gegensatz zur Werkfeuerwehr die staatliche Anerkennung.

Die Löschgruppe Bösperde bildet zusammen mit den Löschgruppen Schwitten und Halingen den Löschzug Nord.

Welche Chancen hat da eine Feuerwehr? Brand eines Scheunengebäudes in voller Ausdehnung, heißt es dazu in der Chronik der Feuerwehr. Foto: Archiv Feuerwehr

In Lendringsen: „Ohne Mampf, kein Kampf"
Rabiate Zivilisten zerschneiden Feuerwehr-Schlauch
Aus zwei Werkfeuerwehren wurde eine Freiwillige Feuerwehr

Werkfeuerwehren, Namensänderungen: Die Anfangsjahre der Feuerwehr Lendringsen bieten ein zuweilen verwirrendes Wechselspiel. Wie so oft bei Gründungen von Feuerwehren um 1900 musste erst Gravierendes passieren, bevor ein schlagkräftiger und durchorganisierter Brandschutz aufgebaut wurde. Es war im Winter 1908/1909, als ein Brand einen größeren Lagerraum der Firma Eisenwerk Rödinghausen (1890-1998) zerstörte und beträchtlichen Schaden anrichtete.

1936: Aus Böingsen wird Lendringsen

Zu jenem Zeitpunkt gab es in der Ortschaft nur eine Pflichtfeuerwehr unter Leitung von Karl Schlünder aus der Schulstraße. Er war gleichzeitig Spritzenmeister. Inhaber des Eisenwerks war Karl Becker, ein Mann der Tat. Umgehend gründete er am 1. Juli 1909 eine Werkfeuerwehr, die zugleich den Brandschutz der Gemeinde Böingsen übernahm. Und hier beginnt die Chance auf Verwirrung, denn dieses Böingsen war seit 1858 eine eigene große Gemeinde im Landkreis Iserlohn. Erst am 3. Januar 1936 wurde der Hauptort Böingsen umbenannt in Lendringsen. Ort und Ausmaße blieben gleich, nur die Namen änderten sich. Vom damaligen Böingsen ist nur noch eine gleichlautende Ortschaft übrig geblieben mit knapp über 100 Einwohnern.

Die Chronik der späteren Feuerwehr Lendringsen listet detailliert auf, wer damals zuständig war in Reihen der Werkfeuerwehr. Ihr erster Leiter war Oberbrandmeister Richard Daub, sein Stellvertreter Brandmeister Karl Liefländer, Spritzenführer Guido Sprick, Steigerführer Anton

Ein Trupp der Werkfeuerwehr des Eisenwerks Rödinghausen vermutlich aus den 1930er Jahren vor der Garage: von links Karl Liefländer, Willi Dobilzik, Heinrich Simon, Ferdinand Dederich und Heinrich Schüttler. Von zwei Feuerwehrmännern sind die Namen nicht bekannt. Foto: Archiv Klaus Kimna

Die Freiwillige Feuerwehr Böingsen 1929 vor der Gaststätte Dedrich. 1936 wurde daraus die Feuerwehr Lendringsen. **Obere Reihe v.l.:** *Heinz Schellert, Wilf. Paul, Josef Schutzeichel, Heinz Wortmann, Franz Löher, Otto Rehage, Eduard Stabenau.* **2. Reihe v.l.:** *Albert Liefländer, Theo Ölenberg, Kasper Schlünder, Jos. Neuhaus, Jos. Reich, Franz Schellert, Jos. Schulte, Franz Rademacher, Theo Schlünder, Jos. Weingarten, Franz Schriek, Willi Schulte.* **3. Reihe v.l.:** *Anton Braukmann, Ernst Rach, Otto Haarmann, Paul Rauterkus, Eduard Hohl, Karl Schmücker, Heinz Simon, Heinz Schmale, Ferdinand Blei, Karl Grenda, Theo Allhoff, Ernst Behme, Franz Rauterkus, Jos. Klee.* **Untere Reihe v.l.:** *Theo Wilf. Weische, Anton Braukmann, Franz Mürmann, Karl Liefländer, Franz Simon, Heinz Weische, Hermann Kerstin, Fritz Köster, Karl Schulte, Franz Gosselke. Foto: Archiv Volker Krisemendt*

Braukmann. Die Ausbildung der Feuerwehrmänner übernahm der Leiter der bereits 1899 gegründeten Feuerwehr Menden, Anton Salomon. Alarmiert wurde – wie üblich – per Glockengeläut und durch Signalhörner. Später heulte dazu eine Sirene vom Dach des Eisenwerks.

Erster Einsatz am Bettermannschen Haus

Bekannt ist, dass die junge Werkfeuerwehr als erstes ein Feuer am alten Bettermannschen Haus in Hüingsen löschen musste. Erstaunlich, dass sich ein ähnlicher Vorfall wie in Schwitten, als 1882 die junge Schmöle-Werkfeuerwehr sich Angriffen von Zivilisten ausgesetzt sah, in Hüingsen wiederholte: Es gab Streit zwischen Wehr und Zivilisten, in dessen Verlauf sogar ein kostbarer Schlauch zerschnitten wurde. Streit muss kurz darauf wohl auch beim Löschen eines Waldbrandes bei Schmücker ausgebrochen sein, denn die Behörden, so die Chronik, mussten einschreiten. Worüber es Streit gab, ist nicht überliefert.

Als Karl Becker 1921 starb, schenkten seine Söhne Max und Paul 1924 die gesamte Ausrüstung der Werkfeuerwehr der Gemeinde Böingsen (Lendringsen). Erst jetzt wurde die Werkfeuerwehr zur Freiwilligen Feuerwehr Böingsen (Lendringsen) und öffnete sich damit auch für Mitglieder, die nicht im Eisenwerk beschäftigt

Beim Kreisheimatfest 1952 traten Lendringser Feuerwehrleute wie zu Kaisers Zeiten auf. Eine gelungene Verkleidung. Foto: Archiv Feuerwehr

waren. Es wurde eine schlagkräftige Truppe, und es gab Zuwachs: Am 7. August 1930 gründeten die Rheinisch-Westfälischen Kalkwerke in Oberrödinghausen ebenfalls eine Werkfeuerwehr. Mit einer Stärke von 30 Mann. Auch sie wurde der Freiwilligen Feuerwehr Böingsen (Lendringsen) unterstellt., die 1930 auf beachtliche 78 Mitglieder kam. 1936 wurde daraus die Freiwillige Feuerwehr Lendringsen, wie wir sie heute kennen. Als Gründungsjahr gilt 1909.

„Gut Wehr" löste „Gut Schlauch" ab

Noch zu Böingser Zeiten, anno 1930, brachten die beiden Delegierten Mürmann und Haarmann eine Neuerung mit, die sie auf der 1. Preußischen Feuerwehrtagung erfahren hatten. Demnach gab es den neu eingeführten Gruß „Gut Wehr", der den alten Ausspruch ablöste: „Nach dem Fest nach altem Brauch, folgt ein fröhliches Gut Schlauch".

Der alte Spruch gefällt mir besser. In der Chronik zum 100-jährigen Bestehen der Feuerwehr Lendringsen wird Tanja Oelert (heute Sepke) aus Lendringsen zu Recht besonders erwähnt, denn 1986 trat sie als erstes Mädchen in die Jugend-Feuerwehr ein, damals noch gegen einigen Widerstand der Männer, die Frauen nicht zutrauten, die Aufgaben eines Feuerwehrmannes zu meistern. Heute sind Frauen in der Feuerwehr eine Selbstverständlichkeit. Ihre Feuertaufe hatten Lendringser Frauen schon im 2. Weltkrieg abgelegt. Als 1943 insbesondere nach der Möhne-Katastrophe Lendringser Feuerwehrmänner nach Luftangriffen angefordert wurden zu Einsätzen in anderen Städten, bildete die Feuerwehr weibliche Hilfskräfte aus. 18 Damen, so verrät die Chronik, schützten den Heimatort, wenn die Männer überörtlich im Einsatz waren. Seltsam, damals zweifelte niemand an den Fähigkeiten der Frauen.

Sieben Köche füttern ihre Kameraden

1975 endete mit der kommunalen Neuordnung die Selbstständigkeit der Lendringser Wehr, sie gehörte nun zur Feuerwehr der größer gewordenen Stadt Menden. Die drei Löschzüge von Lendringsen und Oesbern bilden den Löschzug Süd und gelten als schlagkräftige Allianz.

Eine vernünftige Schlagzeile ist das beste Zugpferd für eine Nachricht. Ich stutze. Was soll denn dieser Spruch inmitten der Feuerwehrnachrichten: „Ohne Mampf, kein Kampf". Da hat sich wohl was hinübergerettet aus Lendringser Zeiten in die Zeit nach der kommunalen Neuordnung. Eine Besonderheit?

1963 wurde in Lendringsen die Kochgruppe der Feuerwehr unter Leitung von Willi Simon gegründet. Auf den ersten Blick wohl eine Angelegenheit für Frauen. Falsch gedacht. Diese Kochgruppe ist seit mehr als 50 Jahren die Versorgungseinheit der Feuerwehr Menden und ist im Gerätehaus der Löschgruppen Lendringsen untergebracht. Lars Heckmann, der sie zur Zeit leitet, nannte mir die Grundlagen dieser Gruppe: „Sie steht immer dann auf dem Plan, wenn die Kameraden in längerfristige Einsätze, Großschadenslagen wie Kyrill oder bei Übungen gebunden sind."

Festzug 1984 zum 75-jährigen Bestehen. Ein Hingucker, aber dieses Fahrrad wäre für den Einsatz nicht zu gebrauchen. Die fünf Feuerwehrmänner schafften mit ihm die Steigung an der Meierfrankenfeldstraße nicht. Foto: Archiv Feuerwehr

Kochschule in Wesel besucht

Die Kochgruppe, die aus sieben Männern besteht und von fünf Frauen der Feuerwehrkameraden unterstützt wird, kann für ca. 500 Personen warme Speisen und Getränke zubereiten. Möglich ist das in der Küche im Gerätehaus oder direkt an der Einsatzstelle am Feldkochherd.

Der erste Feldkochherd wurde mit Ottokraftstoff und Diesel betrieben, der neue Herd, der vom Katastrophenschutz übernommen wurde, wird mit Propangas und

Richard Daub führte die Werkfeuerwehr des Eisenwerks von 1909 bis 1913. Foto: Archiv Feuerwehr

Franz Mürmann übernahm die Leitung der Werkfeuerwehr von 1913 bis 1934. Foto: Archiv FW

Karl Liefländer leitete den 1. Zug von 1934 bis 1938.

Diesel „befeuert". An dieser Gulaschkanone können die Feuerwehrköche 160 Liter Eintopf und 80 Liter Kaffee oder Tee gleichzeitig zubereiten.

Franz Hamer folgte als „Chefkoch" auf Willi Simon, ihm folgten Karl Grenda, Willi Schieferdecker, Sven Urbainczyk und Tobias Trippe, dann Nils Heckmann und Lars Heckmann.

Nicht wenige der Blaurock-Köche besuchten eigens für ihre verantwortungsvolle Aufgabe die Kochschule des Katastrophenschutzes in Wesel und holten sich da das nötige Rüstzeug. Andere eigneten sich ihre Kochkünste in Eigenregie an, vertrauten auch auf die Angaben ihrer Frauen.

Metzger und Bäcker helfen nachts aus
Eine solche Küche „führte" auch mal auf Seitengleise. Aber es war eine positive Verführung, wenn für Feuerwehrkameraden das Essen für deren Hochzeit angerichtet wurde. Zum Selbstkostenpreis. Dann konnten sie ihre Vielseitigkeit am Buffet beweisen vom gebeizten Lachs an aufwärts.

Zum Angebot gehört auch das komplette Paket von Butterbrot und Heißgetränken wie in einem Jahr an Silvester, als viele Stunden ein älterer Mann von Polizei und Feuerwehr gesucht wurde. Es gab zum Schützenfest beim Vogelschießen auch schon mal Erbsensuppe aus der Feuerwehr-Gulaschkanone. Was die Lungenklinik Hemer kann, können die Blauröcke auch.

Unwillkürlich fragt man sich, wie die Feuerwehr ihre Vorräte aufbewahrt, da sie doch gar nicht wissen kann, wann ein Katstrophenfall eintritt. Dafür gibt es spezielle Anlaufstationen unter Bäckern, Metzgern und Getränkelieferanten. die sich auch nachts stören lassen und den Feuerwehrköchen nach Ladenschluss die Körbe füllen.

Vom Rehbraten bis zu kompletten Menüs
Franz Hamer listete vor 21 Jahren für meine Kollegin Martina Dinslage mal auf, welche Vielfalt die Feuerwehrküche zaubern kann: Von Spaghetti-Bolognese über Reibeplätzchen, Erbsensuppe, Nackenbraten mit Kartoffeln und Gemüse bis hin zu Rehbraten und zu kompletten Menüs. Bis heute stimmt eine zweite Schlagzeile: „Wenns brennt, kochen die Feuerwehrmänner."

Anton Braukmann leitete den 2. Zug von 1934 bis 1938.

Josef Braukhaus führte die Lendringser Wehr von 1939 bis 1961 durch den Krieg und sorgte für den Wiederaufbau.

Bei Brand per Pferd wie ein Erl-König durchs Dorf
Oesbern schnitzte dem Sankt Florian ein 4,30 m hohes Denkmal
Patron der Feuerwehr starb mit Mühlstein um den Hals in der Enns

Selten zu sehen: Üben der Oesberner Feuerwehr am Sprungtuch.

So ganz viele Heilige gibt es nicht, denen man einen Mühlstein um den Hals legte und dann in einen Fluss stieß. Tod durch Ertränken. Dem Oberösterreicher Florian aus Lorch ist das am 4. Mai 304 passiert. Da war er Christ und wurde für seinen Glauben abgestraft. Seitdem hat er einen unvergleichlichen Siegeszug hinter sich gebracht: Für die Feuerwehren wurde er zur Symbolfigur. Für Spottverse musste er herhalten, in denen das unterste Denken der Menschen nach oben gekehrt ist. Im Funkverkehr der Blauröcke heißt es bei uns „Florian Menden", bundesweit „Florian" plus zuständige Stadt. Nicht nur für die Freiwillige Feuerwehr Oesbern war dieser Märtyrer die kraftvolle Figur, die hilft, das Feuer zu besiegen.

Auf dem Deckblatt ihrer Festschrift zum 50-Jährigen Bestehen haben die Oesberner den Heiligen Florian bildlich dargestellt: Zu seinen Füßen ihre Stadt, ihr Dorf. Mendens kleinstes Dorf hat so ausgedrückt, was alle Feuerwehrleute in den Löschzügen Wache, Mitte, Süd und Nord umtreibt, wenn sie sich größten Gefahren aussetzen, um Unheil von uns abzuwenden.

Diokletian ließ Christen verfolgen

250 ehrenamtliche und 60 hauptamtliche Feuerwehrmänner und –frauen, lassen sich in Menden von St. Florian inspirieren, wenn sie jeden Tag rund um die Uhr bereit sind auszurücken, wenn auf 86 qukm Fläche, 25 km Bundesstraße, 13 km Eisenbahnstrecke und auf all den

Enthüllung des 4,30 m hohen Florian auf der Wiese am Gerätehaus 1988 durch Bürgermeister Otto Weingarten.

vielen Kilometern Straßennetz mit einem Höhenunterschied bis 280 m die Katastrophe droht.

Wie kommt dieser Florian zu so viel Ehre? Weit gegriffen ist die Angabe seines Geburtsjahres: 3. Jahrhundert, also „200 und...". Geboren in Zeiselmauer bei Wien, keltischer Abstammung. Ein Jahrhundert ist lang. Todesjahr ist 304, also bereits im 4. Jahrhundert. Das war zu Zeiten des römischen Kaisers Diokletian. Das ist der mit dem berühmten Palast im kroatischen Split am Mittelmeer. Ein Christenverfolger, der seinen Statthalter Aquilinius nach Lauriacum (Lorch) geschickt hatte, um Christen auszuforschen. 40 Christen hatten seine Häscher schon gefunden und nach vielen Martern eingesperrt.

Florian war in jüngeren Jahren Offizier der römischen Armee und Oberbefehlshaber einer Einheit zur Feuerbekämpfung. Er war wohl nicht mehr der jüngste, als man ihn Jahre später schnappte und vor Gericht zerrte. Chronisten damaliger Zeit beschrieben ihn als pensionierten Kanzleivorstand, der in Aelium Cetium, dem heutigen Sankt Pölten, wohnte, 109 km entfernt von Lorch. Wohl sein Alterssitz. Florian hatte dort von den gefangenen Christen gehört und wollte ihnen beistehen. Seine

Die alte Handdruckspritze der Freiwilligen Feuerwehr Wimbern-Oesbern im Jahre 1938. Von links: Fritz Knieper (Wimbern), Peter Gurris (Oesbern), Theodor Osterhaus (Lütkenheide), Hubert Sturzenhecker (Oesbern), Theo Schulte (Oesbern), Josef Schüpstuhl (Wimbern). Zwei sind unbekannt. Fotos: Archiv Feuerwehr

ehemaligen Militärkameraden aber verhafteten ihn, weil er sich als Christ outete. Vor Statthalter Aquilinis weigerte er sich, seinem christlichen Glauben abzuschwören. Christentum war verboten. Noch.

Vor der Hinrichtung eine Stunde gebetet
Die Marter war grausam: Er wurde mit Knüppeln geschlagen, seine Schulterblätter mit geschärften Eisen gebrochen, mit glühender Zange und brennender Fackel quälten sie ihn. Urteil: Todesstrafe. Er sollte bei lebendigem Leib verbrannt werden. Am Marterpfahl, so wird überliefert, soll er gesagt haben: „Wenn man mich verbrennt, werde ich auf den Flammen zum Himmel steigen." Das beeindruckte die Soldaten, die sich nun scheuten, ihn zu verbrennen. Jetzt sollte er ertränkt werden. Sie legten ihm einen Stein um den Hals (die Legende spricht von einem Mühlstein) und stürzten ihn von einer Brücke in die Enns, einen Nebenfluss der Donau.

Vor seiner Hinrichtung soll Florian eine Stunde gebetet haben, bis einen der Soldaten die Wut packte und er ihn schließlich ins Wasser stieß. Die anderen 40 gefangenen Christen starben im Kerker.

Wie immer ranken sich Geschichten um den Tod eines Märtyrers. Florians Leichnam wurde demnach auf einen Uferfelsen geschwemmt und von einem Adler mit ausgespannten Schwingen bewacht. Eine Frau (Valeria) hatte eine Offenbarung, barg den toten Florian, legte ihn auf einen Karren, deckte ihn mit Sträuchern und Laub zu. Als unterwegs die Zugtiere ermattet stehen blieben, entsprang nach einem Gebet der Valeria eine Quelle und labte die Tiere: Diese Quelle, so heißt es, gibt es heute noch: Der Florianbrunnen bei der Kirche St. Johann in St. Florian (Steyr, 6000 Einwohner).

Strafwunder gegen wütenden Soldaten
Dem wütenden Soldaten, der den Florian in den Fluss stürzte, erging es nicht anders, als dem Napoleonischen Soldaten, der in Werringsen am Homberg ein Wegekreuz mit seinem Säbel zersplitterte (s. Band 3 „Mendener Geschichten"): Er starb. Ein Strafwunder war sein Ende. Der Soldat Napoleons stürzte vom scheuenden Pferd und brach sich das Genick.

Der Löschzug Oesbern im Jahr 1952: Vordere Reihe von links: Fr. Bettermann, P. Pierschkalla, Fr. Keggenhoff, H. Kortmann, J. Filthaut, Fr. Behme sen., P. Goeke, K. Kortmann, A. Plümper. Hintere Reihe von links: Fr. Behme jun., H. Hempelmann, H. Bettermann, J. Schelte, P. Wächter, P. Sommer, H. Püttschneider, A. Sturzenhecker, A. Schladot, H. Vogt.

Von 1941 bis 1961 das „Feuerwehrauto" der Oesberner Wehr: Traktor und Anhänger, auf dem Spritze und Schläuche untergebracht waren.

Dem römischen Soldaten fielen die Augen aus dem Kopf. Nur acht Jahre später sicherte Kaiser Konstantin völlige Glaubensfreiheit zu.

Der Heilige Florian ist Schutzpatron der Feuerwehr. Schon bei den Römern hatte er gegen das Feuer gekämpft. Fromm und vieldeutig ist das Gebet:

> „Es brennt, o Heiliger Florian,
> heut allerort und Enden.
> Du aber bist der rechte Mann,
> solch Unglück abzuwenden.
> In Häusern und in Herzen
> entzünde schnell und himmelhell
> des Friedens heilge Kerzen."

Ganz anders gemeint sind die ironischen Verse, die zwar auch den Heiligen Florian um Hilfe anrufen, aber eine ganz andere Absicht hegen und die heute wohl jeder kennt. Egoismus pur:
„O Heiliger Sankt Florian / Verschon mein Haus / Zünd andre an!"

Eigenartige Fichte
Vorlage für den Florian
Florian ist ein hoch verehrter Volksheiliger in den Alpenländern und wird oft als römischer Soldat mit Lanze und wehendem Banner dargestellt. Hoch angesehen wird er bei der Feuerwehr, weil er bereits als Kind einen Brand löschte. So wird er auch dargestellt, wie er einen Kübel Wasser über ein brennendes Haus schüttet. Der Heilige Florian gilt als Fürbitter gegen Feuergefahr und Feuersnot. Als Schutzheiliger ist er auch Patron der Schmiede und Kaminkehrer, wird angerufen gegen Dürre, Unfruchtbarkeit der Felder und bei Wassergefahr. Patronatsfest ist am 4. Mai, seinem Todestag.

Angesichts solch großartiger Vielseitigkeit lag es in Oesbern nahe, dem Schutzheiligen St. Florian ein Denkmal zu setzen. Ein einzigartiges, das heute noch auf dem Rasen am Gerätehaus zu bewundern ist. Die Feuerwehrkameraden Franz Plümper und Heinrich Vogt hatten im Wald einen

Das Deckblatt der Oesberner Festschrift: Sankt Florian schützt Stadt und Dorf.

eigenartig geformten Fichtenstamm gefunden und schnitzten daraus eine 4,30 m hohe Statue des Hl. Florian, versahen den Kopf mit einem Helm aus Kupfer und setzten die Figur auf einen Springbrunnen. Bürgermeister Otto Weingarten übergab das Kunstwerk am „Tag der offenen Tür" am 3. September 1988 der Öffentlichkeit.

Auch im kleinsten Dorf kann es mal brennen

Zwei Drittel der Oesberner Gesamtfläche von 10,8 Quadratkilometern ist Waldfläche, der Rest sind Grünflächen und Ackerland. Dazwischen liegen landwirtschaftliche Gebäude und Wohnbebauung bzw. neuere Einfamilienhäuser. Einwohnerzahl meist um die 600, zur Zeit sogar nur knapp über 500. Aber auch da kann es brennen, muss eine Feuerwehr zur Stelle sein.

Im Protokoll einer Sitzung der Gemeindeversammlung vom 6. August 1847 in Halingen ist die Rede von der Anschaffung einer Amtsspritze von den Gemeinden Schwitten, Wimbern, Oesbern und Böingsen. Ein frühes Dokument also, aber mehr ist nicht zu erfahren. 86 Jahre später am 10. November 1933 fand in der Schule in Werringsen eine Besprechung der männlichen, über 18 Jahre alten Einwohner der Gemeinden Oesbern und Wimbern statt. Thema: Gründung eines Halblöschzuges. Heinrich Quenter aus Werringsen wurde Brandmeister. Vier Monate später übergab Heinrich Quenter auf einer Versammlung in der Gaststätte Hempelmann in Oesbern das Amt „wegen zu hohen Alters" an Theodor Osterhaus aus Oesbern.

Wimbern und Oesbern bis 1949 gemeinsam

Aber das war alles nur Vorgeplänkel: Die Gründung einer Freiwilligen Feuerwehr in den Gemeinden Oesbern und Wimbern erfolgte am 2. August 1934. Der Halblöschzug Oesbern-Wimbern hatte Schwierigkeiten. Denn mit der Freiwilligkeit war es nicht so weit her. Viele Männer waren einfach bestimmt worden, der Feuerwehr beizutreten, andere konnten durch die

Folgen des Krieges und das Erreichen der Altersgrenze nicht aktiv mitmachen. Es kamen immer weniger zu den Diensten, so dass immer neue Männer verpflichtet werden mussten.

Auf Bestreben der Verwaltung und der Gemeinden wurden die Halblöschzüge Wimbern und Oesbern am 3. Dezember 1949 getrennt, eine Freiwillige Feuerwehr Oesbern gegründet. Ähnliches passierte auf Wimberner Seite. Wimbern gehörte noch weiter zum Amt Menden. Auf Grund des Gesetzes zur Neugliederung des Landkreises Soest und von Teilen des Landkreises Beckum wurde Wimbern dann allerdings am 1. Juli 1969 ein Ortsteil der Gemeinde Wickede.

Auf Pferd oder Rad
Brände gemeldet
Es muss angemutet haben wie beim Erlkönig („Wer reitet so spät durch Nacht und Wind"), wenn im weitflächigen Oesbern die Feuerwehr zu einem Brand gerufen wurde. Dann preschte der Meldereiter auf einem Pferd über die Straßen und ließ sein Horn ertönen, mit dem er die Kameraden notfalls aus dem Bett zum Löschen rief. Und wenns kein Pferd war, dann trampelte er auf seinem Fahrrad. Die Feuerwehrmänner, überwiegend Landwirte, „rasten" dann mit Traktor und einem umgebauten Anhänger mit Motorspritze und Schlauch zum Brandherd. Das war so noch 1952. Ein Jahr später erhielt die Feuerwehr dazu noch einen „Mannschaftswagen", einen grau-grünen Adler-Favorit von 1930, ehemals Taxi Braukmann, Höchstgeschwindigkeit 75 km/h.

1954 wurde der Brandmeister ans Telefonnetz angeschlossen 1959 erhielt die Wehr das seit 1956 geforderte Gerätehaus. Ein Jahr später wurden in Oesbern drei Sirenen installiert, dafür wurde der Adler-Favorit verschrottet.

Schulkinder bauen
1962 den Löschteich
1962 aber ein Zeichen echter Zusammengehörigkeit im Dorf: Schulkinder und Feuerwehr legten gemeinsam zwischen Gerätehaus und Schule einen Löschteich

Schulkinder und Feuerwehrleute legten 1962 den Löschteich an, der heute noch genutzt wird.

Die lustige Unterschrift des früheren Ministers Dr. Norbert Blüm unter seinem Grußwort zum Jubiläum der Oesberner Wehr.

an, der noch heute nutzbar und eine Art Naherholungsgebiet ist.

1975 mit der Kommunalen Neuordnung wurde die Feuerwehr Oesbern umgewandelt in den Löschzug Oesbern und bildet zusammen mit Lendringsen den Löschzug Süd. Das bewahrte die Oesberner nicht vor dem Zugriff des TÜV. Der zog ihren 1961 angeschafften Feuerwehrwagen aus dem Verkehr, weil er zu stark durchgerostet war.

Inzwischen freut sich der Löschzug Oesbern über eine grundlegend gute Ausrüstung.

Blüm unterschreibt mit einer Karikatur
Als 1999 das 50-jährige Bestehen gefeiert wurde, schickte der frühere Bundesminister für Arbeit und Sozialordnung (1982-1998), Norbert Blüm, eine launige Grußbotschaft, die er mit einer Karikatur als Unterschrift versah. Wohltuend seine Worte: „Von den Feuerwehrleuten kann sich manch einer eine Scheibe abschneiden. Sie setzen sich großen Risiken aus und riskieren notfalls sogar ihr Leben für andere. Die Feuerwehrleute sind deshalb eine Medizin gegen den großen Egoismus dieser Zeit."

R&G öffnete das Archiv
Die Schmöle-Firmen gaben vielen Arbeit und Schutz durch ihre eigenen Werkfeuerwehren

Die Mitglieder der Werkfeuerwehr R&G Schmöle im Jahr 1960. Viele von ihnen dürften heute noch in Menden bekannt sein. 1. Reihe von links: Theodor Hufnagel, Willi Kempfer, Fritz Wall, Josef Messy, Anton Ostermann, Otto Morali, Josef Emmerich, Anton Risse, Josef Schlücking und Josef Althoff. 2. Reihe von links: August Weige, Josef Püttschneider, Josef Maiwurm, Heinz Holstein, Heinrich Büddiker, Willi Parafian, Paul Schlücking, Klaus Beierle II, Karl Schmidt II, Werner Beckmann, Werner Kleine I und Franz Huckschlag. 3. Reihe von links: Karlheinz Fellmer, Fritz Schelte, Friedhelm Kleine II, Willi Wiemann, Willi Hamer, Josef Hermes, Ernst Krekeler, Heinz Beierle III, Karl Schmidt I, Alfons Beierle I und Josef Althoff II. – Wegen Krankheit nicht auf dem Bild: Erwin Zeppenfeld, Heinz Gerlings und Günter Eifler. Foto: Archiv R&G Schmöle

Wenn eine Aussage stimmt, dann diese: „Generationen von Mendenern erhielten Ausbildung und Arbeit bei den Unternehmen der Familien Schmöle". Und eine zweite Feststellung stimmt auch: Beide Unternehmen sorgten mit eigenen Werkfeuerwehren schon früh für Sicherheit nicht nur in ihren Fabriken, sondern auch in Menden selbst.

Seit 1853 gab es die Firma R&G Schmöle in Menden, seit 1854 das Unternehmen Schmöle & Co. (anfangs Schmöle, Wiemann & Co). 1965 erwarb der Armaturenhersteller Grohe das Unternehmen Schmöle & Co an der Märkischen Straße. Auch R&G Schmöle stellte 2002 den Betrieb ein und übergab an KME Kabelmetal. KME Germany an der Carl-Benz-Straße in Menden ist das größte Kupferrohrwerk in Europa.

Auf die Spur der Werkfeuerwehr von R&G Schmöle setzte mich ganz unverhofft Klaus Steinhage. Der ehemalige Ratsherr (Jahrg. 1956), der 1989 erstmals mit den Grünen in den Mendener Stadtrat einzog, ist Marketing-Chef von KME in Menden, hat im früheren R&G-Archiv geforscht und Unterlagen über die Werkfeuerwehr entdeckt. Offizielles Gründungsjahr ist demnach 1920.

Schmöle & Co hatte schon 1880 eine Wehr

Von der Werkfeuerwehr von Schmöle & Co. fehlen mir solche Unterlagen. Bis auf den Pressebericht von 1882, als die „junge Feuerwehr der Schmölschen Fabrik" in Schwitten tätlich angegriffen und vertrieben wurde, weil sie löschen wollte anstatt durch Nichtstun beim Versicherungsbetrug zu helfen (Band 5). Sie wurde vermutlich um 1880 gegründet. Damals wurde nur von der Schmöle-Feuerwehr berichtet, weil es eine zweite noch nicht gab. Werner Bartmann, Mendens Wehrführer von 1995 bis 2012, bestätigte mir, dass es sich beim Schwittener Skandal um die Wehr von Schmöle & Co. handelte und nicht um die von R&G.

Als die „Freiwillige Werkfeuerwehr" von R&G Schmöle 1960 ihr 40-jähriges Bestehen feierte, verfasste Ruth Mootz unter der Überschrift „Es brennt..." einen Bericht, der berechtigte Zweifel aufkommen lässt, ob das Gründungsjahr 1920 tatsächlich stimmt.

Sie deutet an, dass auf Anregung von Kommerzienrat Karl Schmöle schon kurz vor dem ersten Weltkrieg bei R&G eine freiwillige Werkfeuerwehr geschaffen worden sei, allerdings in einer zunächst losen Form. Eine Ausbildung hätten die Schmölianer von einem Mitglied der städtischen Feuerwehr Menden (gegr. 1899) erhalten, von Ernst Röper, der später Betriebsleiter des Rohrwerks wurde.

R&G einigte sich auf den 1. April 1920

Anscheinend aber hat nach dem Ersten Weltkrieg diese „lose Form" der Werkfeuerwehr nicht wieder zusammengefunden. Walter Ulmke, zu jener Zeit stellvertretender Geschäftsführer, beauftragte jedenfalls die Elektromeister Stengeln und Kammer, für eine neue Werkfeuerwehr zu werben. Acht Männer fanden sich bereit: Martin Hemmersbach, Hermann Kammermeier, Josef Mölle, Anton Ostermann, Fritz Tünnerhoff, Fritz Wall, Fritz Willmes und Heinrich Willmes.

Jahr und Tag der Gründung ließen sich, so die Chronik, nicht mehr einwandfrei ermitteln, weil es weder Werkszeitung

Das älteste bisher bekannte Bild der Werkfeuerwehr von R&G Schmöle. „Geschossen" im Jahr 1929. Alle Feuerwehrmänner trugen noch die „Pickelhaube". Foto: Archiv R&G Schmöle

Deutlich zu erkennen ist die militärische Ausrichtung der Feuerwehr. Dieses Bild der Werkfeuerwehr R&G Schmöle stammt von 1935. Foto: Archiv R&G Schmöle

noch Werksarchiv gab. So habe man sich auf den 1. April 1920 als Gründungstag geeinigt. Leiter der R&G-Wehr wurde Ingenieur Hildt. Seine Truppe umfasste 18 Mann und bald auch die Stärke eines Normallöschzugs.

Die Feuerwehrmänner von R&G besuchten regelmäßig Lehrgänge an der Provinzial-Feuerwehrschule in Münster, legten Prüfungen ab und freuten sich über solch großen Zulauf, dass sie 1933, im Jahr der Machtergreifung Hitlers, einen zweiten Löschzug aufstellen konnten. Als besondere Abteilung kam im selben Jahr eine Gruppe für „industriellen Luftschutz" hinzu. Feuerwehr, Sanitätswesen und Luftschutz wurden im so genannten Werkschutz immer fester zusammengefügt, „so dass der Charakter des freiwilligen Zusammenschlusses mehr und mehr verloren ging".

Magazingebäude knapp gerettet

Vor dem 2. Weltkrieg hat es sechs innerbetriebliche und vier außerbetriebliche Brände gegeben, die mit Hilfe der R&G-Wehr gelöscht wurden. Gefährlichster Einsatz war offenbar am 20. August 1937 ein Brand im Magazingebäude Die Ursache konnte nie geklärt werden. Zumindest hatte dieser Brand Konsequenzen: Im ganzen Betrieb wurden danach Handlöscher verteilt, eine neue Alarmsirene, eine weitere Motorspritze und eine starke Leiter angeschafft. Es gibt offensichtlich noch Unterlagen zu jenem Brand. Zum einen bedankt sich der „Führer des Betriebs", Walter Ulmke, bei Oberbrandmeister Litthorst, den Brandmeistern Ostermann und Mölle und ihren Mannen für das Löschen des Großbrandes, andererseits endet ein Protokoll zum Erfahrungsbericht mit den hehren Worten: „Es muss Ehrenpflicht eines jeden Gefolgschaftsmitgliedes sein, sich bei der Feuerwehr zu betätigen, denn der Gemeinschaftssinn verlangt das…"

Dieses Gedankengut gipfelt am 30.11.1938 im Aufruf des Hitler-Staates: „Ihr seid nunmehr Angehörige der deutschen Polizei als Feuerschutzpolizei oder freiwillige Hilfspolizei mit allen gesetzlichen Vollmachten und Pflichten."

Schmöle & Co und R&G gemeinsam im Einsatz

Zumindest für den Brandschutz verfügte die Werkfeuerwehr 1942 über 65 Feuerwehrleute; zwei Motorspritzen, sieben Tragbahren und einen Mannschaftswagen für 25 Mann mit eingebauten Rettungsgeräten.

Für die Werkfeuerwehr wurde der Dienst im 2. Weltkrieg zur Tortur. Beim Nahen feindlicher Flugzeuge gab es einerseits ständig Alarmbereitschaften, andererseits wurden die Männer dringend gebraucht in der Produktion. Zusätzlich kostete, so die Chronik, die „ständige Gefahr einer totalen Zerstörung des Werkes Nerven. Aber wir sind noch einmal davongekommen: Die Fabrikgebäude in Menden wurden verschont, es gab nur 28 Treffer durch Granaten."

Eine Besonderheit im Dezember 1944: Da rückten die Werkfeuerwehren von Schmöle & Co und von R&G Schmöle gemeinsam aus mit der Feuerwehr Menden und löschten einen Brand bei der Firma Lübke & Co an der Unnaer Straße, der nach einem Bombenabwurf ausgebrochen war.

Nach Ende des Krieges übernahm Platzmeister Ostermann die Leitung der freiwilligen Werkfeuerwehr von R&G. Diese Werkfeuerwehr gab es noch bis 2002, dann wurde sie umgewandelt in eine Betriebsfeuerwehr. Gerhard Schnadt (Jahrg. 1942) leitete 10 Jahre lang als ihr letzter Hauptbrandmeister die Werkfeuerwehr bis zu ihrer Umwandlung. Nach mehr als 80 Jahren wurde die eigenständige Feuerwehr aufgelöst. Die Gründe lagen auf der Hand: Nach Auslagerung und Stilllegung von Teilen des Betriebs nach der Übernahme durch Kabelmetal war das Unternehmen so geschrumpft, dass eine eigene Werkfeuerwehr nicht mehr gebraucht wurde. Gerhard Schnadt unterstrich, dass die Werkfeuerwehr nach gleichen Vorschriften und Bestimmungen ausgebildet war wie die Feuerwehr Menden. Sie war wie ein vollwertiger Löschzug. Im Gegensatz dazu unterliegt eine Betriebsfeuerwehr nicht den strengen Bestimmungen bei Ausbildung und Einsatzfähigkeit.

Auch für Werkfeuerwehren war St. Florian als Patron zuständig. Foto: Archiv Klaus Kimna

Übung der Werkfeuerwehr von R&G Schmöle 1936 mit Verletzten-Bergung (Kind auf Arm) und „Leiter-Angriff". Foto: Archiv R&G Schmöle

Die „Leiden" der Kirmes-Anlieger
Mit „Gegenmusik" gegen die wummernden Bässe
Wilde Fahrten – Warum kreischen Mädchen immer so laut?

Wie lange meine Frau Helga und ich schon direkte Kirmesanlieger sind, weiß ich gar nicht mehr so genau. Sicher mehr als 20 Jahre. Die Ecke Papenhausenstraße/Kaiserstraße entpuppte sich plötzlich als willkommener Platz für Fahrgeschäfte, die hoch hinaus wollen. Gedacht haben wir uns nichts dabei, als es los ging. Doch danach verstanden wir plötzlich alle Innenstadtbewohner, die mitten im Pfingstkirmes-Trubel in ihren Häusern und Wohnungen seit Ewigkeiten etwas aushalten müssen, das man sich draußen als Kirmes-Tummler gar nicht vorstellen kann.

Einige Jahre haben wir das ertragen, dann den Wagen gepackt und geflüchtet in die Rhön, haben Achim Richlik von der Stadtverwaltung gebeten, unbedingt dafür zu sorgen, dass der Hauseingang vernünftig verbarrikadiert wird, um Wildpinkler abzuwehren. Jetzt bleiben wir wieder in Menden, trotzen dem „Unheil".

Kein Kraut gegen kriechende Bässe
Unheil Nummer eins: Die Bässe aus den Lautsprechern. Ich war anfangs so naiv zu glauben, diesen wummernden Rhythmen entkommen zu können. Nix da. Die Bässe kriechen die Wände hoch. Dagegen hilft nichts. Ohren zustopfen? Quatsch. Das Wummern besetzt die Nervenbahnen. Das Vibrieren macht wahnsinnig. Das war auch in den Jahren vorher schon so. Unters Bett habe ich mich schon mal gelegt, wie ein Strauß, der seinen Kopf in den Sand steckt. Ziemlich bekloppt, zwar voller Hoffnung, aber vergeblich.

Die Verzweiflung hat uns oft in all den Jahren gepackt, sobald die Musik-Dröhnung über uns hereinbrach. Bis 2007 hatten wir noch unsere 100 Jahre alten Fenster. Das Haus ist von 1905. Kompakt zwar, aber die Fenster rappelten im Sturmtakt. Wir hatten Angst, dass die Scheiben zerklirrten. „Ab sofort", wir schrieen es, „wird Gegenmusik gemacht". Natürlich auch Blödsinn, denn so laut kann ich keinen Lautsprecher drehen, als dass ich die Kirmesdröhner ärgern könnte. In unserer Bar im Keller haben wir unser Grammophon mit Schellackplatten bestückt, den Trichter Richtung Kirmes gedreht und uns in voller Laustärke mit Musik von anno tuck für den Moment getröstet. „Dein ist mein ganzes Herz…", Richard Tauber für alle Fälle.

**Erst in den „Konga",
dann in die Ecke k…**
Seit 2007 haben wir mehrfach verglaste Fenster, es ist erträglicher geworden. Ganz abgesehen davon stimmt die Weisheit: Man muss sich unters Kirmesvolk mischen, wenn man Kirmes ertragen will. Und es stimmt, dass die Küche kalt bleiben kann und es draußen auch Spaß macht. Solange es nicht regnet oder zu kalt ist und man zu Hause bleiben sollte. Freitagnachmittag 2015, einen Tag vor Rummelbeginn. Probelauf des „Konga".

„Verdächtig" nahe rauschte die Konga-Kralle an Helga Levermann auf ihrem Balkon Papenhausenstraße/Ecke Kaiserstraße vorbei. Foto: Martina Dinslage

Er ist das erste Mal in Menden, 2018 ein zweites Mal. Die riesige Schaukel mit 45 m Flughöhe und 120 km/h Geschwindigkeit gibt so sausende Geräusche von sich, dass uns schon vom Zuhören und Zusehen prompt schwindlig wird. Da reinsteigen? Geht gar nicht. Das überlassen wir den jungen Leuten. Überraschend viele Mädchen klettern Pfingsten wie verrückt in die engen Sitze und kriegen den Hals nicht voll. Aber warum müssen Mädchen immer so hoch quieken?

Bei diesen sausenden Fahrten auch der Vorgängergeschäfte wundert mich nicht, dass hinterher in stillen Ecken unweit unserer Hausmauern und bei Nachbarn gekotzt wird. Passt gut zum Pfingstsonntagmorgen, passt ja auch alles bestens zusammen: Pizza, Spanferkel, Mandeln, Bratwurst, Bier und dann noch Wirbel-„Konga". Ich möchte kein Magen sein.

Oft Einvernehmen mit Schaustellern

Leid tat uns der Baum vor unserem Haus. Er ist sowieso von allen an der Papenhausenstraße der kleinste. Der Windzug der Konga-Kralle verwirbelt bei jedem Schwung seine Äste. Sollte mich nicht wundern, wenn er nur noch braune Blätter wirft.

Als Anlieger sind wir bemüht, mit den Schaustellern stets ein gutes Einvernehmen zu haben. Die meisten sind nett. Schausteller Schneider zum Beispiel erhielt ganz zu Anfang unserer Kirmesplatz-Anlieger-Karriere noch Telefonanschluß und Wasser von uns. Das macht man nur mit angenehmen Menschen. Kein Problem also. Ein Mal frostete es aber zwischen einem Schausteller und uns. Da wollte der leicht aufbrausende Mann sein Fahrgeschäft so nah an unser

Haus bauen, dass eine Person mit Regenschirm uns den Putz von der Wand geholt hätte und wir aus unserem Erkerfenster hätten einsteigen können. Erst unsere Drohung, eine „Einstweilige Verfügung" zu erwirken, verhalf zu mehr Abstand.

Wir haben uns später vereinbart mit den Chefs der Fahrgeschäfte. Daumen hoch von unserem Balkon hieß: Musik darf ruhig lauter sein. Daumen runter: Macht bloß leiser, hier wohnen viele ältere Leute in der Nachbarschaft. Das war die Zeit, als wir selber noch jünger waren.

Trend zum Zweitwort hat stark nachgelassen

Das Vermaledeite: Die Sprecher wechselten häufig in ihren Kassenhäuschen, wussten gar nicht, dass Verabredungen bestanden. Ganz junge Leute waren dabei, versuchten sich am Mikrofon und quakten einen Senf in die Luft, dass man die zuständigen Lehrer fragen möchte, warum der Trend zum Zweitwort so unterentwickelt geblieben ist. Total nervig. Kirmesbesucher kriegen das nur kurzzeitig mit und gehen weiter, Anlieger den ganzen Tag bis in die Nacht.

Jedes Jahr dasselbe: Lärm und Bässe wachsen mit der Nähe der Abendstunden. Werbeargument ist die Musik. Solange wir sie mitsummen oder mitsingen können, in Ordnung. Aber unser Geschmack ist nicht der der Jugend. Nicht immer zumindest. Und überlautes Schlagzeug brauchen wir abends als Rhythmusgeber auch nicht.

Ab 24 Uhr ist Ruhe oder sollte es sein. Morgens um 5 Uhr schleiche ich schon ums Haus, schaue nach, wie die Hauswände, wie der Hauseingang, wie der Gehweg in Mitleidenschaft gezogen sind. Wasserschlauch in der Hand, Besen griffbereit. Mülleimer auch. Denn viele Kirmesbesucher, gerade jüngere, sogar Kinder, lassen alles unter sich fallen. Ist ja auch einfacher, als es mit sich herumzuschleppen.

„Pastorale" über große Kirmesboxen

Ich weiß nicht mehr, wann es war. In einem Anflug von Leichtsinn hatte ich die Qualität der Lautsprecher der Fahrgeschäfte bestaunt und erwähnt, über eine solche Anlage möchte ich mal die „Pastorale" von Beethoven hören. Tochter Diana kann in solchen Momenten die Unbeteiligte markieren und lässt sich nichts anmerken, wenn sie irgendwie ihre Finger im Spiel hat. Pfingstdienstagmorgen um 10 Uhr, ich war schon fast auf dem Weg zur Redaktion, floss diese herrliche Hirten-Symphonie über den Kirmeskanal. Grandios.

Ja, wir bleiben zu Hause, erleben die Kirmes wieder mit. Ohne Auto. Das steht in der Garage zum Schutz vor allzu Übermütigen. Zudem ist die Garage eingezwängt von der Kirmes, der Wagen kann gar nicht raus. Was bedeutet, ich muss den gesamten Einkauf für eine Woche spätestens Mittwoch vor Pfingsten erledigen. Elende Schlepperei.

Was man nicht vergessen sollte: Es sind nicht nur die vier Kirmestage, es sind auch die Aufbau- und Abbautage bzw. -Nächte, die zu ertragen sind. Viele Innenstadtbewohner wissen ein ähnliches Lied zu singen. Was sich anhört wie ein Klagelied ist keines, nur eine unvollständige Zustandsbeschreibung. Missen möchten wir die Kirmes nicht.

Hochgenuss auf Battenfeldwiese und Alemannen-Platz
Erfinder Hugo Haase war der „Vater der Achterbahn" und baute sie auch auf der Pfingstkirmes auf

Das war der entscheidende Passus. Ich fand ihn in einer Zeitungs-Ausgabe vom 2.6.1960. Kirmes auf dem Alemannen-Platz: „Im Mittelpunkt des Kirmesgeschehens steht zweifelsohne die Achterbahn: Hugo Haase schickt zu Pfingsten erfreulicherweise an Stelle des kleinen das große Modell in die Hönnestadt…"

Mendens Achterbahn hat nun ein Gesicht
Endlich ein Fingerzeig. Der Schausteller-Betrieb des legendären Hugo Haase (1857-1933), der als „Vater der Achterbahn" gilt, dessen Ideen um 1900 die Vergnügungsindustrie revolutionierten! Noch 80 Jahre nach seinem Tod überschlagen sich die Zeitungen vor Anerkennung. Haase erfand die erste transportable Wasserbahn und die „Figur-8-Bahn", die erste Achterbahn der Welt. Er galt vor dem 1. Weltkrieg als Karusselkönig und größter Schausteller aller Zeiten, war mit 25 verschiedenen Fahrgeschäften unterwegs. Seine Attraktionen, so heißt es, standen in vielen Ländern Europas, auch in Amerika. Sein dreischeibiges Stufenkarussel „El Dorado" stand 1910 im New Yorker Vergnügungspark Coney Island und 1970 auf der Weltausstellung in Osaka, heute in einem Vergnügungspark in Tokio.

Und solch ein Mann, möchte man staunen, bestückte in den 50er Jahren und Anfang der 60er mit seinen Achterbahnen die Mendener Pfingstkirmes. Erst auf Battenfeldswiese, dann auf dem Alemannen-Platz und einmal auch an der Unnaer Straße.

Sim-Jü ist wie Menden eine Innenstadtkirmes
Rainer Schulz aus Werne an der Lippe ist nicht nur ehemaliger Sparkassen-Mann, sondern auch Mitarbeiter der bundesweiten Schausteller-Zeitung „Der Komet" und hat neben seinem Sim-Jü-Verlag auch ein riesiges Schausteller-Archiv. Sim-Jü ist eine Innenstadtkirmes in Werne ähnlich der Pfingstkirmes in Menden. Er zauberte ein Bild der Haase-Achterbahn, wie sie in Menden gestanden hat, aus dem Hut. Nun hat meine Sucherei ein Ende und die Achterbahn ein Gesicht.

Diese Achterbahn von Hugo Haase stand in den 1950ern und Anfang der 1960er Jahre auf der Mendener Pfingstkirmes. Foto: Archiv Rainer Schulz

Von den Kanzeln in Menden
„Speckpater" fasste die Mendener durch seine Predigten bei ihrem Gewissen und beim Geldbeutel

Zwei Patres haben mit ihren Predigten bleibenden Eindruck bei der Mendener Bevölkerung hinterlassen. Bei vielen bis heute. 1954 der „Speckpater". Der andere ist Pater Leppich. Den habe ich noch selbst und wissentlich erlebt. Beim „Speckpater" bin ich angewiesen auf die Chronisten unserer Zeitungen und auf andere Quellen.

„Quadratschädel" aber ein gutes Herz

Wer war jener Mann mit dem seltsam anmutenden Namen, habe ich mich gefragt. Speck und die Jahre ab 1948 bis in die 50er Jahre passten zusammen, gerade in Hinblick auf die Millionen aus dem Osten vertriebener Menschen hinter dem „Eisernen Vorhang". Es handelte sich um Pater Werenfried, „äußerlich groß und stark gebaut, mit schwerem Quadratschädel, ein wenig bäuerlich unbeholfen, aber eine Priestergestalt mit gutem Herzen". In den Zeitungen jener Zeit wurde er auch der „weiße Mönch aus Flandern" genannt, der „Wühler im Gottesreich", der „Roboter der Nächstenliebe". Er selbst bezeichnete sich als „Bettler für Gott". Unermüdlich war er unterwegs, um der verfolgten Kirche in den Ländern hinter dem Eisernen Vorhang beizustehen. Im Juli 1954 sprach er an zwei Tagen in Menden in den Gottesdiensten in St. Walburgis und in St. Vincenz.

Ohne Hemmungen auf seiner großen Betteltour

Die geistige Not gepaart mit der leiblichen wollte er lindern. Die Sorge des Chorherrn der Prämonstratenser galt Priestern, die wandernd oder bestenfalls mit dem Fahrrad Ortschaften, Baracken und Notunterkünfte der Vertriebenen besuchten, und den Menschen, die dort lebten und nicht nur kirchlichen Beistand suchten. Seine Bitten wurden reichlich

Eine „Schweinerei", die den Menschen in ihrer Not half. Der „Speckpater", Pater Werenfried, predigte 1954 auch in St. Vincenz und St. Walburgis in Menden. Fotos (2): Pastorales Hilfswerk

In seinem schwarzen Schlapphut sammelte Pater Werenfried für Menschen und Kirche.

erfüllt in der Hönnestadt: Geldspenden, Sachspenden, Textilien und Wertgegenstände gaben ihm die Mendener mit. Offensichtlich genauso gutherzig wie heute bei den Spenden für die Aktion „Mendener in Not".

Rucksackpriester mit VW versorgt

Auf seinen Touren von Kirche zu Kirche sammelte er anfangs in Holland Speck, gleich 1000 Zentner. Junge Schweine erhielten seinen Stempel und wurden für ihn gemästet. Auf den Straßen in fast allen Ländern Westeuropas hielt er Fahrzeuge Betuchter an und bettelte um Geld, in den Schulen sprach er zu den Kindern. Kontakt nahm er auf zu Arbeiterfrauen, zur Studentenjugend, brachte Tausende Tonnen Textilien und Bekleidungsstücke auf. Zur Motorisierung der „Rucksackpriester", wie er die Mitbrüder in der Diaspora hinter dem Eisernen Vorhang nannte, organisierte er so 150 Volkswagen in seiner Aktion „Ein Fahrzeug für Gott".

Schwarzer Schlapphut war seine Sammelbüchse

70 bis 80 Predigten hielt er jeden Monat, reiste oft nach Schluss seiner aufwühlenden Worte sofort nach Antwerpen oder Brüssel, um Büroarbeiten zu erledigen. An den Kirchenportalen hielt er den Gläubigen seinen großen schwarzen Schlapphut entgegen, in den viele kleine und große Münzen und Scheine flatterten. Wie in Menden. Millionen, so heißt es, sind schon in diesen Hut, seine Sammelbüchse, gefallen.

Bewundernd fassten Fachleute sein Wirken zusammen: „Wäre der Speckpater ein Zivilist, so würden sich große Wirtschaftunternehmen um ihn reißen. Um sein Organisationstalent, seine Werbe-Ideen, um seine Begabung, die Menschen am Gewissen zu packen, beneiden ihn viele." Pater Werenfried starb 2003 im Alter von 90 Jahren. Er war Träger des Großen Verdienstkreuzes der Bundesrepublik Deutschland und er ist Gründer des Pastoralen Hilfswerks päpstlichen Rechts „Kirche in Not" mit Sitz in München.

Kindheits-Erinnerungen
Heimlich als Kind auf der Toilette geraucht und den Muckefuck-Geschmack noch im Mund

Natürlich habe ich als junger Kerl geraucht. Heimlich. Da war ich keine 14, stand auf dem Toilettendeckel und hielt das Gesicht mit Glimmstengel durchs Fenster nach draußen. Nur keinen Qualm in die Wohnung dringen lassen. War ich mächtig stolz drauf. Damals zumindest, denn ich brauchte mir die Hosen nachher nicht zuzubinden. Woher ich die Zigaretten hatte, verrate ich nicht. Sie waren aber nicht geklaut! Wir Jungen hielten fest zusammen. Im Nachhinein eine dämliche Mutprobe.

Zur Nachahmung nicht empfohlen.
Aber was haben wir für Marken geraucht? Ich war ja nicht der einzige Steuber, der qualmte. Heute weiß ich, dass ich einen ganz exquisiten Geschmack hatte. In jenen 50er Jahren probierte ich Finas, Mercedes und Astor. Gold Dollar („lang und rund") habe ich ebensowenig angepackt wie Eckstein Nr. 5, Gloria („Genuss ohne Reue"), Güldenring oder Peer Export. Die beste Werbung hatte meines Erachtens HB mit dem Männchen und dem geflügelten

Das helle Doppelhaus an der Balverstraße jenseits des Hönne-Ufers ist das Haus, in dem ich groß geworden bin und 18 Jahre lange gewohnt habe. Etage Mitte linke Hälfte. Meine Mutter, mein Bruder und ich haben offensichtlich gerade das Küchenfenster offenstehen. Die beiden kleinen Fenster sind halblinks eine Vorratskammer und ganz links die Toilette, aus deren Fenster heraus ich meine erste Zigarette geraucht habe. Foto: Archiv Jordan

rechts: Lindes-Kaffee war ein Ersatzkaffee, Muckefuck. Für die Zeit im und unmittelbar nach dem Krieg die wohl gebräuchlichste Marke.

links: Das HB-Männchen „Bruno" war von 1957 bis 1984 die wohl bekannteste Werbefigur und brachte es in den 60er Jahren auf einen Bekanntheitsgrad von 96 Prozent.
Fotos: Archiv Klaus Kimna

Ausruf „Wer wird denn gleich in die Luft gehen, greife lieber zur HB", woraus ganz Frühreife ihre Dichterkünste auspackten: „… greife lieber zum BH".

Blaue Luft über dem Schachbrett

Als ich alt genug war, um offiziell rauchen zu dürfen, war Ernte 23 meine bevorzugte Marke. Vor allem am Schachbrett bei Turnierkämpfen lag ständig blaue Luft über den Figuren. War nicht gut, weiß ich selbst, wissen alle Raucher. Aber meist ist man erst hinterher schlauer. Jahrzehnte lang rauchte ich dann Pfeife, seit Jahren qualme ich nichts mehr.

Nicht vergessen haben wir alle in meinem Alter, Jahrgänge um 1942 und älter, den Lindes Kaffee, den Muckefuck. Dieser Getreidekaffee war nicht nur zum Trinken gut, wie die meisten Deutschen mitsamt den Mendenern fanden. „42 Mio Tassen Kaffee täglich, voll würzig, milde" verriet die Werbung 1951. Mit dem damaligen Lindes-Muckefuck, den ich damals am liebsten links und rechts den Tisch runterfallen lassen wollte, ließ sich aber dunkle Kleidung bestens säubern und von glänzenden Stellen befreien. Es gab meines Wissens in den Jahren nach dem Krieg bis 1951 kaum einen anderen Kaffee. Die Besatzer ließen unsere Mütter, Väter, Tanten und Onkel mit ihrer Gier nach echten Kaffeebohnen allein. Vorerst jedenfalls.

Manchmal ist es angebracht, ein wenig tiefer zu bohren. Der Name „Muckefuck" ist ein eingedeutschter und stammt aus dem deutsch-französischen Krieg um 1870. Da es sich nicht um Bohnenkaffee handelte, gab es dafür die französische Bezeichnung „Mocca faux" („Mocca fo", falscher Kaffee). Die deutsche Bevölkerung verballhornte die französische Aussprache und machte daraus „Muckefuck". Ähnliches haben wir Kinder beim Spiel „Räuber und Gendarm" gemacht. Daraus wurde „Räuber und Schanditz".

Ab 1952 duftete der Kaffee verführerisch

Anfang der 1950er duftete es plötzlich wieder verführerisch. Die gute alte Kaffeebohnen-Maschine, die mit der Kurbel auf dem Hut, dem Fach für die ganzen Bohnen und der Schublade fürs gemahlene Kaffeemehl, kam wieder zu Ehren. Heute wäre ich froh, ich hätte noch so eine Maschine. Was gabs 1952/53 für Kaffee zu kaufen in Menden? Werbung wurde gemacht für Edeka-Kaffee, Butka-, Hildebrandt-, Herkos-, Vox- und natürlich Kaiser`s Kaffee.

Bohnenkaffee habe ich in jungen Jahren zwar noch nicht getrunken, aber später mit Freuden. Kannenweise. Bei der Redaktionsarbeit stand immer eine ganze Kanne voll bereit und hielt die Geister wach. Heute noch.

Unbeschwert aufgewachsen
„Bandenkrieg" in den Wäldern rund ums Huckenohl-Stadion Häkeln unter dem Holunderbusch und Spiele um Murmeln

Je älter man wird, desto mehr Vergangenheit hat man. Eine Binsenweisheit. Komisch, wie jetzt, da ich mich in die Zeitungsbände der Jahre nach dem Krieg vertiefe, meine Kindheitserinnerungen immer schärfer werden. Als wäre es gestern gewesen.

Natürlich hatte ich mit 10 Jahren oder jünger noch kein Handy, existierte ja noch keins. Gut für uns. Zu unseren Zeiten gabs noch keinen technischen Schnickschnack dieser Art, hätten wir auch kein Geld für gehabt. Unser Schnickschnack waren Murmel, wir nannten sie auch Bickel oder Knicker und hüteten sie sorgsam in Leinenbeuteln, versuchten unermüdlich, von unseren Spielpartnern weitere dazu zu gewinnen. Am liebsten die schönen, großen und bunten Glaskugeln.

Erwachsene mit starken Nerven

In jenem Alter spielten wir Kinder höchst unbefangen miteinander. Selbst Hüpfen konnte ich, manchmal sogar besser als die Mädchen. Oder Seilchenspringen. Hinter unserem Haus unter einem Holunderbusch vor den Gärten zur Hönne stand eine Bank. Dort hockten wir zusammen und häkelten. Ja, auch das habe ich gelernt.

Unsere größte Freude aber war das Fußballspielen zwischen den Häusern. Zwei Mannschaften, Stunden lang. Ich staune heute immer noch, wie die Erwachsenen das dumpfe Pochen der Bälle ausgehalten haben. Immer wieder gegen die Hauswände, immer mit Kampfgeschrei. Das sollten Kinder heute mal wagen. Unsere Nerven!

„Banden"-Kriege in speckigen Lederhosen

Die Holunderbeeren vom Strauch spielten später eine artfremde Rolle. Die Kügelchen wurden von uns Jungen mit Blasrohren verschossen. Das war zur Zeit der „Bandenkriege" zwischen oberer Balverstraße und Rauherfeld. Da standen wir angehenden Jugendlichen uns „unversöhnlich" gegenüber. Die vom Rauherfeld auf dem vorstehenden Berg des noch nicht wieder instand gesetzten Huckenohl-Stadions (dort, wo sich heute Athleten aufwärmen), wir Balverstraßen-Jungen in Höhe der Straße. Sogar Flitzebogen hatten wir mit selbstgeschnitzten Pfeilen. Die waren vorn mit Blumendraht umwickelt, damit sie ja vernünftig flogen. Den Bogen stellten wir aus Weide her, bogen ihn leicht und spannten Paxband zwischen die Enden.

Sogar Steinschleudern fertigten wir selbst. Astgabel abschneiden vom Baum, Einmachring zwischen den beiden Enden befestigen, spannen, schießen. Auch Mutproben legten wir ab. Ich habe mal in einem Ameisenhaufen gesteckt. So angenehm war das nicht. Meines Wissens ist bei unseren Pseudo-Kämpfen nie jemand verletzt worden. Selbst unsere kurzen Lederhosen hielten durch. Je speckiger sie waren, umso besser fürs Ansehen.

Brrr: An Strapsen warme Strümpfe befestigt

Ach ja, die Lederhosen. In anderen Landstrichen sind sie auch heute noch beliebt, mit vielen Verzierungen. Bei uns in Menden sehe ich sie bei Kindern heute kaum noch. Schade. Mir gefielen sie damals weitaus besser als die Strapsen, die wir Kinder bis 1950 vor allem im Winter tragen mussten. An ihnen wurden die langen Wollstrümpfe festgemacht. Ich schüttele mich heute noch. Ein guter Bekannter verriet mir jetzt, er gebe noch ein Bild von ihm von damals. Da trage er ein langes Hemd und Baumwollstrümpfe, die er bis auf die Zehen heruntergelassen hatte. Er konnte es genau so wenig wie ich vertragen, mit Strapsen herumzulaufen. Aber die Mütter wollten es so, damit ihre Blagen im Winter nicht froren. Und da waren sie unerbittlich. Strumpfhosen gab es noch nicht. Rausrücken will er das Bild nicht. Verständlich ob der Reaktion seiner Enkel: Die lachten sich kaputt.

Jagd auf die Kirschen in Nachbars Garten

Am meisten anfangen konnte ich mit einem Märklin-Baukasten. Ich weiß allerdings nicht mehr, wie alt ich war, als ich ihn geschenkt bekam. Aber das Basteln damit hat mir Freude gemacht, weil ich meine Phantasie mitspielen lassen konnte. Draußen wars an der oberen Balverstraße immer am schönsten für uns Kinder. Wir hatten Gärten, Hinterhaus-Höfe, Wiese, Wald und Obstbäume. Und kaum Autos auf der Straße. In unserer unmittelbaren Nachbarschaft neben „Scherfs Üferken" (Haus Nr. 60), unserem Rodelberg, lebte die Familie Schürmann mit einem großen, von einer Hecke umgebenen Obst-Garten. Über die Hecke ragten Zweige von Kirschbäumen, Kreiken- und Pflaumenbäumen. Klar, dass wir Kinder ständig dabei waren, Obst zu räubern, sogar mit Stöckchen abzuwerfen. Schürmanns haben nie gemeckert. Ihre Ziegen, die sie auf einer Wiese angeflockt hatten, aber umso mehr, denn sie mussten sich von uns ärgern lassen.

Heute im Museum
In der Freizeit: Schülerinnen knüpften 1953 einen Wandteppich mit Kreuztracht-Motiven

Das Entstehungsjahr hatten die Mädchen der 8. Klasse der Wilhelmschule auf ihrem Kunstwerk unübersehbar festgehalten: „Anno Domini 1953". Ihr Entlassungsjahr aus der Wilhelmschule. Als Thema des 1 x 2 m großen Wandteppichs hatten sie den Karfreitag mit seinen Prozessionen zum Berg ausgesucht, ein Thema, wie es besser zu Menden kaum passen kann.

Mit Josef Tapprogge vom Siebergskamp (Jahrg. 1938) hat ausgerechnet ein Mann dieses Schmuckstück für mich aus der Vergessenheit hervorgeholt, zum Hörer gegriffen und auf Formentera seine gleichaltrige Kusine Sieglinde Tapprogge angerufen und befragt.

Entwurf auf Papier und auf Tapeten

„Ach, das sind doch mehr als 60 Jahre her," sinnierte sie auf der spanischen Insel, wohin es sie verschlagen hat, und wusste doch gleich wieder Bescheid: Frau

Das ist der 1 x 2 m große Wandteppich, den die Mädchen des Entlassjahrgangs 1953 der Wilhelmschule unter Anleitung von Lotte Friedrich verh. Bußmann gewerkelt haben. Thema damals war die Mendener Kreuztracht. Foto: Josef Tapprogge

Düssel war Klassenlehrerin, Kunstlehrerin Lotte Friedrich verh. Bußmann, zuständig für Werken und Malen. „Den ersten Entwurf haben wir auf Tapeten und Papier gezeichnet," fand Josef Tapprogge zudem bei Roswitha Hense-Hammerschmidt in Menden heraus.

Was damals vor 62 Jahren geschah, dürfte heute kaum noch möglich sein: Die Mädchen werkelten nachmittags in der Schule in ihrer Freizeit. Wolle und Garn brachten die Schülerinnen von zu Hause mit. Gestiftet von den Eltern. Siglinde Tapprogge war für gewisse Stickarbeiten zuständig, weitere Strick- und Webarbeiten führten die Mädchen gemeinsam unter Regie von Lotte Friedrich aus. „Nachdem dieser Wandteppich fertig war, fühlten wir uns alle glücklich und zufrieden," verriet Siglinde.

Teppich heute im Mendener Museum

Wie taucht solch ein Thema nach so langer Zeit plötzlich wieder auf? 60 Jahre nach der Schulentlassung hatte Siglinde ihren Vetter Josef mal beiläufig am Telefon gefragt: „Wir haben doch mal so einen Teppich gemacht, was aus dem wohl geworden ist?" Josef Tapprogge hat ihn ausfindig gemacht. Der Teppich liegt im Museum. Als er Museumsleiterin Jutta Törnig-Struck fragte, bejahte sie, dachte kurz nach, in welchem der vielen Räume er gut verpackt lag und rollte ihn fürs Foto aus.

Das einzigartige Kunstwerk war nach der Fertigstellung in der Sparkasse ausgestellt und bestaunt worden und wird seitdem im Museum verwahrt. Dort wird es nur zu gewissen Ausstellungsthemen gezeigt, ansonsten gut für die Nachwelt erhalten.

Ehrliche Jungs: „Wir waren faul"

Obwohl gleichaltrig und in der derselben Schule haben Kusine und Vetter Siglinde und Josef Tapprogge nicht eine gemeinsame Klasse besucht. Mädchen und Jungen waren damals streng getrennt nach Geschlechtern, selbst auf dem Schulhof. Klassenlehrer der Jungen war der vor kurzem verstorbene Karl Goßner. Als ich Josef Tapprogge fragte, was die Jungen denn zum Abschluss der Schulzeit gemacht haben, lachte er: „Nichts, wir waren faul."

In die Keller gekrochen
Warnung: „Mittelalterlicher Mörtel, zittere vor dem Rentner"
Heimatforscher Heinz Hammerschmidt und sein Bild von der Rodenburg

Ein Bild von 1950 mit Rektor Norbert Frese, der die Reste der Rodenburg entdeckte und mit begeisterungsfähigen Jugendlichen freilegte. Foto: Archiv Heinz Mertens

Das hätte ein anderer sich nicht getraut. Seit fast 700 Jahren ist die Rodenburg zerstört und Heinz Hammerschmidt führt den Mendenern am Modell vor, wie sie vermutlich ausgesehen hat. Ganz schön mutig. Ein Heimatforscher aus Leidenschaft, dem Redakteure der WP Menden zu seinem 65. Lebensjahr und Quasi-Eintritt ins Rentenalter einen Grabungs-Spaten geschenkt hatten. Dass er ihn tatsächlich benutzen würde, haben sie damals nicht geahnt.

Heinz Hammerschmidt ist tot, geboren im September 1922, am 10. Juli 2015 gestorben im Alter von 92 Jahren. Zurückgelassen hat er uns seine erheblichen Kenntnisse von den Altertümern der Hönnestadt, seine Aufsätze und Hefte, seine Zeitungsberichte, damit wir ein für alle Mal wissen: „So war es früher".

Kann ja sein: Römer in Menden

Schon 1987, als er an seinem Rentner-Eintritts-Geburtstag androhte, jetzt werde

So stellte Heinz Hammerschmidt sich das in seinem Modell vor: Hoch oben die Rodenburg, unten die Mauer bewehrte Ortschaft Menden.

er sein Hobby zum Hauptberuf machen, grassierte die scherzhafte Bemerkung in Menden: „Mittelalterlicher Mörtel, zittere, der Hammerschmidt ist jetzt Rentner!" Berechtigt war die Warnung. Hammerschmidt krabbelte tatsächlich in die Keller der Altstadt. Ihn konnte nichts bremsen.

Wenn ich mir eines abgewöhnt hatte in meinem Berufsleben, dann über Menschen wie ihn zu lächeln. Sie sind eher zu beneiden, denn sie leben für eine Überzeugung. Waren die Römer denn nun in Menden oder nicht? Als Quatsch habe ich das anfangs abgetan und mich geweigert, das zu veröffentlichen. Aber Hammerschmidt war überzeugt davon. Im Nachhinein muss ich gestehen: Es gibt zwar keinen Beweis, aber warum eigentlich sollten sie nicht bei uns durchgezogen sein? Die Soldaten von Napoleon sind doch auch durch Menden marschiert! Das mochte doch anfangs auch kaum einer glauben. Der Säbelhieb eines französischen Offiziers gegen das Kreuz am Homberg anno 1807 zeugt aber davon.

Burg-Ruinen waren Spielplatz

Mein Kollege Czerwinski hat Heinz Hammerschmidt mal als im Umgang unkompliziert aber konzentriert bei seinen Forschungen bezeichnet. Beides war er ganz gewiss. Seine Bekannten pflegte er mit einem breiten Lachen und „Euer Eminenz" anzusprechen. Oft dabei seine Frau Ursula, die er stets „Mutti" nannte und die später kaum weniger versiert war in Altertumsfragen als ihr Mann.

Die Burg hat ihn ein Leben lang beschäftigt. Man muss sich das mal vorstellen: Da wird diese Ruine in Jahrhunderten von Sträuchern und Bäumen, von Schlamm und Gräsern bedeckt und überwuchert, ist nahezu vergessen, taugte höchstens noch als Spielplatz. Nur 20 Gehminuten vom Stadtkern entfernt. Da enträtselt bekanntlich der Mendener Rektor Norbert Frese 1950 diese Reste als Teil der Burg-Befestigungsanlage und geht mit freiwilligen Helfern und seinen Schülern daran, die Ruinen freizulegen.

Fasziniert von alten Mauern

Woher kam bei Heinz Hammerschmidt diese Liebe zur Geschichte? In der Josefschule und später in der Wilhelmschule fing sie mit dem Besuch des Rodenbergs an. Eine Hälfte der Klasse lag im Spiel hinter Erdwällen und verteidigte die Festung, die andere griff an. Wen wundert es da, dass er später ein drei-dimensionales Modell der Altstadt mit Befestigungsanlagen bastelte, das Menden im Mittelalter zeigen soll. Ahnung hatte er davon, denn seit Jahr und Tag, selbst in der Zeit, als er als Kaufmann tätig war, faszinierten ihn alte Mauern in Kellern und ihre Vergangenheit. Vater, Mutter und später seine Frau haben sich oft gefragt, wo er denn nach seiner Arbeit mal wieder abgeblieben war.

Zum „Beauftragten für Bodendenkmalpflege" hatte ihn die Stadt Menden ernannt. Er hat sich aber in den 1990er Jahren auch an die Gebäude der Burg gewagt, an ihre Mauern und wie die Häuser

Die Reste der Rodenburg, wie sie 1950 von Rektor Frese freigelegt wurden. Inzwischen hat die Natur ihr Recht zurückgefordert.

innerhalb der Mauern angeordnet waren. Wer sehen will, wie Ritter Goswins Zuhause mal ausgesehen haben mag, kann das auf der Internetseite „Familien- und Heimatforschung in Menden" von Wolfgang Kißmer tun.

1301 Zerstörung der Rodenburg

Zu seinen dort veröffentlichten Modellen hat Heinz Hammerschmidt eine kurze Zusammenfassung der Daten der Rodenburg verfasst.

Erbaut 1246-1248 oberhalb des „Hofes-Alfhen" auf dem Rodenberg. Erbauer Ritter Goswin, Lehnsträger der Erzbischöfe zu Köln.

1272: Goswin kauft die Vogtei über Menden (Hof, Kirche, Menschen und sachliche Güter) vom Grafen Gottfried III. von Arnsberg. Goswin ist auf dem Gipfel seiner Macht.

1276: Erzbischof Siegfried von Westerburg (Köln) erwirbt die Rodenburg mit der Vogtei und Freigrafschaft Menden. Nun ist Erzbischöfliche Besatzung auf der Burg.

1288: Die Schlacht bei Worringen und auf der Fühlinger Heide geht für den Erzbischof Siegfried von Westerburg verloren. Er muss die Rodenburg an die Grafen von Berg verpfänden. Worringen und Heide liegen zwischen Köln und Düsseldorf.

1292: Graf Wilhelm von Berg verpfändet die Rodenburg weiter an den Grafen Everhard II von der Mark. Die Rodenburg ist für elf Jahre von feindlicher Besatzung belegt.

1299: Der Ritter Ehrenfried von Quatterland löst die Burg wieder für die Erzbischöfe von Köln ein.

1301: Zerstörung der Rodenburg durch Graf Everhard von der Mark. Sie wurde nie wieder aufgebaut.

Stufen und Hinweisschild sollen zur Burgruine im Kapellenberg führen. Die wuchernde Natur macht das nicht ganz einfach. Fotos: Wolfgang Kißmer

Rettung durch Heinz Hammerschmidt
Ein letztes Stück der alten Mendener Stadtmauer

Es gibt noch ein winziges Stückchen alte Stadtmauer mit einer Schlitz-Schießscharte. Zu entdecken an der gleichnamigen Straße zwischen zwei Häusern. Der einzig sichtbare Rest nach der Zerstörung der Stadtmauer durch die Grafen von Arnsberg und die Grafen von der Mark im Jahr 1344. Heinz Hammerschmidt auf seinem Historischen Spaziergang durch Alt Menden: „Der größte Teil der Stadtmauer verschwindet für das Auge als Außen- oder Innenmauer sowie in den Kellern angrenzender Häuser. Die Häuser können erst nach 1780 entstanden sein, da es noch von 1750 bis 1780 – regional vielleicht abweichend - verboten war, in oder an Befestigungsanlagen Privathäuser zu errichten.

Woher Hammerschmidt weiß, wo sich Mauerreste befinden? Weil er in die Keller der Häuser gekrochen ist und sie dort entdeckt hat.

Schlossmühle und Zwangsmühle zugleich

So wusste er von den historischen Punkten Alt-Mendens zu berichten, von den noch stehenden wenigen Stadttürmen oder von der Mendener Mühle an der Bahnhofstraße (am neuen Rathaus).

Dem damaligen Schloss gegenüber stand und steht noch die alte Schlossmühle (Mendener Mühle). Die war einst landesherrliche Bannmühle und wird schon 1600 erwähnt. Wann sie und der Mühlengraben entstanden sind, ist immer noch nicht geklärt. Eine Bann- oder Zwangsmühle wurde

Die Mendener Mühle an der heutigen Bahnhofstraße war früher „Schlossmühle" und „landesherrliche Bann- bzw. Zwangsgsmühle", in der die Bauern ihr Getreide mahlen lassen mussten. Sie gab es schon vor 1600. Foto: Archiv: Klaus Kimna

den Bauern vom Landesherrn zugewiesen. Nur dort durften sie ihr Getreide mahlen lassen. Ihnen drohten sonst Strafen.

Fast gestoppt vom Zungen-Krebs

Mich hat an Heinz Hammerschmidt nicht nur sein Drang fasziniert, sich vehement in die Vergangenheit zu stürzen und dabei große Genauigkeit walten zu lassen. Ich wollte auch wissen, wie es um ihn ganz persönlich bestellt war, denn ich wusste, er hatte einen Nackenschlag hinnehmen müssen. 85 Jahre alt war er, als er mir einen kleinen Einblick in sein Seelenleben erlaubte.

Das Mundwerk des agilen Heimatforschers stand zwar nicht still, solange es um Geschichte ging. „Ich bin noch schwer in Form," lachte er dann, doch fast hätte eine unerwartete Krankheit ihn zumindest beim Sprechen ausgebremst. Zungenkrebs war im Jahr 2000 die niederschmetternde Diagnose. Zum Glück operabel. In Münster an der Uniklinik. Doch seitdem hatte der ehrbare Kaufmann vom Südwall die gewohnte Zigarre an die Seite gelegt. „Aus" war es mit dem Rauchen, dafür gab es mittags und abends ein Schnäpschen, einen Korn. „Der tut meiner Narbe gut", schmunzelte er.

Bremsen konnten den rüstigen Ruheständler in seinem Drang, Burgen zu untersuchen, aber auch das Alter und fehlende Zigarre nicht. Nach der Rodenburg in Menden, nahm er sich die Burg Ardey in Fröndenberg vor. Selbst den Urlaub mit „Mutti", seiner Frau Ursula, richtete er nach Burgen aus. In Tirol und in der Pfalz gibt es reichlich davon.

Heute zieren ein Schutzgitter und ein Schild die Mauer: „Reststück der mittelalterlichen Stadtmauer mit Wehrgang nach der Zerstörung der Stadt Menden 1344." Foto: Archiv Klaus Kimna

So stellte sich Heinz Hammerschmidt Menden um 1400 vor. Foto: Wolfgang Kissmer

Der Mutter Gottes alles zu verdanken

Am Südwall wohnte Heinz Hammerschmidt in einem Haus, das 1794 erbaut wurde. Seine frühere Schmiede nebenan, in der sich über Jahre eine Blumenstube befand, stammt aus dem Jahre 1847, wurde 1911 umgemodelt. Geschichtsträchiger Grund für einen Mann, der nicht müde wurde, der Vergangenheit Mendens nachzuspionieren. Als ihm vor Jahren die Stadt im Zuge der Altstadtsanierung Haus und Schmiede abkummeln wollte, um dort einen Wendehammer anzulegen, stieß sie auf Granit. „Ich bin ja ein gemütlicher Mensch, aber da wurde ich etwas zornig." Hammerschmidt wusste, dass er in seinem Drang, den Dingen auf den Grund zu gehen, belächelt wurde, aber: „Wer vier Jahre vorn war, steht auch heute vieles durch," erinnert er an seine Zeit als Soldat im Krieg und bekennt, dass er in seinem Leben sehr viel Glück gehabt habe. Er wusste, wem er das Glück zu verdanken hat: Der Mutter Gottes. „Meine Mutter war Marien-Verehrerin, und ich bin es auch. Komisch," fügt er nachdenklich an, „in der Not beten sie alle wieder." Wie wahr.

Auch im hohen Alter auf den Spuren der Mendener Geschichte: Heinz Hammerschmidt. Foto: Kissmer

Weltweit ausgeschrieben
„Die Dame und der König" in Gold und Silber eingetaucht
Schach: Heinrich Gantenbrink rief Künstler-Wettbewerb aus

Weltweite Schlagzeilen im Juli 1972. Schach-Partien werden live aus Reykjavik (Island) auf den Roten Platz in Moskau und den Times Square in New York übertragen und von Zuschauern sofort nachgespielt. Kein anderer Wettbewerb hat in allen Erdteilen die Massen so in seinen Bann geschlagen, wie dieser Jahrhundert-Kampf zwischen dem sowjetischen Schach-Weltmeister Boris Spasski und seinem exzentrischen Herausforderer Bobby Fischer aus den USA.

Nahezu zeitgleich betont im kleinen Menden der Goldschmiedemeister und BEGA-Firmengründer Heinrich Gantenbrink (1921-2008) zum 25-jährigen Jubiläum seines Unternehmens, die Idee zu seinem weltweit ausgeschriebenen Künstlerwettbewerb „Die Dame und der König" sei nicht etwa unter dem Eindruck dieses spannenden Kampfes um die Schach-Weltmeisterschaft geboren. Wenn man die Beteuerungen Heinrich Gantenbrinks akzeptiert, lässt sich aber mit Fug und Recht von einem glücklichen Zusammentreffen von Sport und Kunst sprechen.

Ein Bild voller Dynamik vom Jahrhundert-Kampf um die Weltmeister-Würde zwischen dem sowjetischen Titelträger Boris Spasski (l.) und seinem amerikanischen Herausforderer Bobby Fischer 1972 in Reykjavik. Zeitgleich mit dem Wettbewerb „Die Dame und der König". Foto: Julias Schachuniversum

Silber und Gold waren beherrschendes Material bei diesem Meisterwerk von Timor Togrul aus Ost-Turkestan (China). Der zweite Preis. Foto: BEGA

Dame und König als Hauptfiguren des Schachsports, in der bildenden Kunst jetzt eingetaucht in Gold, Silber und Edelstein.

Schachgroßmeister und Karl-May-Verleger

Zumindest hat Heinrich Gantenbrink die prickelnde Nähe der Schach-Weltmeisterschaft gespürt, vielleicht sogar gesucht. Nicht umsonst hat er damals mit

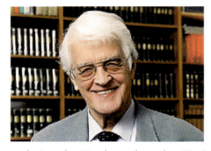

In der Jury des Künstlerwettbewerbs „Die Dame und der König" Schachgroßmeister Lothar Schmid (1928-2013). Der Karl-May-Verleger war 1972 Schiedsrichter beim Kampf Spasski gegen Fischer. Foto: Wikipedia

dem Bamberger Schachgroßmeister und Karl-May-Verleger Lothar Schmid (1928-2013) auch den legendär gewordenen Schiedsrichter des WM-Kampfes in die mit erlesenen Experten bestückte Jury geholt. Schmid hatte in einer Streitsituation, als der „Kampf der Systeme" 1972 Spitz auf Knopf stand und zu platzen drohte, Spasski und Fischer an den Schultern gepackt, in die Sessel gedrückt und barsch aufgefordert „Spielt jetzt!". Und sie taten es.

Heinrich Gantenbrink hatte den Internationalen Künstler-Wettbewerb „Die Dame und der König" über die Internationale Gesellschaft für Goldschmiedekunst ausgeschrieben und ein weltweites Echo gefunden. „Die Gesellschaft für Goldschmiedekunst ist", so beschreibt er sie, „ein internationaler Verein, dessen Mitglieder in ehrenamtlicher Arbeit künstlerische Belange der Goldschmiede fördern. Eine seiner wichtigsten Aktionen sind seit jeher Künstlerwettbewer-

Professor Herbert Zeitner aus Lüneburg hat bei seinem Kunstwerk 750er Gelbgold, Turmalin, Amethyst, Orientperlen, Rubin Und Mondstein verwendet. Foto: BEGA

be, deren Ergebnisse immer eindrucksvolle Demonstrationen der Goldschmiedekunst unserer Zeit waren."

Überwältigendes Echo:
72 Goldschmiedearbeiten

Mit dem Wettbewerb „Dame und König" wollten sowohl Heinrich Gantenbrink als auch die Firma BEGA „die Erinnerung daran wachhalten, dass unsere Firma aus einer kunsthandwerklichen Werkstätte entstand, die der Bildhauer und Goldschmiedemeister Heinrich Gantenbrink 1945 gegründet hat. Wir wollten durch eine hohe Dotierung des Wettbewerbs als Mäzen und Förderer junger Künstler für das kulturelle Anliegen unserer Zeit etwas Sinnvolles und Vernünftiges tun."

Aufgabe war, aus 18-krätigem Gold oder aus feuer-vergoldetem Silber gefertigte Metallplastiken von 10-14 cm Höhe zu schaffen und zudem die Werkidee des ganzen Schachspiels zeichnerisch zu erläutern.

Das Echo war überwältigend. Die Preisverteilung fand im Juli 1973 im Focke-Mu-

Professor Walter Lochmüller bei der Beurteilung einer Arbeit. Foto: BEGA

seum in Bremen statt. 72 Goldschmiedearbeiten wurden eingereicht. Sie kamen, so hat die Firma BEGA festgehalten, aus allen Teilen der Welt, aus Amerika, Afrika und Turkestan, aus England, Norwegen, Oesterreich, der Schweiz, der Tschechoslowakei und aus Deutschland.

Kunst, Handwerk und Brauchbarkeit

Gezeigt wurden diese Kunstwerke von kaum schätzbarem Wert in Ausstellungen im Landesmuseum Münster, im Goldschmiedehaus Hanau, in der Städtischen Kunsthalle Nürnberg und in der Goldsmiths` Hall in London. Es waren Ausstellungen, die von Publikum und Medien stark beachtet waren und auch den Namen Menden bekannter machten.

Heinrich Gantenbrink ging es bei diesem Wettbewerb darum, „das verarmte Gebiet der Goldschmiedeplastik neu zu beleben. Da Wiederbelebung nur dann eine gewisse Aussicht auf dauernden Erfolg und einen echten Sinn hat, wenn man das praktische Beispiel gibt, wählten wir die Dame und den König als ein gewissermaßen gebrauchstüchtiges Thema. Gerade in den Schachfiguren sind seit je Kunst, Handwerk und Brauchbarkeit überzeugend miteinander vereint."

Allerdings dürfte jedem Betrachter klar sein, dass zumindest die Brauchbarkeit eingeschränkt ist und mit den kostbaren Figuren der Ausstellung niemals ein Schachkampf gespielt werden kann.

Aus kleiner Goldschmiede wurde Weltunternehmen

Heinrich Gantenbrink wurde 87 Jahre alt. Er war Gründer und Gesellschafter der BEGA-Gantenbrink Leuchten KG in Menden, aus der sich eines der größten und erfolgreichsten Leuchten-Unternehmen der Welt entwickelte. Begonnen hatte alles in einer kleinen Goldschmiede, aus der das Unternehmen BEGA hervorging, das er zusammen mit seinem Bruder Bruno Gantenbrink gründete. Als Heinrich Gantenbrink am 1. Oktober 2008 starb, trauerte die heimische Industriekultur, sie habe eine der herausragendsten Persönlichkeiten verloren.

Bildhauer und Goldschmiedemeister Heinrich Gantenbrink. Er gründete 1945 die Fa. BEGA Gantenbrink. Foto: BEGA

Dame und König inmitten ihres Gefolges. Sterlingsilber, teilvergoldet und sulfidiert, heißt es in der Beschreibung des Künstlers Johannes Block aus Hellum in Norwegen. Foto: BEGA

In Überlingen/See haben Gemma Wolters-Thiersch und Ulla v. Keiser den Entwurf von Urban Thiersch (Juist) mit 925er Silber, feuervergoldet und mit Email verarbeitet. Foto: BEGA

Gisela Flügge aus Ehingen-Briel arbeitete mit 750er Gold und holte den 3. Preis. Foto: BEGA

Mit Sterlingsilber haben Robert M. May und Jan G. Calvert aus Fort Pitt in Rochester/Kent in England gearbeitet. Foto: BEGA

Mutige Darstellung von Hilda Krauss aus Westport/Conn. USA. Material Silber, vergoldet, mit Email. Foto: BEGA

Goldene 70er im Schachverein Menden 24
Plötzlich in die Bundesliga aufgestiegen in den Kreis der ganz Großen
Dem Abonnementsmeister Solingen getrotzt, aber von Brief überrascht

Bis zum Verkauf des Gebäudes 1960 war der Eingangsbereich des Kolpinghauses noch schwungvoll den Rundbogen-Fenstern im Erdgeschoss (Restaurant) angepasst. Die Schachspieler von Menden 24 traten Freitagabends mit einem Vorfreude-Gefühl ins Haus, stiegen eine Treppe hoch bis zum Clubraum und trainierten oder spielten Blitzschach. Ich war einer von ihnen.

1977 war das ganz anders für mich. Nüchtern, keine Wiedersehensfreude. Das Haus war umgebaut zur Polizeistation, war nicht mehr Kolpinghaus, auch nicht mehr „Hotel Rodenberger Hof". Alles eckig, auch die Fenster. Im früheren Raum des Schachvereins Menden 24 brütete jetzt die Mordkommission. Eine Unternehmerfrau aus Hemer war ermordet worden. Als Berichterstatter suchte ich bald jeden Tag die Kommission auf. Bis der Mörder überführt war.

Schachspieler mit eigenen Fußball-Trikots

Bis 1960 krebsten die 24er mit ihren Mannschaften in den Klassen bis zur Bezirksliga. Dann, schon in der Gaststätte Haus Rehbein (heute Fielmann), platzte 1966 der Knoten. Endlich Aufstieg in die Verbandsklasse, 1969 in die Verbandsliga. Bis dahin blieb alles im normalen Rahmen.

Ein wenig verrückt aber waren die 24er immer schon. Bei so viel jugendlichem Nachwuchs war das ja auch kaum anders möglich. Man suche einen anderen Schachverein, der eigene Fußball-Trikots hatte, gegen andere Vereine Fußball spielte und meist gewann. Sie hatten mit Alfred „Knedy" Imhof ja auch einen Schach spielenden Alt-Nationalen vom SuS Menden 09.

Die Bundesliga-Mannschaft von Menden 24 im 2. Kampf gegen den Deutschen Meister Solingen (von links): Rolf Hunold, Gerd Scheffer, Hans-Werner Ackermann, Erich Weyrauch, Claus-Peter Levermann, Werner Nicolai, Ralph Mallee und Christoph Beierle. Foto: Archiv Menden 24

An jeder Ecke Blitzschach. Immer dabei Knedy Alfred Imhof (rechts), unter dessen Regie die 24er auch Fußball spielten, und Hans Roigk (Mitte), Vorsitzender des Stadtverbands für Leibesübungen, der die 24er stark redete, die Deutschen Meisterschaften nach Menden zu holen. Links Franz-Georg Rips.

Bundesliga: Menden im Dunstkreis der Großen

Der Aufstieg in die Bundesklasse, die zweithöchste Klasse, war bei der vorliegenden Leistungsexplosion im Verein und seiner neuen Zugkraft vorhersehbar. Doch als im Mai 1972 die entscheidende Partie sogar um den Aufstieg in höchste Klasse, die Bundesliga, anstand, war doch ungläubiges Staunen zu verspüren. Mit einem proppenvollen Reisebus rollten die 24er nach Osnabrück, gewannen dort 6:2 und befanden sich damit im Dunstkreis des Deutschen Abonnements-Mannschaftsmeisters Solingen mit all seinen Internationalen Großmeistern und Weltstars.

1971 überraschender Brief aus München

1971 der unglaubliche Brief aus München und das Echo in Menden. Präsident Ludwig Schneider aus der Isar-Metropole fragte bei den 24ern nach, ob sie sich für die Ausrichtung der Deutschen Seniorenmeisterschaften 1974 bewerben wollten. 1974 war immerhin das 50-jährige Bestehen des Vereins. Das würde passen.

Mit den Problemen der Finanzierung und der Einquartierung von Turnierleitung und 36 Teilnehmern im Kopf haben die 24er diesen Brief umgehend der Stadt vorgelegt. Bürgermeister Max Schmitz und Stadtdirektor Dr. Rips sagten dem Verein sofort alle Unterstützung zu, auch die der finanziellen Absicherung. 15 Tage Turnier kosten eine satte fünfstellige Summe. Johannes Roigk, Vorsitzender des Stadtverbandes für Leibesübungen, eindringlich: „Ich bitte Sie alles zu tun, dass die Deutschen Meisterschaften in die Hönnestadt kommen." Bei so viel Rückendeckung blieb nur eine freudig-bange Zusage.

Doch jetzt waren die Blicke erst einmal auf die Bundesliga gerichtet. Und auf die Weltelite, mit der der deutsche Abonnementsmeister SG Solingen in Menden aufkreuzen würde. Derbe Klatsche für die Mendener Amateure oder nicht?

Saal Oberkampf war proppenvoll

Sonntag, 11. Februar 1973. Die 24er hatten ob des erwarteten Ansturms der Zuschauer den Saal Oberkampf gemietet und ein großes Karree gebildet für die acht Turnier-Partien. Das war auch dringend notwendig, denn damit hatte niemand gerechnet: Hunderte von Zuschauern

Auf Stühle kletterten die Zuschauer beim entscheidenden Kampf des 24ers Christoph Beierle, der im Pulk fast erdrückt wurde. In hochgradiger Zeitnot stellte Beierle bei besserer Stellung seine Dame ein. 3 : 5 gegen Solingen. Foto: Archiv Menden 24

6:2 siegte Menden 24 in Osnabrück im Entscheidungskampf um den Aufstieg in die Bundesliga. Grade hat der 24er Rolf Hunold (r) seinen Kontrahenten zur Aufgabe gezwungen. Theo Mellmann, Erich Weyrauch, Klaus Vogt, Horst Rüther und Karl-Heinz Ohrmann (v.l.) hatten gespannt zugeschaut.

Das gab es noch nie in Menden: In der allgemeinen Schach-Euphorie um Bundesliga-Aufstieg und Deutsche Meisterschaft bot die Sparkasse in ihrer Kassenhalle Freiluftschach an.

drängten in den Saal, zahlten – erstmals in der 24er Geschichte - Eintritt, verlangten später Autogramme von den Solinger Assen und auch von den Mendenern, die darin nun wirklich keine Übung hatten. Unglaublich, was da abging. Die Solinger Meister mit Deutschlands Nummer 1 und Weltpitzenspieler Robert Hübner, mit dem Internationalen Großmeister (IGM) Hecht und weiteren Titelträgern wie Dr. Lehmann, der eigens mit dem Flugzeug aus Berlin herbeigeflogen wurde.

Mendens Nummer eins, Werner Nicolai, musste zwar gegen Hübner die Waffen strecken, doch Ralph Mallee trieb seinem Gegner Hans-Joachim Hecht Schweißperlen auf die Stirn, erzwang ein Remis und ärgerte sich, weil er sogar einen Sieg für möglich hielt. Das galt auch für mich. Gegen den Deutschen Meister Friehoff ließ ich in dessen hochgradiger Zeitnot meine Siegchance liegen und gab remis. Ein taktischer Missgriff.. Ich habe mich danach mehrmals beschimpft, „wie blöd man sein muss…"

Es roch nach Sieg für Menden 24

Siege holten Rolf Hunold, der den Internationalen Meister Dr. Lehmann bezwang, und Hans-Werner Ackermann, der Müller mattsetzte. Manfred van Fondern (M 24) erzwang ein Remis. Plötzlich roch es nach Sieg für die 24er. Erich Weyrauch hatte den Deutschen Meister Besser regelrecht ausgenockt, alle warteten auf den Fangschlag. Und es kam ein Fehlzug. Die Nerven.

Ähnlich erging es Rainer Vogt (M 24) gegen den Deutschen Meister Johanns Eising. Keiner konnte laut Stellung gewinnen, aber die Zeitnot bei Vogt spielte hinein. Der 24er stellte einen Turm ein. Kampf mit 3,5:4,5 verloren. Beifall von den Zuschauern gab es dennoch und

Eine von Jürgen Rosenthal entworfene Broschüre stimmte die Mendener auf die Deutschen Meisterschaften auf der Wilhelmshöhe ein.

für kurze Zeit einen Weltstar wie Robert Hübner an der Theke von Oberkampf.
Ein Jahr später trat Solingen erneut in Menden an. Gewarnt vom Vorjahr brachten sie jetzt auch den tschechischen Großmeister Ludek Pachmann mit. Gegen diese Großmeistergarde gab es diesmal an den vorderen drei Brettern nichts zu holen. IGM Hübner gewann gegen Mallee, IGM Pachmann gegen Nicolai, IGM Hecht gegen Hunold in Zeitnot.

In Zeitnot die Dame eingestellt

Aber hinten räumten wir 24er auf. Ich setzte Preuß matt, sorgte für eine 2:1-Führung, Ackermann (M 24) legte Meister Eising auf die Bretter. Weyrauch remis gegen Besser. 3:3 Zwischenstand. Nach 3:4 Rückstand steht unser Benjamin Christoph Beierle (19) besser. Die Zuschauer kletterten auf Stühle und Tische, um was zu sehen. Es kribbelt bei allen. Aber Zeitnot bei Beierle. Er stellt seine Dame ein. Kampf 3:5 verloren.

Durchatmen, weiter machen. Zwei Mal unnötige Mannschafts-Niederlagen. Keine Zeit zum Ärgern. Noch im selben Jahr 1974 fanden auf der Wilhelmshöhe die Deutschen Einzelmeisterschaften statt. Mit dem „Prager Frühling" im Gepäck und viel Ärger um Großmeister Ludek Pachmann, der in Menden mitspielen wollte, aber laut Statuten nicht durfte.

„Prager Frühling" drückte in Menden die Stimmung

Zur Eröffnung der Deutschen Schach-Meisterschaft 1974 auf der „Wilhelmshöhe" grollte der Himmel und tobte der Präsident

Unter Donner und Blitz haben die Deutschen Meisterschaften im Schach 1974 auf der Wilhelmshöhe begonnen. Während an jenem Freitag, 31. Mai, der Himmel grollte und seine Schleusen über der startbereiten Pfingstkirmes im Tal öffnete, entlud der Präsident des Deutschen Schachbundes, Ludwig Schneider aus München (1907-1975), im überfüllten kleinen Saal der „Höhe" seinen Zorn über alle, die in den Wochen zuvor am Deutschen Schachbund und an ihm persönlich kein gutes Haar gelassen, wegen Ludek Pachmann angegriffen und zum Teil mit beleidigenden Äußerungen und Unterstellungen bedacht hatten.

Für den Präsidenten war das Maß voll
„Jetzt ist die Grenze überschritten", wütete Schneider. „Ich muss sprechen," sagte er vor Rundfunk und Fernsehen. Ihm war vorgeworfen worden, vor den Ostblock-Schachverbänden in die Knie gegangen zu sein, als er sich weigerte, den jetzt staatenlosen, emigrierten tschechischen Großmeister Ludek Pachmann (1924-2003) bei den nationalen Meisterschaften in Menden spielen zu lassen. „Unsere Bestimmungen lassen das nicht zu," wehrte sich Schneider und zitierte die Turnierordnung.
Was in Menden die Feierlichkeiten zur Eröffnung des bislang bedeutendsten Sport-

Dicht umlagert waren die 18 Bretter, an denen die 36 Teilnehmer um Punkte kämpften. Im Bild unten rechts brütet der 24er Ralph Mallee, oben rechts Rolf Hunold, hinten links am Brett im karierten Sakko der spätere Turniersieger Mathematik-Dozent Peter Ostermeyer aus Düsseldorf. Foto: Archiv Menden 24

turniers in der Hönnestadt so verhagelte, waren – kaum zu glauben – Auswirkungen des „Prager Frühlings" sechs Jahre vorher, den Mendener Jugendliche auf einer Fahrt des Jugendamtes mit Werner Bußmann am 1. Mai 1968 miterlebten, als sie mit Hunderttausenden durch Prag zogen und die neu gewonnene Freiheit des Landes feierten (Band 4)..

Großmeister inhaftiert und ausgeschlossen

Ob Ludek Pachmann sich an jenem Tag auf der Straße unter seinen Landsleuten befand, ist nicht bekannt. Aber er war Regime-Kritiker und wurde nach Niederschlagung des „Prager Frühlings" durch 300 000 Soldaten des Warschauer Paktes nur wenige Monate später inhaftiert und für eineinhalb Jahre festgesetzt. Mit Schädelbruch und Rückgratverletzungen kehrte der Wortführer des Dubcek-Liberalismus aus der Haft zurück und wurde 1972 erneut inhaftiert. Partei und CSSR-Schachverband schlossen ihn aus.

Ludek Pachmann war nicht irgendwer in der Tschechoslowakei. Er war Internationaler Großmeister (IGM), wies als einer von wenigen Schachgrößen gegen den genialen Bobby Fischer eine ausgeglichene Bilanz auf und war zwischenzeitlich die Nummer 14 in der Welt-Rangliste.

Der Weltschachbund (FIDE) erreichte, dass Pachmann in den Westen ausreisen durfte. Er ließ sich in Deutschland nieder und bewirkte ungewollt einen beispiellosen Ärger, der bis nach Menden überschwappte. Der Solinger Unternehmer und Schachmäzen Egon Evertz nahm ihn unter seine Fittiche. Pachmann verstärkte fortan neben IGM Robert Hübner und IGM Hecht die Solinger Schachgesellschaft, die den Deutschen Abonnementsmeister beim zweiten Kampf in der Bundesliga gegen den Zwerg Schachverein Menden 24 zu einem knappen 5:3 Sieg führten.

Riesiger Andrang auf DM-Sonderstempel

Als Schneider abschließend das Turnier eröffnete, war das Majestätische des königlichen

Auch auf der Pfingstkirmes 1974 gab es Werbung für das Schachereignis auf der Wilhelmshöhe. Foto: Archiv Menden 24

Weltweit begehrt: Der Sonderstempel von den Deutschen Schach-Meisterschaften in Menden. Foto: Archiv Klaus Kimna

Spiels wie weggeblasen. Schneider wünschte den 36 Teilnehmern „möglichst viele Einsen für einen Sieg und wenig Nullen für eine Niederlage". Aber das zu registrieren, oblag dem Bundesspielleiter Helmut Nöttger, der auch die Auslosung der ersten von 15 Runden vornahm. Danach würden die jeweils Punktgleichen gegeneinander kämpfen.

Menden 24 als Ausrichter kam unversehens zu dem Glück, vier Teilnehmer in dem erlesenen Feld der Landesmeister zu stellen. Neben Ralph Mallee, Werner Nicolai und Hans-Werner Ackermann rutschte auch noch Rolf Hunold unter die 36, weil der Badenser Escher aus beruflichen Gründen kurzfristig absagen musste. Arg ins Schwitzen gerieten am Eröffnungstag des Turniers die Mitarbeiter des Sonderpostamtes, die von den Briefmarkenliebhabern fast erdrückt wurden. Beim Postamt waren Sonderstempelwünsche aus allen Teilen der Welt eingetroffen. „Es reicht", stöhnten die Mitarbeiter am Schalter.

Großen Saal noch nie so schön gesehen

Was Rang und Namen hatte in Politik und Gesellschaft nahm an dieser denkwürdigen Eröffnung teil. Fast schon erlösend friedlich die Auszeichnung für Josef Rosier (1904-1994), den Mitgründer und langjährigen Vorsitzenden von Menden 24. Er erhielt den Ehrenbrief des Schachbundes Nordrhein-Westfalen. Innenminister Willi Weyer als Schirmherr ließ Grüße ausrichten. Vor dem damaligen Kaufhaus Semer an der Hauptstraße (heute Rossmann) blitzten Schachsportler schon morgens

Blick zu früher Stunde in den mit langen Landesfahnen geschmückten Turniersaal Wilhelmshöhe, wo an 18 Brettern um Punkte gekämpft wurde. Foto: Archiv Klaus Kimna

Der Streit um den ausgebürgerten tschechischen Großmeister Ludek Pachmann beherrschte die Eröffnungsfeier auf der Wilhelmshöhe.

*Fand in den 16 Turniertagen auch nachts keine Ruhe auf „seiner" Wilhelmshöhe, weil ständig was los war: Technischer Direktor Karl-Heinz Bantje.
Foto: Archiv Menden 24*

für einen caritativen Zweck. 1000 Luftballons stiegen in den Himmel, versprachen schöne Preise für die weitesten Reisen. Bürgermeister Max Schmitz (1899-1992) und Stadtdirektor Dr. Franz Rips (1914-1995) hatten schon gleich zu Anfang gelobt, den Großen Saal der Wilhelmshöhe noch nie zuvor so schön gesehen zu haben. Kein Wunder, hingen doch rund um das große Turnier-Rechteck die Landesfahnen der teilnehmenden Spieler, sorgte Blumenschmuck für Auflockerung.

Da es in NRW keine Zentralstelle für Fahnen der Bundesländer gab, hatten die 24er die Städte, aus denen die Spieler kamen, gebeten, leihweise ihr Landesfahnen zur Verfügung zu stellen. So schickte zum Beispiel Bamberg die bayrische, Kiel die Fahne Schleswig-Holsteins und Göttingen die von Niedersachsen.

Mallee „Nationaler Deutscher Meister"

Zu Beginn jeder Runde bei den Deutschen Schachmeisterschaften 1974 auf der Wilhelmshöhe dasselbe Zeremoniell: Spielleiter und „Regelpapst" Helmut Nöttger (Bielefeld) schlug den Gong, ging von Tisch zu Tisch und setzte die Uhren in Gang. Neben das Brett des Spitzenreiters stellte er eine Blume, ans Brett des Tabellenletzten eine kleine rote Laterne. Als Nöttger (1923-2010) zwischenzeitlich dem gebürtigen Perser Mir Djahang Mubedi aus Marburg die rote Laterne auf den Tisch stellte, drohte dieser lachend: „Ich werde mich bei meinem Schah beschweren, der wird Ihnen das Öl für die Lampe streichen."

Völlig überraschend stand die Blume des Spitzenreiters nach der 9. Runde am Brett des 24ers Ralph Mallee. 6,5 Punkte hatte er da schon auf seinem Konto. Nach 15 Runden hatte Mallee die Sensation ge-

Die vier Mendener Teilnehmer an der Deutschen Einzelmeisterschaft: (v.l.) Ralph Mallee, Werner Nicolai, Hans-Werner Ackermann und Rolf Hunold.

schafft. Er war zwar nicht Turniersieger geworden, doch hatte er sich mit dem geteilten 3. Platz auch den Titel „Nationaler Deutscher Meister" geholt. Er hatte auf Anhieb sein Ziel erreicht.

Nach 15 Runden und insgesamt 270 Partien im Großen Saal der Wilhelmshöhe war die Schlacht geschlagen. Es siegte der Mathematik-Dozent Dr. Peter Ostermeyer (Düsseldorf) vor Johannes Eising (Solingen) und den punktgleichen Werner Reichenbach (Berlin) und Ralph Mallee (Menden).

Großartig schlugen sich auch die anderen 24er. Werner Nicolai kam mit 8 Punkten auf den geteilten 12. Rang, Hans-Werner Ackermann belegte mit 6 Punkten Rang 31 und Rolf Hunold mit guten 4 Punkten Rang 35.

Nachts Feldbetten neben dem Drucker

Anstrengend war das Turnier für den Kastellan bzw. Technischen Direktor der Wilhelmshöhe, Karl-Heinz Bantje. Er musste erleben, dass in seiner Wilhelmshöhe ständig das Licht brannte. Auch nachts. Staunend stellte er fest, dass noch am späten Abend nach Ende der Turnierrunden immer noch Schach gespielt wurde. Viele der 36 Spieler entspannten sich durch „Blitzschach". Köstlich amüsierten sich die Zuschauer über den Berliner Reichenbach, dessen Mundwerk nicht still stand und von dem Turnierleiter Helmut Nöttger schmunzelnd sagte: „Der Reichenbach redet Schach".

In den Nebenräumen der Wilhelmshöhe aber hatte das Organisationsteam von Menden 24 jede Nacht Schwerstarbeit zu verrichten. Die Spieler sollten zur nächsten Runde das obligatorische Bulletin mit Randgeschichten und der Notation aller Partien an ihrem Tisch finden. So konnten sie sich über ihre Gegner informieren und deren Partien nachspielen.

Vom Mendener Team wurde Sorgfalt verlangt: Es musste jede Partie nachspielen und so kontrollieren, ob die Spieler ihre Züge richtig aufgeschrieben hatten. Das war nicht immer der Fall, vor allem wenn Zeitnot vorlag und sie alle Züge in Windeseile notieren mussten. Anschließend wurde jede Partie-Notation in gedruckte Form gebracht, mit den Bildern der jeweiligen Gegner vervollständigt und dann auf einer Rank Xerox vervielfältigt. Computer gab es noch nicht. Das summierte sich bis Schluss des Turniers auf mehr als eine halbe Million Seiten, die zum Schluss in gebundener Form angeboten wurden und reißenden Absatz in ganz Deutschland fanden. Kein Wunder, dass bei solch intensiver Arbeit Feldbetten auf der Wilhelmshöhe standen, auf denen ein kurzes Nickerchen für neue Kraft sorgte.

Viele Komplimente für Menden 24

Die Organisation war offensichtlich so gut, dass DSB-Präsident Ludwig Schneider, der zwischenzeitlich aus München nach Menden kam, anerkennend feststellte: „Es klappt ja alles vorzüglich. Meine Hochachtung, da haben Sie wirklich etwas geleistet." Komplimente verteilte auch Helmut Nöttger. „Phantastisch," schwärmte er von der Organisation und auch vom Turniersaal, den er wegen seiner Schönheit und Aufmachung (Teppichboden) als geeignet für jedes Großmeister-Turnier ansah.

Solches Lob wurde von Vize-Meister Johannes Eising aus Solingen getoppt, als er sagte: „Menden war von all den sieben Deutschen Meisterschaften, die ich bisher mitgemacht habe, weitaus am besten". Das muss wohl auch das „deutsche Fernseh-Team" so gesehen haben. Es kam am Abschlusstag Samstag zur letzten Runde schon morgens um 8 Uhr, blieb 5 Stunden und sendete abends einen 4-Minuten-Beitrag. Mehr Werbung für Menden als Schach-Hochburg ging nicht.

Frühe 1990er Jahre: Ralph Mallee (l.) von der Schach-Jugend NRW zeichnet Fitz Schulte für über 40-jährige Jugendarbeit als höchste Anerkennung mit der Goldenen Ehrennadel der Schachjugend NRW aus. Foto: WP

Überfüllt war am Freitag vor Pfingsten die Eröffnung der Deutschen Meisterschaften im Schach im kleinen Saal der Wilhelmshöhe. Foto: Archiv Klaus Kimna

6000 Jungen und Mädchen an Schach herangeführt

95 Jahre alt ist der Schachverein Menden 24 inzwischen. Fast exakt zur Hälfte seines Bestehens, nach 46 Jahren, ab 1970, begann eine Blütezeit, wie sie der Verein kein zweites Mal erleben dürfte. Bürgermeister Max Schmitz und Stadtdirektor Dr. Franz Rips mussten 1974 zugeben: „Menden ist eine schachfreudige Stadt. Dank seiner Jugendarbeit."

Ich habe mal vorsichtig hochgerechnet: Jugendarbeit wurde seit 1950 betrieben. Lehrer und Konrektor Fritz Schulte als Motor, der allein in 40 Jahren seiner Tätigkeit mindestens 2000 Jungen und Mädchen ins Spiel der Könige eingewiesen hat. Dazu kamen im Lauf der Jahrzehnte weitere Jugendleiter, Schach-Arbeitsgemeinschaften an Schulen, die von ihnen betreut wurden. Bis heute dürften seit damals rund 6000 Jungen und Mädchen im Schachspiel unterrichtet worden sein. Deshalb wundert es mich nicht, dass noch heute, 2019, gestandene Männer und Frauen auf mich zukommen und sagen „ich war auch bei Menden 24". Nicht zu vergessen, dass auch die anderen Schachvereine im Mendener Raum, der MSK, die Hüingser und die Fröndenberger Jugendarbeit betrieben.

1970 zum Titel Westdeutscher Meister

Es gibt also Gründe genug für Menden 24, stolz zu sein. Vor allem auf das Jahr 1970, das der Vierer-Pokal-Mannschaft den höchsten zu vergebene Titel einbrachte: Westdeutscher Meister. In jenem Jahr spielte die 1. Mannschaft noch in der Verbandsliga, da boxte sich die Pokal-Mannschaft mit überzeugenden Siegen im k.o.-System erst auf Bezirksebene, dann auf Südwestfalen-Ebene durch

Spielleiter, Sportdirektor und Regelpapst des Deutschen Schachbundes Helmut Nöttger. Foto: Archiv Menden 24

und schließlich in NRW bis ins Endspiel. Zur Mannschaft gehörten Werner Nicolai, Rolf Hunold, Claus-Peter Levermann, Wilhelm Espelmann und Rainer Vogt. Ab Finale auch Erich Weyrauch.

Im Endspiel wartete Turm Krefeld auf die Mendener. Die Krefelder mit breiter Brust, denn sie spielten bereits in der Bundesklasse ganz vorn mit, hatten in ihren Reihen Könner wie Brandenberg, den 16. der deutschen Rangliste. Ausgerechnet der wartete auf mich. Menden 24, „nur" Verbandsligist, musste auf seinen Spitzenspieler Nicolai verzichten, der noch in der Schweiz auf einem Turnier um Siege focht. Kein Wunder, dass sich die Krefelder schon mal die Hände rieben.

Ich sag es mal ganz einfach: Wir haben die Krefelder in ihrer eigenen Stadt „verhauen". Nach Strich und Faden. Rolf Hunold und ich knöpften an den beiden vorderen Brettern Nese und Brandenberg jeweils ein Remis ab. Erich Weyrauch – gerade vom Mendener Schachklub (Gasthof Löer) zu den 24ern gewechselt - wirbelte in seinem ersten Kampf für seinen neuen Verein seinen Gegner Breda durcheinander und gewann ebenso souverän wie Willi Espelmann gegen Rädisch. 3:1 für Menden 24. Der größte Erfolg in der Vereinsgeschichte und in heimischen Breiten.

Dreimal Wahl zum Sportler des Jahres

Die Belohnung ließ nicht auf sich warten. Diese Vierer-Pokal-Mannschaft wurde 1970 „Sportler des Jahres". Für Schachspieler höchst ungewöhnlich und eine großartige Geste des Stadtsportverbands und der übrigen Sportvereine der Stadt, die Schach als gleichberechtigt anerkannten.

Man kann sich an alles Schöne gewöhnen. Als die 24er aufgestiegen waren und souverän 1972 durch die Bundesklasse marschierten, dabei Turm Krefeld hinter sich ließen und in die Bundesliga aufstiegen, fragten sich alle, wie eigentlich will diese Amateurmannschaft, die von keiner Seite gesponsert wird und sich damit von vielen anderen abhebt, in dieser höchsten Klasse mit intensivem Mäzenatentum eigentlich bestehen? Sie bestand, schaffte den Klassenerhalt nach begeisternden Kämpfen unter anderem gegen den Deutschen Meister Solingen. Wieder rief das nach Anerkennung: Auch die Bundesliga-Mannschaft wurde 1973 „Sportler des Jahres".

Als der 24er Ralph Mallee bei den Deutschen Meisterschaften auf der Wilhelmshöhe 1974 mit seinem geteilten 3. Platz den Titel eines Deutschen Meisters errang, wurde auch er 1974 von Bürger-

Gründer und langjähriger Vorsitzender von Menden 24, Josef Rosier, erhielt zur Eröffnung der Meisterschaften den Ehrenbrief des Schachbundes NRW.

meister Max Schmitz ausgezeichnet als „Sportler des Jahres".

Geheimnis um die „Eiserne Jungfrau"

Es war 1970, als die unternehmungslustigen 24er die „Eiserne Jungfrau" ins Leben riefen. Das heißt, geformt hatte sie Herbert Kuchale, ein meisterhafter Dreher an der Bank der Fa. Schmöle. Seine Schachfigur aus Eisen wog 13 Pfund. Ihr war ein geheimnisvolles Leben beschieden. Bis

Zur Eröffnung der Deutschen Schachmeisterschaften in Menden gab es von DSB-Präsident Ludwig Schneider ein Donnerwetter über seine Pachmann-Kritiker.

von Menden 24 vor Hamburg und Münster. Die „Eiserne Jungfrau" blieb in Menden, aber sie ist seitdem ebenso eisern verschwunden. Wo sie abgeblieben ist, lässt sich nicht mehr klären. Schade.

Siegbert Tarrasch und sein großes Bedauern

Und dennoch: In der heutigen Welt der Computer mit ihren absonderlichsten Spielen möge man sich ein Zitat eines der größten und erfolgreichsten Schachmeister verinnerlichen. Dr . Siegbert Tarrasch (1862-1934) schrieb: „Ich bedaure jeden, der das Schachspiel nicht kennt, wie ich jeden bedaure, der die Liebe nicht kennen gelernt hat. Schon mancher hat wegen der Liebe den Kopf verloren, das zeigt die Geschichte, aber eines Spiels wegen gewiß seltener…"

heute. Gedacht war sie als Ehren- und Wanderpreis bei großen Blitzturnieren in Menden. Ausgespielt aber wurde sie nur ein einziges Mal: Pfingsten 1970. Allerdings in einem wahrlich prächtigen Rahmen im großen Saal des Rodenberger Hofes (vorher Kolpinghaus, heute Polizei bzw. Elektro Neuhaus). Mannschaften aus ganz Deutschland rückten an. Lüstern nach diesem Gewinn mit dem irren Namen und den weiteren lukrativen Preisen. Gewonnen aber hat die 1. Mannschaft

Für Mendens Bürgermeister Max Schmitz war der große Saal der „Höhe" noch nie so schön hergerichtet wie zu den Schach-Meisterschaften.

Themenübersicht von Band 1 – 6
Glossar

. A

Aberglaube (Bd. 2)
Achterbahn auf der Pfingstkirmes (Bd. 6)
Alemannia Menden (Bd. 6)
Alfred Morali verunglückt auf
dem Nürburgring (Bd. 2)
Ali Claudi und der Jazz (Bd. 4)
Anni Jost Akkordeon-Weltmeisterin (Bd. 2)
Antonius Einsiedel der Fickeltünnes (Bd. 6)
Antonius von Padua, Stadtpatron und Klüngeltünnes (Bd. 6)
Apotheken (Bd. 4)
Aufstand der „Republik" Hüingsen (B. 2)
Aufstand gegen Hundesteuer (Bd. 3)
Autos verdrängen die Vorgärten (Bd. 2)

. B

Bandenkriege am Huckenohl (Bd. 6)
Beerdigung mit Pferd und Wagen (Bd. 1)
Beierlindscher Hof (Bd. 4)
Bellevue (Bd. 4)
Besteckunternehmen Pollmann (Bd. 6)
Bildchen-Bücher als Schulbuchersatz (Bd. 2)
Bern 1954 in Menden (Bd. 2)
Bischof Henninghaus (Bd. 6)
Bischof Walram und Kölner Dreigestirn (Bd. 4)
Borgeritis (Bd. 1)
Brauereien in Menden (Bd. 5)
Brieftauben als schnellste Boten (Bd. 4)

. C

Cafe Hillebrand war der Vatikan (Bd. 2)
Cafe Kissing (Bd. 4)
Cafe Ries (Bd. 6)
Coca Cola und Schlossbrennerei (Bd. 3)
Conny Froboess und das neue Palast-Theater (Bd. 2)
Crispinus-Gilde (Bd. 4)

. D

Drehorgel-Lola (Bd. 5)
Dr. Nabil Malhas, Muslim unter Nonnen (Bd. 4)

. E

Eheverzichtserklärung für Lehrerinnen (Bd. 2)
Ehrenbürger (Bd. 4)
Ehrenmal Battenfeld (Bd. 5)
Ehrenmal Galbusch (Bd. 5)
Ehrenmal Marine-Verein (Bd. 5)
Eis-Revue auf der Wilhelmshöhe (Bd. 1)
Erster Weltkrieg und Eisernes Buch (Bd. 5)

. F

Feuer vernichtet Glocken und Menden (Bd. 5)
Feuerwehren in Menden (Bd. 6)
Flugzeug-Auto (Bd. 4)
Franz Fritz Freiherr von Dücker (Bd. 4)
Freibad Jost und die Kuhmilch (Bd. 1)
Freibad Leitmecke und die Briten (Bd. 1)
Friedrich Adolf Sauer (Bd. 3)
Fritz Schulte und Schulschach (Bd. 2)
Fußgängerzone (Bd. 4)

. G

Gastarbeiter Dane Slamic (Bd. 5)
Gaststätte Albert/Krekeler (Bd. 6)
Großbrand bei Kisten Schulte (Bd. 5)
Großbrand in Halinger Kirche (Bd. 4)
Großdiskothek „KM" (Bd. 5)

. H

Hagelbette (Bd. 4)
Häkeln und Hüpfen (Bd. 6)
Hamsterfrauen (Bd. 4)
Hans-Wilhelm vom Wege (Bd. 5)

Heinz Hammerschmidt (Bd. 6)
Heinrich Lübke wohnte in Menden (Bd. 3)
Helmut Rademacher 25000. Bürger (Bd. 2)
Henker als Arzt (Bd. 6)
Hexenwahn in Menden (Bd. 3)
Höhere Töchterschule der Protestanten (Bd. 5)
„Hölle" neben der Kirche (Bd. 2)
Hönnetal-Bahn (Bd. 4)
Hotel zum Fürsten Bismarck (Bd. 6)
Huckenohl-Stadion (Bd. 2)

. J

Jodokus Schulte (B. 1)
Jüdische Gemeinde mit erster Privatschule (Bd. 6)

. K

Kaiser-Wilhelm-Bad (Bd. 4)
Kanalisierung ab 1926 (Bd. 2)
Kapitulation in Menden (Bd. 1)
Karl-Heinz Klüter und seine Jazz-Festivals (Bd. 5)
Kartoffelkäfer (Bd. 2)
Kettenschmiede (Bd. 4)
Kinderparadiese (Bd. 2)
Kiosk Werny und die Schlauchkneipe (Bd. 4)
Kirmesanlieger und ihre „Leiden" (Bd. 6)
Klassenfahrt mit Rad nach Norderney (Bd. 4)
Kloster der Spiritaner (Bd. 5)
Kohlenhändler (Bd. 2)
Kolpinghaus und Gesellenvereine (Bd. 4)
Krankenhäuser der Innenstadt (Bd. 6)
Krankenhaus am Rodenberg (Bd. 6)
Krankenhaus Fröndenberg angezündet (Bd. 2)
Kreuztracht und Wandteppich (B. 6)
Kreuzweg der Familie Schäfer (Bd. 2)
Kriegsgefangener Helmut Kofoth (Bd. 1)
Kriegsweihnacht (Bd. 4)

. L

Luftwaffen-Ausstellung (Bd. 6)

. M

Maikäferfang und Maikäfersuppe (Bd. 1)
Maria Krause im „Feindesland" hoch dekoriert (Bd. 2)
Martha Rothschild vor Nazis versteckt
Mendener (Luftwachen-) Hütte (Bd. 3)
Menden um 1620 mit Karl-Heinz Rickert (Bd. 6)
Milchbar Flemming (Bd. 5)
Milchbauern (Bd. 1)
MKG und der Rackerbaß (Bd. 2)
Möhne-Katastrophe (Bd. 1)
Mommers Büdeken (Bd. 3)
Morde und Todesurteile (Bd. 1)
Motorrad-Rennen im Huckenohl (Bd. 2)
Muckefuck und erste Zigarette (Bd. 6)
Mundharmonikas für die Front (Bd. 2)

. N

Napoleon und der Christuskopf (Bd. 3)
Nazis und Jugend (Bd. 4)
Nazis und Kirche (Bd. 1)
Nick-Neger der Kirchen (Bd. 1)
Norderney für Nachkriegskinder (Bd. 2)

. O

Obergerichtsvollzieher auf Abwegen (Bd. 2)
Oesterberg in Brockhausen (Bd. 5)
Osterbräuche in Menden (Bd. 6)
Osterflues- und Beckmann-Herde (Bd. 2)

. P

Päpstliche Zuaven (Bd. 6)
Pater Leppich (Bd. 3)
Pfingstkirmes (Bd. 2, Bd. 3)
Platthaus im Hönnetal (Bd. 4)
Plünderungen und Not (Bd. 1)
Polizei nach Kriegsende (Bd. 3)
Polterabend (Bd., 2)
Prügelstrafen in den Schulen (Bd. 2)

. R

Reifenberg bis Sinn (Bd. 6)
Robert Leusmann und die Nazis (Bd. 2)
Roths Büdeken (Bd. 3)

. S

Schach: Gantenbrink-Künstlerwettbewerb (Bd. 6)
Schach: Deutsche Meisterschaften in Menden (Bd. 6)
Schirmfabrik Neuerburg (Bd. 1)
Schlachthof Menden (Bd. 6)
Schlamm-Katastrophe im RWK (Bd. 2)
Schmöle-Kampfbahn (Bd. 3)
Schützen einigen Menden (Bd. 5)
Schützenkanne und Ehrentrunk (Bd. 6)
Schulen und Nazis (Bd. 4, Bd. 6)
Schulze Bertelsbeck (Bd. 5)
Schwangerschaftsabbruch im Ratssaal (Bd. 2)
Seifenkisten-Rennen (Bd. 1)
Soldatenfriedhof (Bd. 3)
Sonn- und Feiertagsgeschäfte (Bd. 1)
Speckpater (Bd. 6)
Sportlerklause Faust (Bd. 6)
Spotlegenden Schlundt und Wever (Bd. 2)
Stadtgärtnerei und Obsthof (Bd. 5)
Stefan Schulte, einziger Mendener MdB (Bd. 6)
Steinhof-Bekleidungshaus (Bd. 3)
Strumpffabrik Opal (B. 1)

. T

Tanzschule Grewe (Bd. 1)
Tod im Eis der Ruhr (Bd. 2)
Toiletten-Häuschen nur für Männer (Bd. 2)
Turner gründen Freiwillige Feuerwehr (Bd. 5)

. O

Ostfriese Ulfert Berends Nanninga (Bd. 4)

. V

Versicherungsbetrug 1882 (Bd. 5)
Verwarnungen nach Prozession (Bd. 5)
Vikar Neveling und die freie Liebe (Bd. 1)
Vincenz-Kirche verliert Farbe (Bd. 2)

. W

Waisenhaus (Bd. 3)
Wald-Bühne (B. 1)
Wald-Schlösschen (Bd. 1)
Wald-Schule (Bd. 1)
Weihnachtsbrauchtum in Menden (Bd. 6)
Weihnachten im und nach dem Krieg (Bd. 2)
Weihnachtsmarkt-Schließung (Bd. 3)
Werner Bußmann und die Nachkriegsjugend (Bd. 4)
Werner Egenolf, Mann aus der Wüste (Bd. 5)
Werner Pahlen und seine Söhne (Bd. 1)
Wildor Hollmann im Jungvolk (Bd. 1)
Wilhelmshöhe (Bd. 3)
Winterhof (Bd. 3)
Wohnungsnot (Bd. 2)

. Z

Zuckernot nach dem Krieg (Bd. 1)
Zum Korbe (Bd. 4)
Zyankali am Straßenrand (Bd. 3)

Unveränderter Nachdruck Band 1

So war es früher – Mendener Geschichten

*Gebundene Ausgabe, 2018. 128 Seiten
WOLL-Verlag, unveränderter Nachdruck
(Faksimile), Mai 2018
ISBN 9-783943-6818-26*
19,95 €

Es sind spannende Geschichten aus den Kriegs- und Nachkriegsjahren, die Claus-Peter Levermann zusammengetragen hat.

Faszinierend der mutige und listige Kampf der Kirchen gegen die Nazi-Willkür bis hin zu den weißen Fahnen auf dem Vincenz-Turm. Erschütternd die Toten der Möhne-Katastrophe. Kapitulation mit bösen Folgen, mit Plünderungen der Geschäfte. Späte Heimkehr aus der Gefangenschaft. Die Frage und Erklärung, wie man auf die Nazis so hereinfallen konnte. Alarmierend die Verrohung der Jugend nach dem Krieg, als Vikar Neveling gegen die »freie Liebe« wetterte und Steine flogen. Es gab Morde aus Eifersucht und drei Todesurteile. Aber es gab auch ein Aufbäumen. Die Jugend kämpfte bei Seifenkisten-Rennen um den Sieg, wollte sich im Rhythmus in Tanzkursen wiegen. Die Mädchen wollten Bein zeigen und fanden in »Opal, mein Strumpf« den Anbieter in

Menden. Für das Regenwetter gab es die Schirmfabrik Neuerburg. Weil Menden die Stadt im Wald ist, wird die Erinnerung wachgehalten an Wald-Schlösschen, Wald-Schule und Wald-Bühne. Genau so an das erste Freibad, das es bereits 1881 an der Stiftstraße gab.

WOLLVerlag

Claus-Peter Levermann

Band 2

**So war es früher –
Weitere Mendener Geschichten**

*Gebundene Ausgabe, 2014. 192 Seiten
Klartext Verlag, 1. Auflage
ISBN 9-783837-5131-89*

Es sind keine Märchen, die Claus-Peter Levermann in seinem zweiten Buch erzählt. Es hat sich alles so zugetragen.

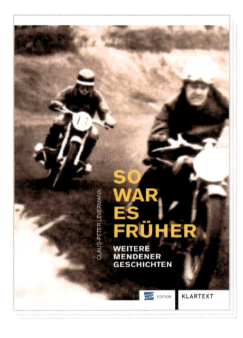

Tausende strömten 1948 ins noch nicht ausgebaute Huckenohl-Stadion und erlebten legendäre Motorradrennen mit, die ursprünglich sogar durch Mendens verwinkelte Gassen führen sollten. Auf dem Monmartre in Paris vergoss die junge Anni Jost Tränen der Erleichterung. Sie war Akkordeon-Weltmeisterin geworden. Ihren »schwarzen Augen« konnte die Musikwelt 1957 nicht widerstehen. Kurz zuvor wälzten sich nachts Schlammfluten durch das RWK im Hönnetal und begruben alles unter sich. 100 Bewohner mussten evakuiert werden. Kurz darauf aber geschah ein »Wunder«, als der Papst im Vatikan an der Unnaer Straße Kuchen verkaufte und viele sich in seinem Schatten niederließen. Unfassbares anno 1927, als ein Erstgeborener sein Erbe ausschlug und schnurstracks in die »Hölle« neben der Kirche marschierte. Viele Mendener folgten ihm dabei und empfanden Hochgenuss. In eine richtige Hölle hätten Schüler gern jene Prügel-Lehrer geschickt, die nach dem Krieg noch munter das Stöckchen tanzen ließen und sich dabei auch die Fingerspitzen aussuchten. Kaum begreifen lässt sich heute, dass Lehrerinnen nicht heiraten durften. Sie blieben »Fräulein« oder mussten Schule und Beruf verlassen. Für viele Wochen verließen tausende Kinder Menden und ihre Familien. Sie sollten im Nachkriegsdeutschland auf Norderney hoch gepäppelt werden und haben den Haferschleim im Kinderkurheim nie vergessen.

Es sind diese und zahlreiche andere Geschichten, die das Buch ausmachen und dabei auch ein Stück Zeitgeschichte vermitteln.

WOLLVerlag

Band 3

So war es früher –
Noch mehr Mendener Geschichten

Gebundene Ausgabe, 2016. 176 Seiten
Klartext Verlag, 1. Auflage
ISBN 9-783837-5161-04

Geschichten sind für Claus-Peter Levermann auch Zeitgeschichte. Wie die vom Mendener Waisenhaus von 1910 bis 1967, auch wenn es scheint, als möchte man seine Existenz und die der vielen Hundert elternlosen Kinder tot schweigen. Unvergessen ist die »Mendener Hütte« in Oberkirchen. In diesem Schmallenberger Ortsteil hat »halb Menden« nach dem Krieg in einer ehemaligen Luftwachen-Hütte Erholung gefunden. Stolz darf Menden sein auf die Schlossbrennerei, die in Deutschland zum Pionier bei der Coca-Cola-Abfüllung wurde. Kaum zu fassen, aber zwei Hütten haben es zu Ruhm gebracht: Mommers Büdeken und Roths Büdeken.

Band 4

So war es früher –
Anekdoten und Geschichten aus Menden

Gebundene Ausgabe, 2017. 208 Seiten
Klartext Verlag, 1. Auflage
ISBN 9-783837-5185-35

Wer die Bilder sieht, fragt sich, wie das möglich war: 30 000 Fahrzeuge auf der Hauptstraße. Freiherr von Dücker, Erfinder der Seilbahn, hat seine Erfindung nicht zum Patent angemeldet. Heute Stadtbücherei, früher Ratsschänke. Aus ihren Fenstern im (Alten) Rathaus winkten Gäste den Festzügen zu. Die britischen »Besatzer« schwärmten von Cafe Kissing. Jahrzehnte früher wanderten Familien nach Platthaus im Hönnetal. Näher war es zum Ausflugslokal »Bellevue« auf dem Schwitterknapp. Erinnerung an das Kolpinghaus, an Mendenes erste Apotheke, die Hirsch-Apotheke, an die Nazi-Zeit in den Schulen, an Ali Claudis Verzicht aufs Erbe, weil er Jazz machen wollte. Auch wer Brieftauben nicht liebt, muss ihnen Anerkennung zollen.

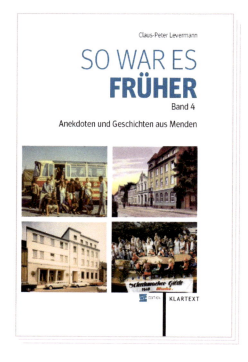

Band 5

So war es früher – Mendener Geschichten

Gebundene Ausgabe, 2018. 204 Seiten
WOLL-Verlag, Juli 2018
ISBN 978-3-943681-83-3
19,95 €

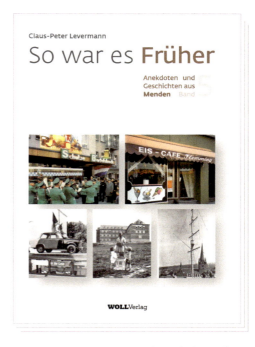

In Mendens erstem Jugendlokal Flemming herrschte Zucht und Ordnung, vor allem wenn die gestrenge Chefin anfragte, ob sie einem Pärchen noch einen Arm leihen sollte. Einen Arm hätte man gern mehr gehabt beim Einkaufen in Mendens erstem Selbstbedienungsgeschäft Schulze Bertelsbeck ob all der Köstlichkeiten in den Regalen. Auf der »Queen Elizabeth II« ging es weniger um Arme als um geschmeidige Finger. Friseurmeister Wilhelm vom Wege löste dort als Virtuose am Klavier Beifallsstürme aus. An Mendens erster Großdiskothek »KM« entzündete sich ein nicht lösbarer Konflikt zwischen Besuchern und Anwohnern. Als die Spiritaner in Menden das St. Josef-Kloster bauten, hatten sie die Afrika-Mission im Sinn und mussten sich gegen den Vorwurf der Nazis wehren, ihren Zöglingen keine Soße zur Kartoffel zu geben. Das Walram-Gymnasium bekam einen Leiter, der aus der Wüste und von Gaddafi kam. Mendens älteste Gaststätte Oesterberg gibt auch nach mehr als 200 Jahren noch Rätsel auf. 1923 hatte Auguste Kofoth nachts Angst im unheimlichen Obsthof. Mendens Denkmäler und das »Eiserne Buch« wecken Erinnerungen an Heldengesänge und Leid. Ohne Turner keine Freiwillige Feuerwehr. Mendens Schützen sorgen für Einheit nach der kommunalen Neuordnung.

Diese und viele weitere Geschichten hat Claus-Peter Levermann in fünf Jahren für Band 5 seiner Buchreihe »Mendener Geschichten – So war es früher« zusammengetragen.

WOLLVerlag